Dariusz Brodka

Prokop von Caesarea

Studienbücher Antike
Herausgegeben von Peter Guyot

Band 19

Dariusz Brodka

Prokop von Caesarea

Georg Olms Verlag
Hildesheim · Zürich · New York
2022

Dariusz Brodka

Prokop von Caesarea

Georg Olms Verlag
Hildesheim · Zürich · New York
2022

Die Deutsche Bibliothek verzeichnet diese Publikation
in der Deutschen Nationalbibliografie; detaillierte bibliografische Daten
sind im Internet über *http://dnb.d-nb.de* abrufbar.

www.olms.de

Umschlaggestaltung: Inga Günther, Hildesheim
Layout und Register: Christiane Otto (München)
Redaktion: Peter Guyot und Christiane Otto
Gedruckt auf säurefreiem und alterungsbeständigem Papier
Herstellung: Docupoint GmbH, 39179 Barleben
ISBN 978-3-487-16270-6
ISSN 1436-3526

Inhalt

Vorwort

Hätte Prokop von Caesarea nichts anderes als eine große Geschichte der Kriege Justinians geschrieben, hätten wir keine Schwierigkeiten, seine Persönlichkeit und literarische Tätigkeit zu beurteilen. Er wäre als herausragender Schriftsteller in die Literaturgeschichte eingegangen, als einer derjenigen, die die Geschichtsschreibung im Geiste von Herodot und Thukydides fortführten. Zweifellos würde seine Parteilichkeit hervorgehoben werden, denn er ist eindeutig kritisch gegenüber Justinian und fasziniert von der Person des Belisar. Aber welcher bedeutende antike Historiker ist schon völlig objektiv? Jeder hat ein Recht auf seine eigene Sicht der Epoche und der Ereignisse, über die er schreibt. Prokop ist jedoch auch Autor zweier kleinerer Schriften, die sein Bild stark verzerren: Es handelt sich um eine Lobrede auf Justinian und eine Schmähschrift, die er als Ergänzung zu den *Kriegen* betrachtete. Dieses Werk kam erst nach vielen Jahren, vielleicht sogar Jahrhunderten, ans Tageslicht. Nach dem Erscheinen der ersten Ausgabe der *Geheimgeschichte* im Jahr 1623 brach unter Juristen und Theologen ein regelrechter Sturm los - sie erschütterte das Bild von Justinian als großem Gesetzgeber und Verteidiger des wahren Glaubens. Noch heute fragen sich viele Forscher und Leser Prokops, wie es möglich ist, dass ein und derselbe Autor in einem Werk den Kaiser und seine Siege lobt und ihn fast wie einen Heiligen behandelt, während er in einem anderen Werk denselben Kaiser als grausamen Tyrannen, Dämon und Höllenkreatur darstellt.

Wer also war Prokop, der Autor von drei so unterschiedlichen Werken? Ein bedeutender Historiker, nüchtern, oft kritisch, manchmal, besonders wenn es um Belisar geht, ein parteiischer Berichterstatter von Kriegen? So kennen wir ihn aus seinem Hauptwerk und so war er seinen Zeitgenossen bekannt. Oder vielleicht war er nur ein Schmeichler, der die Güte, die Weisheit und die wunderbaren Taten des Herrschers in einer den Bauten Justinians gewidmeten Lobschrift (Panegyricus) pries? Oder war er, wie er in der *Geheimgeschichte* erscheint, ein böswilliger und leichtgläubiger Schwätzer, ein bösartiger und frustrierter Verleumder, der diejenigen mit Schlamm bewarf, die ihm den Weg zu Ruhm und Ehre eröffneten - oder sogar, wie einige behaupten, ein Oppositioneller und Verschwörer?

Das Paradoxe an dieser Figur ist, dass sie aus verschiedenen Gründen, die uns nicht ganz klar sind, ein bisschen von allem ist, und seine Gestalt am Ende schillernd bleibt. Mehrere Generationen von Forschern haben versucht, das Rätsel zu lösen, warum sein Tätigkeits- und Persönlichkeitsprofil so komplex und uneindeutig ist. Es scheint nicht möglich zu sein, diese Frage vollständig zu klären, da wir zu wenig konkrete Daten über Prokop und sein Leben haben. Gleichzeitig ist die Chronologie seiner Werke unklar, sodass wir nicht von einer psychologischen oder politischen Entwicklung des Autors ausgehen können, die sich in den verschiedenen Ausdrucksformen zeigen würde.

Dieses Buch bietet eine Einführung in die komplexe Materie, die das Werk des Prokop ausmacht. Gleichzeitig ist zu betonen, dass die Prokop-Forschung in den letzten zwei Jahrzehnten regelrecht explodiert ist, mit neuen Monografien, Sammelbänden, Übersetzungen und Aufsätzen, nicht zuletzt mit den jüngsten Veröffentlichungen: *A Companion to Procopius of Caesarea* (hrsg. von M. MEIER, F. MONTINARO), eine Art Zusammenfassung der bisherigen Forschung, und ein historisch-philologischer Kommentar der *Perserkriege* (von G.GREATREX). Das vorliegende Buch versucht daher, in das Leben des Prokop und sein Werk einzuführen und auf strittige Fragen und aktuelle Forschungstendenzen aufmerksam zu machen. In gewisser Weise handelt es sich auch um eine Zusammenfassung meiner bisherigen Forschungen zu Prokop unter Berücksichtigung der neuesten Studien, um meine Ansichten gegebenenfalls zu modifizieren oder auf neue wichtige Aspekte in der Prokop-Forschung hinzuweisen.

Ich danke sehr herzlich meiner Frau Alicja, meiner Schwester und meiner Schwägerin für ihre stetige Hilfe und Opferbereitschaft in dieser für mich sehr schwierigen Zeit. Mein Dank gilt auch dem Herausgeber der *Studienbücher Antike*, Herrn Dr. Peter Guyot, der die Anregung zu diesem Buch gegeben hat, für die hilfreiche und exzellente Zusammenarbeit.

Krakau, im September 2022 Dariusz Brodka

1. Leben und Zeit

1.1. Zeit

Kaiser Justinian I. (reg. 527-565) ist einer der bedeutendsten und zugleich umstrittensten römischen Herrscher.[1] Seine lange Regierungszeit war weitgehend von Kriegen geprägt – sowohl Angriffs- als auch Verteidigungskriegen. Die erste Phase seiner Herrschaft war die erfolgreichste: Im Jahr 533 besiegte Belisar, einer der hervorragendsten Feldherren des justinianischen Zeitalters, die Vandalen in zwei Schlachten, und im nächsten Jahr nahm er ihren König Gelimer gefangen und stellte die kaiserliche Herrschaft über Nordafrika wieder her. Im Jahr 535 begann Belisar einen neuen Krieg, indem er auf Befehl des Kaisers die Ostgoten in Italien angriff. Die erste Phase des Gotenkrieges 535-540 endete mit einem effektvollen Triumph der kaiserlichen Armee, als sich der gotische König Witigis dem Kaiser im Jahr 540 ergab und Ravenna, das Zentrum der gotischen Macht in Italien, kapitulierte. Zu dieser Zeit geriet ganz Italien unter die Herrschaft Justinians. Dieser Erfolg war aber kurzfristig. Nachdem Belisar Italien verlassen hatte, veränderte sich die politische und militärische Situation dramatisch – 541 übernahm Totila die Macht über die Goten. Während der folgenden, mehr als zehn Jahre dauernden Kämpfe gewannen die Goten die Kontrolle über fast ganz Italien zurück. Der Krieg nahm einen totalen Charakter an, führte zum Ruin Italiens und zu großen demografischen Verlusten. Erst im Jahr 552 konnte der Eunuch Narses, wohl der hervorragendste römische Feldherr dieser Epoche, Totila bei Taginae (Busta Gallorum) besiegen – Totila fand in dieser Schlacht den Tod –, und in den nächsten Monaten gelang es ihm, die letzten Reste des gotischen Widerstands zu brechen. Italien wurde jedoch bald zum Schauplatz weiterer Kämpfe. In den Jahren 554-555 musste Narses eine Invasion der Franken abwehren, und die Kämpfe in Norditalien dauerten bis in die 560er-Jahre an. Bald danach, im Jahr 568, ließen sich die Langobarden dauerhaft im verwüsteten Italien nieder.

Besonders dramatische Ereignisse fanden im Osten statt, wo der Konflikt mit Persien seit dem Anfang des 6. Jahrhunderts schwelte. Im Jahr 525 brach der persische König Kavadh den Frieden, und es kam zu einem groß angelegten Krieg. Den sogenannten „Ewigen Frieden" schloss Justinian erst

[1] Zum Dualismus in Justinians Einschätzungen vgl. LEPPIN 2011.

mit Chosroes I. (531-579), dem Nachfolger des Kavadh, im Jahr 532. Der „Ewige Frieden" währte nicht lange. Im Jahr 540 nutzte Chosroes das Engagement der Römer im Westen aus und griff das schlecht verteidigte Syrien an: Antiochia, eine der größten Städte des römischen Ostens, fiel den Persern zum Opfer. Der Krieg im Osten wurde mit Unterbrechungen über 20 Jahre lang geführt - der Frieden wurde erst 562 geschlossen.

Parallel zu den großen Kriegen im Osten und Westen musste sich das Reich immer wieder mit den „Barbaren" auf dem Balkan auseinandersetzen. Theoretisch bildete die Donau die Grenze des Römischen Reiches, aber immer wieder überquerten „barbarische" Völker den Fluss und ließen sich südlich der Donau nieder. Obwohl sie oft unter der Autorität eines einzigen Anführers standen, war die Struktur der einzelnen Gruppen meist nicht dauerhaft, zumal sie in vielen Fällen ethnisch heterogen waren. Generell war die Lage in der Region sehr instabil, und trotz politischer (finanzielle Subventionen für die einzelnen Gruppen, Einsatz einiger Gruppen gegen andere) und militärischer Bemühungen (Ausbau der Befestigungen, Militäroperationen) kam es immer wieder zu Angriffen (z.B. von Gepiden, Kutriguren, Slawen u.a.) auf die römischen Gebiete.

Trotz Schwierigkeiten und Rückschlägen gelang es Justinian, Südspanien, Italien mit Rom und Nordafrika zurückzugewinnen. Am Ende seiner Herrschaft schien es, dass ein Großteil des Mittelmeerraums wieder unter dem römischen Kaiser vereint war und die früheren Grenzen des Imperium Romanum weitgehend wiederhergestellt waren.

Im Jahr 541 brach die Große Pest über den Mittelmeerraum herein. Es ist nicht ganz klar, um welche Art von Krankheit es sich handelte. Die Pandemie brach wahrscheinlich in Äthiopien aus und breitete sich von dort im Jahr 541 nach Ägypten aus. Im Frühjahr 542 verbreitete sie sich in Syrien und Kleinasien, und im Mai 542 erreichte sie Konstantinopel. Danach verbreitete sie sich auf dem Balkan, in Italien, Afrika, Spanien und Gallien. Nach modernen Schätzungen dürfte das Reich durch die Große Pest etwa ein Drittel seiner damaligen Bevölkerung verloren haben.

Erfolglos waren die Bemühungen des Kaisers, die religiöse Einheit im Reich wiederherzustellen. Im 5. Jahrhundert wurden die Christen im Osten durch Streitigkeiten über die Natur Christi gespalten - besonders weitreichende Folgen hatte das Konzil von Chalcedon im Jahr 451, das durch die Verurteilung der Anhänger der Lehre von der einen Natur Christi, der sogenannten Miaphysiten, zu dauerhaften und tiefen Spaltungen in der Kirche führte. Obwohl Justinian sein Möglichstes tat, der orthodoxen Lehre überall Geltung zu verschaffen, strebte er andererseits einen Kompromiss mit den Miaphysiten an – die erhoffte Wirkung blieb aber aus, und deswegen versuchte der Kaiser, den Widerständlern seinen Willen mit Gewalt aufzuzwingen. Es gelang ihm nicht, die Miaphysiten für sich zu gewinnen, und darüber hinaus geriet er auch mit einem Teil der Anhänger von Chalcedon in Streit.

Es ist heute unmöglich, die Herrschaft dieses Kaisers eindeutig zu beurteilen. Obwohl es ihm in großem Maß gelang, das Römische Reich in seinen früheren Grenzen wiederaufzubauen, obwohl eine umfassende Kodifizierung des Rechts vorgenommen wurde, hinterließ er einen finanziell erschöpften und militärisch geschwächten Staat, in dem sich die religiösen Spaltungen weiter vertieften.

1.2. Karriere

Prokop wurde wahrscheinlich um das Jahr 500 in Caesarea in Palästina geboren. Caesarea war eine bedeutende und reiche Hafenstadt, die von den wichtigen Handelswegen des Mittelmeers profitierte. Umfangreiche Ausgrabungen der materiellen Überreste der Stadt haben gezeigt, dass sie im 6. Jahrhundert ein blühendes städtisches Zentrum war und zwischen 35.000 und 100.000 Einwohner hatte. Es gab dort ein Theater, einen Marktplatz, Bäder und eine Basilika.[2] Was wir von Prokop wissen, stammt hauptsächlich aus Verweisen auf ihn selbst, die in seinen Schriften verstreut sind,[3] und aus Informationen, die in zeitgenössischen und späteren byzantinischen Quellen zu finden sind. Obwohl wir nichts Genaueres über seine Familie wissen, kann man davon ausgehen, dass er aus einer wohlhabenden Familie stammte, die wahrscheinlich der Grundbesitzerschicht von Caesarea, d.h. der provinzialen Elite, angehörte. Dies zeigt sich daran, dass er in seinen Werken, vor allem in den *Anekdota*, die Politik Justinians aus der Perspektive der Interessen der Oberschicht betrachtet.[4] Man spekuliert auch, dass ein gewisser Stephanus, Prokonsul der Provinz Palästina I im Jahr 536, sein Vater sein könnte.[5]

---

[2] Zu Caesarea im 5. und 6. Jahrhundert GREATREX 2014, 77-82; GREATREX 2018a. Zur literarischen Kultur in Palästina im 6. Jahrhundert vgl. GREATREX 2022a, 61-63.

[3] Auch wenn die autobiografischen Passagen zu den literarisch in größtem Maß stilisierten Szenen in seinen Werken gehören (ROSS 2018, 73), ändert dies nichts an der Tatsache, dass sie einen Einblick in die Persönlichkeit des Historikers geben und wertvolle Informationen über ihn selbst enthalten.

[4] CAMERON 1996, 227, 240, 245.

[5] Vgl. dazu. HAURY 1896, 10 ff., GREATREX 1996.

Prokop erhielt eine typische rhetorisch-sophistische Ausbildung, die auf der Lektüre klassischer griechischer Autoren und dem Studium der Rhetorik beruhte – zunächst wahrscheinlich in Caesarea, dann studierte er wohl Jura, vielleicht in Berytos. Eine solche Ausbildung scheint durch einen Hinweis im Suda-Lexikon belegt zu sein, wo Prokop als Rhetor und Sophist bezeichnet wird (Sud. Π 2479).[6] Seine Ausbildung hat seinen Schreibstil und seinen literarischen Geschmack geprägt. Er kannte die griechische Literatur gut, wobei besondere Aufmerksamkeit auf seine Kenntnis der Werke der großen Historiker, Herodot und Thukydides, gelenkt werden sollte. Prokops Gelehrsamkeit und Belesenheit wurden von Agathias von Myrina, der sein Geschichtswerk fortsetzte, sehr hoch geschätzt. Prokop muss auch gute Lateinkenntnisse gehabt haben, weil Belisar und viele der Soldaten in seinem Gefolge lateinische Muttersprachler waren, und weil Latein immer noch die im Rechtswesen verbindliche Sprache war. Trotz seiner guten Lateinkenntnisse war er aber nur wenig mit der lateinischen Literatur vertraut.[7]

Mit seiner Ernennung zum Sekretär und Rechtsberater (ξύμβολος, consiliarius) des damaligen *dux Mesopotamiae* Belisar im Jahr 527 betrat Prokop die politisch-historische Bühne und wurde als Person erstmals historisch greifbar. Von nun an begleitete er Belisar während der Kriegshandlungen in mehreren Regionen. Er erlebte unter anderem den Sieg Belisars bei Dara und die Niederlage bei Callinicum mit. Es ist nicht klar, wo er sich aufhielt, nachdem Belisar aus dem Osten zurückgerufen wurde (531). Er war mit Sicherheit nicht im Gefolge Belisars, als der Nika-Aufstand im Jahr 532 in Konstantinopel ausbrach, und es gibt keinen Hinweis darauf, dass er Augenzeuge dieser dramatischen Ereignisse war.[8] Im Jahr 533 brach er als Mitglied des Stabs von Belisar zu einer Expedition gegen die Vandalen in Nordafrika auf. Damals diente er als πάρεδρος (Assessor) Belisars. Es ist sehr wahrscheinlich, dass es Prokop selbst war, der die Befehle Belisars formulierte und übermittelte, Rapporte schrieb und für die Korrespondenz mit dem Kaiser verantwortlich war.[9] Im Jahr 533 führte Prokop seine erste bezeugte wichtige Mission aus: Als die oströmische Flotte Sizilien erreichte, begab er sich nach Syrakus, um Informationen über die Vandalen zu erhalten. Diese Mission war erfolgreich: Prokop

[6] Der Begriff *rhetor* ist hier gleichbedeutend mit *advocatus* und weist auf eine juristische Ausbildung hin.

[7] Vgl. dazu EVANS 1972, 101.

[8] BRODKA 2018a, 46-56, MEIER 2004a, 89-93.

[9] Vgl.dazu LILLINGTON-MARTIN 2018, 158-159.

sammelte viele wertvolle Daten über die Situation in Nordafrika und die Verlagerung der feindlichen Truppen. Der Historiker nahm persönlich an dem gesamten Feldzug gegen die Vandalen teil und war Augenzeuge der Schlacht von Ad Decimum.

Wahrscheinlich blieb er bis 536 in Nordafrika, als er sich durch die Flucht aus Karthago während des Aufstands der römischen Truppen retten musste, obwohl nicht auszuschließen ist, dass er Nordafrika 534 mit Belisar verließ, dann wieder dorthin zurückkehrte und sich während des Soldatenaufstands gegen Solomon zufällig in Karthago aufhielt.

Der nächste große Krieg, an dem Prokop selbst teilnahm, war der Krieg gegen die Ostgoten. Bis 540 war er in Italien im Gefolge Belisars, der die Operationen gegen die Ostgoten leitete, und Prokop nahm selbst an der Verteidigung Roms gegen sie teil (537-538). Vielleicht war er damals für die Gewährleistung der inneren Sicherheit in der belagerten Stadt zuständig. Während dieses Krieges erfüllte er eine weitere wichtige Aufgabe: Er ging nach Neapel, um den belagerten Belisar mit Verstärkung und Nachschub zu versorgen. Während der Belagerung von Auximum im Jahr 539 kam er auf die Idee, die Trompeten der Kavallerie und der Infanterie zu verwenden, um die Kommunikation während der Schlacht zu erleichtern. Im Jahr 540 gehörte er dem Heer an, das in Ravenna einmarschierte. Prokops langjährige Einbettung in das oströmische Heer muss auf seine Sicht auf die Welt großen Einfluss ausgeübt haben.[10] Im Jahr 542, im zweiten Jahr der Großen Pest, war der Historiker in Konstantinopel. Als Belisar in Ungnade fiel, wurden ihre gegenseitigen Kontakte eingeschränkt. Über das weitere Schicksal Prokops wissen wir nichts Sicheres. Zwar wird manchmal behauptet, er sei in den 550er-Jahren wieder in Italien gewesen, doch sind die Argumente, die für diese Meinung sprechen könnten, nicht überzeugend.[11] Es bleibt dahingestellt, ob er sich in den 540er- und 550er-Jahren dauerhaft in Konstantinopel aufhielt. Die späteren Quellen legen nahe, dass er den Rang eines Senators und Patriziers (Träger des Titels *patricius*) erlangte und auch hohe Ämter bekleidete. Insbesondere der Bericht des Suda-Lexikons, in dem er als *illustrios* bezeichnet wird (Sud. Π 2479), scheint glaubwürdig zu sein. Der Verfasser des Suda-Lexikons verfügt über genaue Informationen über Prokop – dort sind die *Anekdota* zum ersten Mal bezeugt – sodass es keinen Grund gibt, die übrigen Angaben infrage zu stellen. Unter Justinian setzte sich der Senat ausschließlich aus den

[10] Mit Recht wird Prokop von GOLTZ 2018, 296-297 als Beispiel eines "embedded author" („eingebetteten Verfassers") betrachtet.

[11] Dafür plädiert HENRY 2008. Gegen BRODKA 2018a, 143 Anm. 443.

viri illustres zusammen. Die Beförderung in den *illustris*-Rang war mit der Erlangung hoher Würden verbunden. Es ist daher anzunehmen, dass Justinian den Historiker in den Rang eines Senators erhob.[12] Der Chronist Johannes von Nikiu bezeichnet ihn hingegen als Patrizier und als Amtsträger, ohne zu konkretisieren, auf welches Amt er sich dabei bezieht (Ioh. Nic. 92,90).[13] Wir wissen darüber hinaus, dass der Präfekt von Konstantinopel 562-563 Prokop hieß und 562 eine Verschwörung gegen Justinian untersuchte, wobei einer der Angeklagten Belisar war. Da in den Quellen nicht erwähnt wird, dass der Präfekt ein Historiker war, ist die Identifizierung unseres Historikers mit dem Präfekten von 562 nur höchst hypothetisch, wenn auch möglich. Es ist anzunehmen, dass Prokop eine erfolgreiche politische Karriere hinter sich hatte und dass er seine Beförderungen dem Kaiser verdankte, unabhängig davon, was er wirklich von Justinian hielt. H. Börm sieht ihn daher zu Recht unter den „Siegern" der Justinianischen Ära.[14] Das Todesjahr Prokops ist unbekannt.

---

[12] Börm 2015, 324-325.

[13] Greatrex 2022a, 65-66. Greatrex merkt an, dass dieser Hinweis nur ganz allgemein darauf hinweise, dass Prokop ein Amt innegehabt habe, und dass die Übersetzung, dass es sich um das Amt des Präfekten handele, falsch sei.

[14] Börm 2015, 336

2. *Bella* – „Die Kriege“

2.1. Datierung, Überlieferung

Prokops literarisches Werk ist vielfältig. Er schrieb eine klassische bzw. klassizistische Geschichte der Kriege (*Bella*, *Kriege*) und der großen Politik, aber auch eine Schmähschrift (Invektive) (*Anekdota/Historia arcana*, *Geheimgeschichte*) und eine Lobschrift (Panegyricus) (*De aedificiis*, *Über die Bauten*). Die Chronologie seiner Werke ist nicht ganz klar, und es gibt eine lebhafte Debatte in der Forschung zu diesem Thema. Aus verschiedenen Bemerkungen in den *Bella* wird deutlich, dass er Mitte der 540er-Jahre sicherlich bereits an diesem Werk arbeitete.[15] Die Edition der ersten sieben Bücher der *Bella* fand wahrscheinlich im Jahr 551 statt, und dies ist das einzige Datum, über das sich die moderne Forschung heute einig ist. Weil das Werk von den Rezipienten sehr positiv aufgenommen wurde und große Popularität genoss, ergänzte er es um das 8. Buch. Der *terminus post quem* für das 8. Buch der *Bella* ist die Einnahme von Cumae durch Narses im Herbst des Jahres 553.[16] Es entstand also frühestens um 554/555,[17] und diese Datierung kann heute als etabliert gelten. Man muss jedoch mit einer späteren Fertigstellung des 8. Buches rechnen. Evans schlägt das Jahr 557 vor, indem er auf Bell. 8,15,17 aufmerksam macht, wo Prokop sagt, dass der Perserkönig in den letzten 11 Jahren und 6 Monaten 46 Kentenarien

---

[15] Zur Entstehungszeit der einzelnen Abschnitte der *Bella* vgl. RANCE 2022, 90-95.

[16] BRODKA 2018a, 165.

[17] Es wird vermutet, dass Prokop etwa 12-18 Monate an Buch VIII gearbeitet habe (HOWARD-JOHNSTON 2000,20-22, RANCE 2022, 94). Eine Zusammenfassung der bisherigen Diskussion und neue Tendenzen in der Erforschung der Chronologie der Schriften Prokops bietet GREATREX 2003. Es scheint jedoch nicht so, dass Prokop in den bereits veröffentlichten Büchern Korrekturen und Ergänzungen vorgenommen haben könnte, da er selbst dies am Anfang des 8. Buches angibt (vgl. Bell. 8,1,1-2: „Da ich nämlich keine Möglichkeit mehr sah, die späteren Ereignisse in meinen bereits veröffentlichten Büchern nachzutragen...”). Hinzuweisen ist hier auf die Tatsache, dass die Zahl 50 in Bell. 1,17,40, die sich auf die Dauer der Herrschaft des Alamundaras bezieht, eine Korrektur von Haury darstellt, was allerdings im kritischen Apparat vermerkt wird. Haury hat 40 durch 50 (d.h. „M” durch „N“) ersetzt. Es ist bekannt, dass Alamundaras 554 starb und tatsächlich 50 Jahre regierte. Eine solche Interpretation des Textes würde in der Tat darauf hindeuten, dass Prokop entweder die Bücher I-VII nach 554 vollendete, oder diese nach 554 ergänzte. Wenn man jedoch Haury's Korrektur entfernt und die Zahl 40 belässt, verliert der Passus seine einzigartige und verwirrende Bedeutung und weist auf 544 als Zeitpunkt der Abfassung dieser Textstelle hin.

Gold gesammelt hatte. Höchstwahrscheinlich muss man ab 545, d.h. dem Abschluss des Waffenstillstands, rechnen, als die Römer die ersten 20 Kentenarien bezahlten. So gelangt man auf etwa 557.[18] Somit ist davon auszugehen, dass das 8. Buch der *Bella* zwischen 554 und 557 entstand.

Prokop selbst nannte dieses Werk „Kriege" (vgl. Bell.1,1,1), und folglich wird es unter dem lateinischen Titel *Bella* zitiert; in dem Panegyricus „Über die Bauten" bezeichnete er es konsequenterweise als „Die Bücher über Kriege" (vgl. u.a. Aed. 1,1,6; Aed. 1,1,20; Aed. 2,1,4; Aed. 3,2,8; Aed. 5,8,2; Aed. 6,1,8; Aed. 6,5,6). Ein solcher Titel erscheint auch häufig in den Handschriften, während das Suda-Lexikon das Werk mit der Bezeichnung „Die Römische Geschichte" betitelt. Die Rezipienten, die das Werk noch im 6. Jahrhundert lasen – der Kirchenhistoriker Euagrios, Agathias von Myrina und Johannes von Epiphaneia – nannten es „Die Kriege Belisars" oder „Die Kriege Justinians". Heutzutage ist es üblich, das Werk einfach als „Bella" zu bezeichnen. Aufgrund seiner Struktur wendet man auch spezielle Namen auf die Büchergruppen an: „Der Perserkrieg" (*Bellum Persicum*) (die Bücher I-II), „Der Vandalenkrieg" (*Bellum Vandalicum*) (die Bücher III-IV), „Der Gotenkrieg" (*Bellum Gothicum*) (die Bücher V-VIII). Die Einteilung in die einzelnen Bücher geht auf Prokop selbst zurück.

„Die Kriege" sind in einer Reihe von Handschriften aus dem 13. bis 15. Jahrhundert erhalten, die in Konstantinopel, Thessalonike und auf dem Berg Athos entstanden sind. Die älteste erhaltene Handschrift *Athos, Lavra H-73*, die Haury noch nicht in seine Edition aufgenommen hat, stammt aus dem 13. Jahrhundert.[19] Es gibt zwei Handschriftengruppen – die erste tradiert die Bücher I-IV, die zweite die Bücher V-VIII. Alle erhaltenen Handschriften gehen – allerdings nicht unmittelbar – auf den verlorenen Archetypus zurück, den Haury als x bezeichnete.[20]

2.2. Formale Einordnung

„Die Kriege" Prokops sind ein letztes großes Monument der antiken Historiografie, einer literarischen Gattung, die im 6. Jahrhundert über tausend Jahre alt war. Gemeint sind damit die Werke, deren Absicht in der kritisch

[18] EVANS 1996, 306.
[19] Vgl. dazu KALLI 2004.
[20] Die Liste der wichtigsten Handschriften bei RUBIN 1957, 1. Zu *stemma codicum* HAURY 1905 (1962-1963, XXII-XLIV). Die konstantinischen Exzerptoren benutzten hingegen nicht den Archetypus x, sondern den sogenannten x1.

hinterfragenden und objektiven Darstellung der menschlichen Handlungen und der ihnen zugrundeliegenden Abläufe und Mechanismen lag.[21] Die Geschichtsschreibung, deren grundlegende Form durch Herodot und Thukydides gegeben wurde, war in der Spätantike noch sehr populär, wie die Worte des Prokop selbst belegen, der stolz erklärt, sein Werk (gemeint sind Bella I-VII) sei im ganzen Römischen Reich bekannt geworden (Bell. 8,1,1). Zwischen dem 4. und 7. Jahrhundert schrieben etwa 20 Historiker in griechischer Sprache, deren Namen wir kennen, deren Werke aber größtenteils verloren sind. Die Werke von Zosimos, Prokop von Caesarea, Agathias von Myrina (6. Jahrhundert) und Theophylaktos Simokattes (7. Jahrhundert) sind vollständig erhalten geblieben. Die Werke anderer Autoren sind bestenfalls bruchstückhaft erhalten.[22] Im spätantiken Kontext wird nun diese Gattung der Geschichtsschreibung im Allgemeinen in der englischsprachigen Forschungsliteratur als “classicizing”, d.h. klassizistisch, bezeichnet, was den Umstand hervorhebt, dass die spätantiken Autoren im Stil und in der Sprache die klassischen Autoren (insbesondere Herodot und Thukydides) nachahmten. Dieser Begriff kann aber subtile literarische und kulturelle Werturteile beinhalten, denn er impliziert, dass diese Werke nicht direkt „klassisch“ waren, sondern vielmehr die Formen und die Sprache ihrer antiken Vorgänger nachahmten. Letztlich beruht dies auf einer impliziten Periodisierung: Sie erschienen nach der Periode, die wir als klassisch anerkennen, und ähnelten ihr daher nur in einem sekundären oder abgeleiteten Sinne, also waren sie „nur“ klassizistisch, nicht klassisch.[23] Man soll jedoch die spätantiken Autoren nicht abwerten, daher scheint der Begriff klassische Geschichtsschreibung zutreffender zu sein.[24] Neben dieser klassischen Geschichtsschreibung gab es auch weitere Gattungen der Historiografie wie die Chronografie oder die Kirchengeschichte.

Die klassische Historiografie konzentrierte sich im Allgemeinen auf das Zeitgeschehen und befasste sich mit der Politik, schilderte Kriege, politische Umwälzungen, Aufstände und diplomatische Aktionen. Mit anderen Worten: Es ging um „Krieg und Macht“. Dies ist Ausdruck der traditionellen Weltanschauung der sozialen und kulturellen Elite und findet sich bereits in Homers „Ilias“. Diese Weltanschauung wird perfekt durch die Wor-

---

[21] MEIER 1999, 177.

[22] Einen Überblick über die spätantiken Historiker bietet JANISZEWSKI 1999, 14-59, vgl. auch BLECKMANN 2021 und 2022.

[23] KALDELLIS 2022, 340-341.

[24] Vgl. KALDELLIS, 2004, 34: “He (Procopius) was not a shallow classicizer but a classical writer of the first order.” Zum Klassizismus Prokops vgl. jetzt KALDELLIS 2022.

te illustriert, die Prokop dem Senator Origenes, einem der Teilnehmer am Nika-Aufstand, in den Mund legt: „Krieg aber und Kaisertum sind anerkanntermaßen das Allerwichtigste bei den Menschen“ (Bell. 1,24,26, Übersetzung Veh).

Die Darstellung der Ereignisse in den Werken von Historikern erfolgt in der Regel auf zwei Ebenen. Im Grunde genommen wird der Ablauf der Ereignisse kontinuierlich und chronologisch erzählt, stellenweise unterbrochen durch Exkurse zu verschiedenen Themen. Die erzählten Ereignisse bilden (zumindest theoretisch) eine Ursache-Wirkungs-Sequenz, weil sich die Historiker darum bemühen, die Ursachen und Auswirkungen der berichteten Ereignisse darzustellen. Neben dem eigentlichen Bericht über das Geschehen bilden auch die Reden, die den Protagonisten in den Mund gelegt werden, ein wichtiges Element der Geschichtswerke, das verschiedene Funktionen erfüllen kann: Die Reden können die Ereignisse interpretieren und erklären, die handelnden Personen charakterisieren, auf deren Motive verweisen, die Schlüsselereignisse hervorheben, ein Element des Spannungsaufbaus darstellen oder lediglich eine Art Ornament sein.

In diesem Genre spielt das Prinzip der „Nachahmung“ (*Mimesis*) eine wesentliche Rolle. Die spätantiken Historiker ahmen ihre Vorbilder (vor allem Thukydides und Herodot) in der Auswahl des Materials, in der Sprache, im Stil und in der Struktur ihrer Werke nach. Oft entlehnen sie ganze Sätze oder sogar Szenen aus den Werken ihrer literarischen Vorbilder und passen sie an ihren eigenen Kontext an.[25] Die antike Geschichtsschreibung konzentriert sich auf das militärisch-politische Geschehen und behandelt im Allgemeinen nicht die religiösen Fragen.[26] Die spätantiken Historiker befassen sich nicht mit dem Christentum und schweigen über die großen theologischen und doktrinären Kontroversen,[27] daher wird das Genre oft als Profangeschichte bezeichnet. Selbst die Autoren, die Christen sind, erliegen der mimetischen Manier und schreiben, wenn sie sich auf das Christentum beziehen, darüber als etwas Fremdes. Sie erwähnen die christlichen Institutionen oder Ämter meistens in klassizistischer Umschreibung. Sie tun dies nicht, um sich vom Christentum zu distanzieren, sondern weil dies

---

[25] Zur Nachahmung des Herodot und Thukydides durch Prokop vgl. z.B. BRAUN 1885 und 1894, BORNMANN 1974, CRESCI 1986 und 1986/7, PAZDERNIK 1997, 2000 und 2015, CAMERON 1996, 34-35, ADSHEAD 1983, CAROLLA 1997, WHATELY 2017.

[26] Die Darstellung religiöser Bräuche erscheint im Allgemeinen in den Exkursen.

[27] Die Ausnahmen sind die Heiden Eunapios und Zosimos, die das Christentum scharf angriffen. Ähnliche Angriffe auf das Heidentum finden sich in Kirchengeschichten oder in Orosius' christlicher Universalgeschichte *Historia adversus paganos*.

eine literarische Konvention war, die nichts über die Konfession des Verfassers verrät. Die spezifischen christlichen Begriffe wurden, weil sie „neu“ waren, als unpassend für die klassische Geschichtsschreibung empfunden und für eine Abweichung von den Regeln des guten Stils gehalten. Religiöse Themen, d.h. theologische Kontroversen, Schismen, Konzilien, der christlich-heidnische Konflikt, die Entwicklung der christlichen Lehre wurden in einer anderen Gattung der Geschichtsschreibung, d.h. in der Kirchengeschichte, dargestellt. Im Laufe der Zeit begannen sich die beiden Gattungen natürlich gegenseitig zu durchdringen und zu beeinflussen – erkennbar ist somit deutlich die Überschreitung der Genregrenzen: Themen, die der einen Gattung eigen waren, wurden zunehmend auch von der anderen berücksichtigt.[28] Trotz der großen Annäherungen blieb aber die traditionelle militärisch-politische Historiografie konzeptionell ein separates Genre, das sich durchaus als lebensfähig erwies. Sie war zu Neuschöpfungen fähig und wies hohe Innovationskraft und Anpassungsfähigkeit auf.[29]

Zu beachten ist auch, dass sich die spätantike Historiografie auf die Zeitgeschichte konzentrierte. Prokop ist aber eine große Ausnahme und schreibt über die Herrschaft des lebenden Kaisers, während sehr viele Historiker, selbst wenn sie zumindest teilweise einen von ihnen selbst erlebten Abschnitt der Geschichte behandeln, meistens ihre Texte mit einem Bericht über die Regierung eines früheren Herrschers beenden. Die meisten Autoren können sich nämlich die Geschichte des regierenden Kaisers kaum anders als eine panegyrische Geschichte vorstellen und wollen deshalb nichts über sie verfassen.

Dabei ist sich Prokop dessen bewusst, welche Folgen die Wahl einer bestimmten literarischen Konvention nach sich zieht. Im Wesentlichen bewertet Prokop die Kausalketten innerhalb eines militärisch-politisches Geschehens nach innerweltlichen und sachlich nachvollziehbaren Kriterien. In seiner Darstellung resultieren die Handlungen der Protagonisten aus strategischer Planung und Kalkül oder sind psychologisch motiviert. Da das Thema seines Werkes die Kriege Justinians und die damit zusammenhängenden politischen Fragen sind, lässt er absichtlich die religionspolitischen Themen (z.B. dogmatische Streitigkeiten, Einstellung des Herrschers zum wahren Glauben) aus. Er grenzt sich von der Kirchengeschichte ab, indem er mehrmals erklärt, dass er die religiösen Probleme in einem anderen Werk thematisieren wird (Bell. 8,25,14; An. 1,14; 11,33; 26,18). Es ist

---

[28] Zu Kontinuität und Brüchen in der spätantiken Historiografie vgl. WHITBY 1992, MEIER 2004b, BLECKMANN 2021, 27-38.
[29] BLECKMANN 2021, 38, 64.

daher anzunehmen, dass er beabsichtigte, eine Kirchengeschichte, d.h. ein Werk über Justinians Religionspolitik zu schreiben, diese Absicht aber letztlich nicht verwirklichte. Andererseits lässt sich nicht nur bei Prokop, sondern vor allem auch bei seinen Nachfolgern Agathias von Myrina, Menander Protektor und Theophylaktos Simokattes feststellen, dass ihre persönlichen religiösen Überzeugungen immer mehr zum Ausdruck kommen und somit die christlichen Themen in immer größerem Maß in der auf das militärisch-politische Geschehen fokussierten Geschichtsschreibung auftauchen. Daher bindet schon Prokop christliche Wundererzählungen oder andere hagiografische Züge in seine Darstellung der Ereignisse ein. Insgesamt aber wiegen die Episoden mit wunderbaren oder hagiografischen Elementen quantitativ nicht schwer, wenn man sie in Relation zur Gesamterzählung setzt.[30] Selbst diese Tatsache deutet aber auf das Innovationspotential und die Lebendigkeit dieser Gattung hin.[31]

Auch die Frage der Chronologie verdient Aufmerksamkeit. In der klassischen Geschichtsschreibung sind genaue chronologische Daten nicht das wichtigste Thema. Solche Historiker wie Prokop stellen bei der Behandlung des jeweiligen Abschnitts der Geschichte das Material in einer chronologischen Reihenfolge dar, das häufig in ein sorgfältig erstelltes chronologisches Gerüst eingebunden ist, aber relativ selten machen sie genaue chronologische Angaben. In den Büchern I-IV verwendet Prokop die Regierungsjahre Justinians, um den Zeitpunkt von Ereignissen festzulegen, während er sich in den Büchern V-VIII an thukydideischen Kriegsjahren orientiert. Genauere Daten mit Monatsangaben sind hingegen sehr selten. Die Chronologie ist im Wesentlichen die Domäne der Chronistik bzw. der Chronografie, die einen mehr oder weniger streng nach Jahren geordneten Abriss der Weltgeschichte bietet. Die Historiker wollen vor allem nützlich sein, wobei sie diese Nützlichkeit unterschiedlich einschätzen. Eine exakte Chronologie halten sie nicht für ihre Aufgabe, da sie ihrem Publikum keinen Nutzen brächte. Eine etwas extreme, aber insgesamt recht charakteristische Position in dieser Hinsicht vertritt Eunapios von Sardes, der zu Beginn des 5. Jahrhunderts die Geschichte Roms vom Ende des 3. bis zu den Anfängen des 5. Jahrhunderts niederschrieb. In einer Polemik mit dem Historiker Dexippos, der den chronologischen Angaben große Bedeutung beimaß, fragt Eunapios rhetorisch, inwieweit die chronologischen Daten zur

---

[30] Bleckmann 2021, 35.

[31] Hohe Innovationskraft der sich stetig weiterentwickelnden klassischen Historiografie weisen insbesondere die Geschichtswerke des Menander Protektor oder Theophylaktos Simokattes auf, dazu Bleckmann 2021, 64-94.

Erkenntnis der Weisheit des Sokrates beitragen, und ob große Männer nur im Sommer groß waren (vgl. Eunap. Fr. 1)? Dies ist natürlich ein extremer Standpunkt, aber er veranschaulicht gut das Wesen des Problems. Die besondere Sorge um die Chronologie gehört zur Chronografie, nicht zur Geschichtsschreibung.

2.3. Inhalt und Aufbau

„Die Kriege“ bestehen aus 8 Büchern. Die ersten 7 Bücher wurden wahrscheinlich im Jahr 551 veröffentlicht. Am Anfang des 1. Buches steht eine Einleitung zum gesamten Werk. Das letzte Buch, dem ebenfalls eine Einleitung vorausgeht, wurde, wie schon oben gesagt, separat veröffentlicht, wahrscheinlich zwischen etwa 554-557. Über den Aufbau seines Werkes spricht Prokop explizit in der Einleitung zum 8. Buch:

> „Die bisherigen Berichte habe ich möglichst so gehalten, dass ich meine Bücher nach Kriegsschauplätzen ordnete und zusammenfasste; diese sind inzwischen erschienen und im ganzen Römerreiche bekannt geworden. Künftighin werde ich nicht mehr in der genannten Art und Weise verfahren. Da ich nämlich keine Möglichkeit mehr sah, die späteren Ereignisse in meinen bereits veröffentlichten Büchern nachzutragen, werde ich das ganze Kriegsgeschehen, auch an der persischen Front, soweit es nach dem Erscheinen meiner früheren Berichte liegt, in den jetzt folgenden Band aufnehmen. Die Darstellung wird dadurch natürlich bunt“ (Bell. 8,1,1-2 Übersetzung Veh).

Der erste Teil der „Kriege“, d.h. die Bücher I-VII, ist in drei Unterteile gegliedert, die jeweils einem Kriegsschauplatz entsprechen. Diese Art der geografischen Anordnung findet sich bereits in der „Römischen Geschichte“ des Appian von Alexandria aus dem 2. Jahrhundert. Zum Thema hat das Ganze die Kriege des Kaisers Justinian. Die Bücher I-II behandeln die Kriege gegen Persien, die Bücher III-IV die Kriege in Afrika gegen die Vandalen und die Mauren, die Bücher V-VII die Kriege in Italien gegen die Ostgoten. In diesem Teil des Werkes reicht der Bericht über diese Ereignisse hinaus in die Jahre 550/551. Das 8. Buch, dessen Inhalt der Historiker selbst als „bunt“ bzw. „vielfältig“ bezeichnet, ergänzt die früheren Berichte und stellt die Kriegshandlungen auf den einzelnen Kriegsschauplätzen bis zum Jahr 552 dar. Das 8. Buch weicht, wie Prokop selbst betont, von der Disposition in den früheren Büchern ab, weil es eine Darstellung aller Kriegsschauplätze enthält. Innerhalb des Buches selbst wird jedoch die geografische Struktur beibehalten, und es behandelt die einzelnen militärisch-politischen Themenkomplexe geografisch aufgeteilt: Zunächst werden die Ereignisse an der persischen Front dargestellt, dann in aller Kürze die Ereignisse in Nordafrika und schließlich die Endphase des Krieges gegen die Ostgoten.

Unabhängig von der geografischen Gliederung beschränkt sich Prokop nicht nur auf die Darstellung der Perser-, Vandalen und Gotenkriege, sondern er ergänzt seinen Bericht auch um die Informationen über andere wichtige politische Ereignisse, z.B. den Nika-Aufstand in Konstantinopel (532), die Große Pest (542) und die Einfälle der Barbaren in die Balkanprovinzen (z.B. der Slawen). Jeder der drei Hauptteile beginnt mit einer Einleitung, in der der historische Hintergrund der jeweiligen Konflikte skizziert wird.

Das 1. Buch beginnt Prokop mit einem Überblick über die römisch-persischen Beziehungen seit der Zeit des Kaisers Arcadius (395-408). Der Historiker berichtet über den Adoptionsvertrag zwischen Arcadius und dem Perserkönig Yezdigerd, den Konflikt zwischen Theodosius II. und Vararanes sowie den Krieg des Perserkönigs Perozes gegen die Hefataliten. Nach dem Tod des Perozes übernahm Kavadh die Herrschaft (488-496, 498-531). Dargestellt werden die mazdakitischen Wirren sowie die Zwischenregierung des Blases (Bell. 1,2-6). Dieser einleitende Teil ist voll von anekdotisch-märchenhaftem Stoff. Es geht dabei um solche Anekdoten wie z.B. die Geschichte von der wunderbaren Perle oder die Befreiung des Kavadh aus dem sogenannten „Ort des Vergessens“, d.h. aus dem Lethe-Gefängnis. Anschließend wird der römisch-persische Krieg von 502-506 dargestellt, der durch die Ablehnung der finanziellen Forderungen des Kavadh seitens Anastasius ausgelöst wurde. Ausführlich wird die Belagerung von Amida durch die Perser geschildert (Bell. 1,7-9). Nach dem Friedenschluss gründete Anastasius die Festung Dara (Bell. 1,10), und nach seinem Tod wurde Justin I. zum neuen Kaiser. Kavadh bat den Kaiser, seinen Sohn Chosroes zu adoptieren, aber dieser Plan wurde von den Römern abgelehnt (Bell. 1,11-12). In den folgenden Jahren eskalierte die Situation, und als die Iberer auf die Seite der Römer wechselten, brach ein neuer Krieg aus (525). An diesem Punkt erschien Belisar zum ersten Mal. In der Zwischenzeit starb Justin I., und Justinian übernahm die Macht (Bell. 1,13). Die Kriegshandlungen werden detailliert dargestellt. Belisar besiegte die Perser bei Dara (Bell. 1,13-14), aber im nächsten Jahr erlitt er eine bittere Niederlage bei Callinicum (Bell. 1,18), nach der er aus dem Osten entlassen wurde. Neben den Kriegshandlungen werden die diplomatischen Bemühungen zur Lösung des Konflikts beschrieben, die jedoch lange Zeit ergebnislos blieben. Die Situation änderte sich, als Kavadh starb und sein Sohn Chosroes (531-579) die Macht in Persien übernahm (Bell. 1,21). Justinian und Chosroes schlossen im Jahr 532 den sogenannten Ewigen Frieden (Bell. 1,22). In den letzten Kapiteln des 1. Buches stehen die inneren Angelegenheiten in Persien und Rom in Fokus. Beschrieben werden der Aufstand gegen Chosroes (Bell. 1,23), der Nika-Aufstand in Konstantinopel (Bell. 1,24) und der Fall des Johannes des Kappadokers (Bell. 1,25). Kurz wird auch auf Belisars Siege in Afrika hingedeutet, was die Entstehung des nächsten römisch-persischen Krieges erklären soll, dessen Ursachen in Chosroes' Eifersucht auf Justinians Erfolge gesehen werden (Bell. 1,26). Im 1. Buch finden sich neben der Darstellung historischer Ereignisse auch verschiedene umfangreiche Exkurse, wie z.B. die Schilderungen der Kaspischen Tore (Bell. 1,10) oder Arabiens (Bell. 1,18-20).

Das 2. Buch berichtet über den römisch-persischen Krieg, der im Jahr 540 ausbrach. Die Ursachen des Krieges werden nun umfangreich erörtert, wobei die Eifersucht des Chosroes erneut als der wahre Grund für den Konflikt dargelegt wird. Als Chosroes von Belisars Erfolgen in Italien hörte, begann er nach Vorwänden zu suchen, um mit gutem Grund den Vertrag zu brechen. So forderte er den Araberfürsten Alamundaras auf, Kriegsanlässe zu schaffen. Die Streitigkeiten zwischen den Sarazenen des Alamundaras und des proрömischen Arethas verschärften die Spannungen zwischen Persien und dem Römischen Reich (Bell. 2,1). Die Gesandten vom Gotenkönig Witigis ermutigten den Perserkönig, den Frieden zu brechen, und verwiesen auf eine günstige Situation für einen Angriff, da Justinian im Westen engagiert war (Bell.2,2). Die Armenier lehnten sich gegen Rom auf, baten die Perser um Hilfe und riefen zum Krieg gegen Rom auf, während sie in einer langen Rede scharfe Kritik an Justinians Politik übten (Bell. 2,3). Chosroes brach den Frieden mit Rom, drang in römisches Gebiet mit einem großen Heer ein (Bell. 2,5-7) und nahm Antiochia, eine der größten römischen Städte des Ostens, nach kurzer Belagerung ein (Bell. 2,8-10). Chosroes fiel in Apameia ein und erpresste ein Lösegeld. In Apameia geschah ein Wunder, das durch eine Reliquie des Heiligen Kreuzes verursacht wurde: Die Stadt wurde nicht geplündert, weil „eine göttliche Kraft“ die Perser aufhielt (Bell. 2,11). Die Perser zogen sich zurück, erpressten ein Lösegeld von Chalkis und versuchten, Edessa zu erobern. Der Glaube der Christen, die Stadt stehe unter dem besonderen Schutz Christi, der versprochen habe, dass kein Feind sie erobern würde, veranlasste Chosroes zum Angriff. Die Abgarsage wird in diesem Zusammenhang erzählt. Letztendlich kam es nicht zum Angriff, und der König ließ sich auf ein Lösegeld ein. Chosroes setzte seinen Rückzug fort und unternahm einen erfolglosen Versuch, Dara zu erobern (Bell.2,12-13). Damit ist der Bericht über die erste Invasion abgeschlossen. Im Frühjahr des folgenden Jahres (541) schickte Justinian Belisar, der gerade aus Italien zurückgekehrt war, in den Osten. In der Zwischenzeit brachen die Kämpfe in Lazika aus, wo sich die Lazen gegen die Römer auflehnten und die Perser um Hilfe baten (Bell. 2,15). Belisar griff Assyrien an, und Chosroes drang in Lazika ein und eroberte die Festung Petra (Bell. 2,16-19). Im Jahr 542 fiel Chosroes zum dritten Mal in das Römische Reich ein. Er plante, Palästina anzugreifen und Jerusalem zu erobern. Belisar gelang es jedoch mithilfe einer Kriegslist, die Perser zum Rückzug zu zwingen. Nach dem Rückzug der Perser wurde Belisar zurückgerufen und erneut nach Italien geschickt (Bell. 2,20-21). Im Römischen Reich brach die Große Pest aus (Bell. 2,22-23). Trotz der diplomatischen Verhandlungen kam es zu weiteren Kämpfen, diesmal in Persarmenien, wo die Römer bei Anglon eine Niederlage erlitten (Bell. 2,24). Im folgenden Jahr fiel Chosroes zum vierten Mal ins römische Gebiet ein, während die Perser Edessa erfolglos belagerten (Bell. 2,26-27). Justinians Gesandten schlossen mit Chosroes einen fünfjährigen Waffenstillstand ab (Bell. 2,28). In Lazika kam es zu neuen Kämpfen. In diesem Zusammenhang wird die Bedeutung von Lazika für die Perser erläutert und auf die Ziele ihrer Politik hingewiesen. Die Perser versuchten, den Lazenkönig Gubazes zu töten, doch das Attentat scheiterte und die Lazen wandten sich an Justinian mit der Bitte um Hilfe. Der Kaiser beorderte Dagistheus mit 8000 Mann nach Lazika. Dagistheus und die Lazen belagerten Petra. Sie mussten jedoch nachgeben, weil die persische Armee unter dem Kommando von Mermeroes der Stadt zum Entsatz kam. Der Bericht endet mit der Beschreibung eines nächtlichen Gefechts, bei dem die Römer und die Lazen siegreich waren (Bell. 2,29-30). Auf diese Weise wird die Geschichte des Krieges mit Persien bis zum Jahr 549 gebracht.

Im 3. Buch beginnt die Erzählung mit der Teilung des Römischen Reiches im Jahr 395 in einen östlichen und einen westlichen Teil und dem geografischen Überblick über das Römische Reich. Prokop stellt die Wanderungen der Gepiden und Westgoten dar und konzentriert sich danach auf die Herkunft und Geschichte der Vandalen. Dargestellt werden die Umstände, unter denen die Vandalen Nordafrika eroberten, und die Geschichte ihres afrikanischen Staates, einschließlich die Plünderung Roms im Jahr 455 durch Geiserich und die desaströse Niederlage der Riesenexpedition des Basiliskos im Jahr 468 (Bell. 3,1-8). Hier geht die Erzählung nahtlos in die Darstellung der Gründe für die oströmische Intervention in Nordafrika im Jahr 533 über, d.h. die Entmachtung des romfreundlichen Hilderich durch Gelimer. Dies gab Justinian den Vorwand, sich in die inneren Angelegenheiten der Vandalen einzumischen und in Afrika zu intervenieren. Das Kommando im Krieg gegen die Vandalen wurde Belisar anvertraut (Bell. 3,9). Trotz verschiedener Bedenken – die Schwierigkeiten wurden von Johannes dem Kappadoker in einer langen Rede aufgezeigt – setzte sich schließlich der Plan der Expedition gegen die Vandalen durch (Bell. 3,10). Die oströmische Flotte verließ Konstantinopel und segelte nach Afrika. Die Truppen landeten in Afrika bei Caput Vada (Bell. 3,11-15). Es wird nachdrücklich betont, dass Belisar seine Soldaten im Zaum hielt, damit sie keine Gewalt gegen die Zivilbevölkerung ausübten. Alle Verbrechen wurden hingegen streng bestraft (Bell. 3,16-17). Den Höhepunkt dieses Teils der Erzählung bildet die Schlacht bei Ad Decimum, in der Belisar das Heer Gelimers besiegte (Bell. 3,18-19). Kurz darauf zog die oströmische Armee in Karthago ein (Bell. 3:20-22). Die Vandalen versuchten, Widerstand zu organisieren – Gelimer rief seinen Bruder Tzazon aus Sardinien herbei. In der Ebene von Bulla, vier Tagesreisen von Karthago entfernt, trafen Gelimer und Tzazon zusammen (Bell. 3,23-25). Die bevorstehende Entscheidung wird durch drei Reden unterstrichen: Belisars an die römische Soldaten (Bell. 4,1) und Gelimers und Tzazons an die Vandalen (Bell.4,2). Bei Tricamarum fand eine entscheidende Schlacht statt, in der die Vandalen endgültig besiegt wurden (Bell.4,3). Tzazon wurde getötet und Gelimer entkam. Er fand Zuflucht auf dem Berg Papua. Während Belisar die einzelnen Gebiete in Besitz nahm, belagerte ein Teil seiner Armee unter dem Kommando von Faras Gelimer und dessen Vandalen auf dem Berg Papua. Nach einigen Monaten ergab sich Gelimer infolge des Hungers und wurde nach Karthago gebracht. Damit endete der Vandalenkrieg. Der Rest des Buchs IV besteht aus der Darstellung der Aufstände der oströmischen Truppen in Afrika und des asymmetrischen Krieges der Mauren gegen die Römer bis zum Jahr 548. Belisar wurde aus Afrika zurückgerufen und kehrte nach Konstantinopel zurück, wo er einen Triumph feierte (Bell. 4,8-9). In Nordafrika, mit dessen Verwaltung Solomon betraut wurde, kam es zu einem Konflikt mit den Mauren (Bell. 4,10-13). Während Belisar einen Krieg gegen die Goten begann und Sizilien einnahm, brach in Afrika ein Soldatenaufstand aus. Solomon hatte die Situation nicht unter Kontrolle und musste sich durch Flucht retten (Bell. 4,14). Die Rebellen wählten Stotzas zu ihrem Anführer (Bell. 4,15). Belisar traf in Karthago ein, besiegte die Rebellen und kehrte dann nach Sizilien zurück. Stotzas floh nach Numidien. Der Aufstand wurde erst durch Justinians Cousin Germanus endgültig niedergeschlagen, der einen Teil der Aufständischen auf seine Seite zog und den Rest in der Schlacht von Scalae Veteres besiegte (Bell.

4,16-17). In Karthago vereitelte Germanus eine Verschwörung des Maximinus (Bell. 4,18). Im 13. Jahr seiner Herrschaft (539) rief Justinian Germanus aus Afrika zurück und beauftragte Solomon wieder mit der Verwaltung Afrikas. Prokop lobt Solomons zivile Regierung, erwähnt den Festungsbau, konzentriert sich aber auf Solomons siegreichen Feldzug gegen die Mauren in Aurasium (Bell. 4, 19-20). Nach vier ruhigen Jahren verschlechterte sich die Lage in Afrika dramatisch. Der Historiker macht dafür in erster Linie den unfähigen Sergius verantwortlich, dem Justinian die Regierung über Tripolis anvertraut hatte. Während eines Treffens des Sergius mit der Gruppe vornehmer Levathen in Leptis Magna kam es zu einem Zwischenfall, in dessen Folge Sergius' Soldaten die Levathen töteten. Ihre Ermordung führte zum erneuten Ausbruch des asymmetrischen Krieges gegen die Mauren in Afrika. In der Schlacht von Cilium wurden die Römer besiegt und Solomon getötet (Bell. 4,21). Sergius übernahm die Verwaltung über ganz Afrika – Prokop kritisiert seine Regierung scharf und erklärt, dass er durch seine Dummheit und Inkompetenz die Hauptursache für den Ruin Afrikas geworden sei (Bell. 4,22). In den folgenden Kapiteln wird das Chaos in Afrika geschildert: die militärischen Niederlagen der Römer, die Verwüstung des römischen Territoriums durch die Mauren, die Streitigkeiten zwischen Sergius und anderen Befehlshabern, das Fehlen einer angemessenen Antwort auf die Plünderungszüge der Barbaren. Viele Libyer, d.h. die in Afrika angesiedelten Römer, flohen nach Sizilien oder nach Konstantinopel (Bell. 4,23-24). Damit wird das Thema der Entvölkerung des römischen Afrikas angesprochen. Die letzten Kapitel des Buches befassen sich mit der Tyrannei des Gontharis, der zwei Monate nach der Entlassung des Sergius durch den Kaiser gewaltsam die Macht in Afrika an sich riss (Bell. 4,25-28). Mit der Beseitigung von Gontharis durch Artabanes (546) endet die ausführliche Darstellung der Ereignisse in Afrika. Das Buch schließt mit einer kurzen Erwähnung der Übernahme des Kommandos in Afrika durch Johannes Troglita und seiner Siege über die Mauren (Bell. 4,28,45-51). Der Ton dieses Berichts ist jedoch sehr pessimistisch: Trotz des Sieges überlebten nur wenige Libyer und fielen in große Armut (Bell. 4,52).

Das 5. Buch enthält die kürzeste Einleitung aller Bücher. Es beginnt mit der Herrschaft von Romulus Augustulus (475-476) im Westen. Prokop befasst sich diesmal nicht mit der frühen Geschichte der Ostgoten, sondern er geht sofort zu den Umständen über, unter denen Theoderich die Macht über Italien erlangte. Bemerkenswert ist die äußerst positive Charakterisierung seiner Herrschaft (Bell. 5,1). In den folgenden Kapiteln wird die Geschichte seiner Nachfolger dargestellt, wobei das Hauptaugenmerk des Historikers auf der Gestalt von Theoderichs Tochter Amalasuintha liegt (Bell. 5,2-4). Als Amalasuintha mit Zustimmung des Königs Theodahad ermordet wurde, erklärte Justinian den Goten den Krieg (Bell. 5,4-5). Die Kriegshandlungen fanden zunächst in Dalmatien und auf der Insel Sizilien statt, die Belisar besetzte. In der Zwischenzeit versuchte der kaiserliche Gesandte Petros Patrikios, den Konflikt mit diplomatischen Mitteln zu beenden. Petros erlangt zunächst wesentliche Zugeständnisse, und Theodahad war sogar bereit, auf seine Herrschaftsrechte in Italien zu verzichten. Letztendlich wurde jedoch keine Einigung erzielt (Bell. 5,6-7). Die kaiserliche Armee besetzte Dalmatien, und Belisar landete in Italien und marschierte nach Norden, wo er auf den Widerstand Neapels traf. Es kam zu einer Belagerung der Stadt, die im Sturm genommen wurde (Bell. 5,8-10). Die militärischen Misserfolge schwächten Thedoahad, er wurde von den Goten gestürzt und getötet, und Witigis übernahm die Macht (Bell. 5,11). Da Witigis eine Einigung und ein Bündnis mit den Franken anstrebte, liefert Prokop einen ausführlichen Exkurs über deren Geschichte und Beziehungen zu ihren Nachbarn (Bell. 5,12-13). Belisar marschierte unterdessen nach Norden und nahm Rom kampflos ein (Bell. 5,14). Weil Belisar die Kontrolle über Süd- und Mittelitalien gewann, folgt ein kurzer Exkurs über Italien (Bell. 5,15). Mit einem großen Heer, etwa 150.000 Mann, zog Witigis gegen Rom (Bell. 5,16). Als das gotische Heer in der Nähe von Rom eintraf, begann die Belagerung der Ewigen Stadt durch die Goten. Damit erreicht das Werk seinen Höhepunkt mit einer detaillierten, epischen und dramatischen Beschreibung der ein Jahr lang dauernden Kämpfe um Rom (Bell. 5,17-6,10). Den Goten gelang es nicht, die Ewige Stadt einzunehmen, während Belisar, dessen Streitkräfte allmählich verstärkt wurden, die Initiative ergriff und zur Gegenoffensive überging. Besonders wichtig für den weiteren Verlauf des Krieges war der Vorstoß von Johannes, dem Neffen Vitalians, der Picenum verwüstete und dann, gegen den Befehl Belisars, unter Zurücklassung der feindlichen Garnisonen in Auximum und Urbinum die wichtige Stadt Ariminum einnahm, die eine Tagesreise von Ravenna entfernt lag. Als Witigis vom Verlust von Ariminum erfuhr, beschloss er, sich von Rom abzuziehen, da er befürchtete, dass die Römer Ravenna angreifen könnten (Bell. 6,10). Belisar befahl Johannes, Ariminum zu verlassen, aber dieser missachtete erneut den Befehl und blieb in der Stadt, die bald darauf von einem gotischen Heer belagert wurde. In Ligurien nahm hingegen ein Korps unter Mundilas Mailand ein, aber die Goten, unterstützt von den Burgundern, starteten einen Gegenangriff und belagerten die Stadt (Bell. 6,11-12). In der Zwischenzeit war der Eunuch Narses mit einigen tausend Soldaten in Italien eingetroffen. Ein Teil seiner

Truppen bestand aus den Herulern, weshalb Prokop den Herulern einen langen Exkurs widmet, der die laufende Erzählung unterbricht (Bell. 6,13-15). Nachdem sich die Truppen von Belisar und Narses vereinigt hatten, zogen sie zum Entsatz des hart bedrängten Ariminum. Es gelang ihnen, Witigis zu überraschen und auszumanövrieren, der die Belagerung aufgab und sich nach Ravenna zurückzog (Bell. 6, 16-17). Zwischen Narses und Belisar entbrannte ein Streit über die weitere Strategie. Die Streitigkeiten zwischen ihnen konnten selbst durch ein kaiserliches Handschreiben nicht eindeutig zugunsten Belisars entschieden werden. Narses entzog sich dem Oberbefehl Belisars, und infolgedessen wurde das römische Heer in Urbinum geteilt: Während Belisar Urbinum belagerte, besetzten die Truppen des Narses die Aemilia (Bell. 6,18-19). Es folgt die Beschreibung einer Hungersnot in Italien (Bell. 6,20). In Ligurien belagerten die Goten und Burgunder Mailand. Wegen des zögernden Vorgehens der kaiserlichen Armee wurde die Stadt erobert, und zahlreiche Einwohner wurden getötet oder versklavt. Als Folge dieser Niederlage berief Justinian Narses aus Italien zurück und bestellte Belisar zum Oberbefehlshaber im Gotenkrieg (Bell. 6, 21-22). Witigis schickte eine Gesandtschaft an den Perserkönig Chosroes, um ihn zu einem Angriff auf das Römische Reich zu bewegen. Die Situation in Italien wurde von den Franken ausgenutzt, die unter dem Kommando des Königs Theudebert in Norditalien einfielen und sowohl die Goten als auch die Römer angriffen (Bell. 6,25). Belisar beherrschte allmählich Norditalien, nahm nach langer Belagerung Auximum ein (Bell. 6, 23-24, 26-27) und schloss bald danach Ravenna ein. Es kam zu den Friedensverhandlungen, doch das von Justinians Gesandten unterbreitete Friedensangebot wurde von Belisar abgelehnt, der sich weigerte, es zu unterzeichnen. In dieser Situation boten ihm die verzweifelten Goten die kaiserliche Macht über den Westen an. Belisar täuschte sie jedoch, indem er dieses Angebot anzunehmen schien, woraufhin die Goten kapitulierten: Belisars Armee besetzte Ravenna und nahm Witigis gefangen (Bell. 6, 28-29). Belisar wurde wegen des Krieges mit Persien aus Italien zurückgerufen. Er lehnte das Angebot der Goten, die ihn drängten, die Macht im Westen zu übernehmen, entschieden ab und verließ Italien. Die Goten wählten Hildebad zu ihrem Herrscher (Bell. 6,30).

Das 7. Buch beginnt mit dem Lob Belisars und der Kritik an rigoroser Finanz- und Steuerpolitik des Logotheten Alexander. Nachdem Belisar Italien verlassen hatte, organisierte der neue Gotenkönig Hildebad den Widerstand gegen die kaiserliche Armee, die er in der Schlacht von Tarbesium besiegte. Es kam zu einem Konflikt unter den Goten, und Hildebad wurde ermordet (Bell. 7,1). Die Macht über die Goten wurde kurzzeitig von Eraric und nach dessen Tod von Totila übernommen (Bell. 7,2). Totila gewann im Krieg die Oberhand, besiegte das kaiserliche Heer bei Verona und übernahm allmählich die Kontrolle über den größten Teil Italiens (Bell. 7, 3-7), wobei er unter anderem Neapel einnahm. Die milde Behandlung der Stadtbewohner durch die Goten erlaubt es Prokop, die Tugenden Totilas zu preisen (Bell. 7,8). Prokop äußert scharfe Kritik an der Inkompetenz und den Freveltaten der römischen Feldherren und zeichnet ein Bild vom traurigen Schicksal der Italiker, die von beiden Heeren das Schlimmste erleiden. Den Kontrast zwischen dem Wohlstand Italiens unter der gotischen Herrschaft und der harten Politik des Kaisers wird in Totilas Brief an den römischen Senat deutlich gezeigt (Bell. 7,9). Im Jahr 544 schickte Justinian erneut Belisar nach Italien, der jedoch nur über sehr geringe Kräfte verfügte und daher nicht in der Lage war, eine wirksame Gegenoffensive zu starten (Bell. 7,10-12). Im Dezember 545 begann Totila mit der Belagerung Roms, während Belisar nach Epidamnos ging, wo er auf Verstärkung wartete (Bell. 7,13). Eingeflochten in die Schilderung der zeitgenössischen Ereignisse werden die Geschichte des römischen Feldherrn Chilbudius und ein ausführlicher Exkurs über die Slawen (Bell. 7,14). Der anschließende Bericht konzentriert sich auf die Belagerung Roms durch Totila, das im Dezember 546 von den Goten eingenommen wurde. In diesem Zusammenhang wird das Verhalten von Bessas, der die Verteidigung der Stadt befehligte, und anderer oströmischer Befehlshaber, die sich auf Kosten der hungernden Einwohner Roms durch Wuchern bereicherten, scharf kritisiert (Bell. 7, 15-20). Die Eroberung Roms durch Totila ist der Anlass für eine Zusammenfassung der bisherigen Ausführungen: Dem Gotenkönig Totila wird eine scharfe Kritik an der bisherigen Politik des Kaisers gegenüber den Bewohnern Italiens in den Mund gelegt, der Totilas Milde und Gerechtigkeit gegenübergestellt werden (Bell. 7,21). Trotz der Rückeroberung Roms (Bell. 7, 24) gelang es Belisar nicht, die Initiative im Krieg zu übernehmen oder größere Erfolge zu erzielen. In dieser Situation wurde er von Justinian im Jahr 548 abberufen (Bell. 7, 22-30). In Konstantinopel wurde eine Verschwörung gegen Justinian angezettelt, die aufgedeckt werden konnte, und die Verschwörer wurden bestraft (Bell. 7, 31-32). Es folgt ein bitteres Bild der Situation im Westen in der zweiten Hälfte der 540er-Jahre: Fast ganz Italien geriet unter die Kontrolle der Goten, während Venetien von den Franken beherrscht wurde. Illyrien und Thrakien wurden hingegen durch die Invasionen der Gepiden, Langobarden und Heruler verwüstet (Bell. 7,33). Auch der Konflikt zwischen den Gepiden und den Langobarden wird beschrieben (7,34). Mit Bell. 7,35 kehrt Prokop zum Bericht über den Gotenkrieg zurück. Er erwähnt die ruhmlose Rückkehr Belisars nach

Byzanz und äußert sich sehr kritisch über dessen fünfjährige erfolglose Handlungen in Italien, da Belisar hauptsächlich auf der Flucht war, während die Feinde den größten Teil des Landes eroberten. In Italien errang Totila weitere Erfolge – er besetzte erneut Rom (Januar 550) und eroberte Ariminum (Bell. 7,35-37). Auch hier wird der Fluss der Schilderung des Gotenkrieges durch die Beschreibung der Ereignisse auf dem Balkan unterbrochen: Dargestellt wird die Invasion Illyriens und Thrakiens durch die Slawen (Bell. 7,38). Im Jahr 550 ernannte Justinian seinen Cousin Germanus zum Oberbefehlshaber im Krieg gegen die Goten und befahl ihm, ein Expeditionskorps zu organisieren, an dessen Spitze er nach Italien aufbrechen sollte. Während der Vorbereitungen für die Expedition erkrankte Germanus jedoch und starb. Zu dieser Zeit plünderten die Goten Sizilien und die Slawen Thrakien (Bell. 7,39-40).

Das 8. Buch wurde separat veröffentlicht und ergänzt den früheren Bericht, indem es die Darstellung der einzelnen Kriege fortsetzt und bis zum Jahr 552 bringt. Es ist anders aufgebaut als die früheren, weil es alle Kriegsschauplätze behandelt. Innerhalb des Buches selbst wird jedoch die geografische Struktur beibehalten: Zunächst werden die Ereignisse an der persischen Front geschildert (Bell. 8,1-8,17,19), dann folgen in aller Kürze die Geschehnisse in Afrika (Bell. 8,17,20-22), in Europa (Bell. 8,18-20) und schließlich die letzte Phase des Krieges gegen die Ostgoten (Bell. 8,21-35). Dem Bericht über die Ereignisse auf dem östlichen Kriegsschauplatz geht ein sehr ausführlicher Exkurs über die Völker und die Geografie der Schwarzmeerregion voraus (Bell. 8, 1-6), gefolgt von einer Erörterung der Gründe für das persische Interesse an Lazika (vgl. auch Bell. 2,28,18-24), denn alle Kämpfe der Römer und der Perser fanden nur in Lazika statt. Die Erzählung gipfelt in der Einnahme der Festung Petra durch den römischen Feldherr Bessas (Bell. 8,11-12) und der siegreichen Verteidigung von Archaeopolis durch die Römer (Bell. 8,14). Auch die Bedingungen des 551 geschlossenen Waffenstillstands, der allerdings Lazika nicht einschloss, werden dargestellt (Bell. 8,14), sowie die Umstände der Einführung der Seidenraupenzucht im Römischen Reich (Bell. 8,17). Die Ereignisse in Afrika werden nur kurz erwähnt, wobei der Schwerpunkt auf der Tatsache liegt, dass das Land nach den langen Kriegen verwüstet und entvölkert wurde (Bell. 8,17,20-22). Dann wird die Situation auf dem Balkan geschildert – die Kämpfe zwischen den Gepiden und den Langobarden, der Einfall der Kutriguren in die Balkanprovinzen und der Sieg der Utiguren über die Kutriguren (Bell. 8,18-19). Anschließend werden die Kämpfe zwischen den Varnae und den Bewohnern von Brittia beschrieben, ergänzt durch eine Schilderung Brittias, die Sitten seiner Bewohner und den Mythos von der

Toteninsel (Bell. 8,20). Dann wendet sich Prokop dem Gotenkrieg zu. Wie im 7. Buch wird der Bericht über die Ereignisse in Italien durch die Darstellung der Situation auf dem Balkan unterbrochen: Es geht um den slawischen Angriff auf Illyrien (Bell. 8,25) und um die Ereignisse bei den Gepiden und Langobarden (Bell. 8,27). Nach dem Tod des Germanus wurde der Eunuch Narses mit der Führung des Krieges gegen die Goten beauftragt. Narses stellte ein großes Heer auf und marschierte nach Italien. Der Höhepunkt von Narses' Expedition war die große Schlacht von Taginae (Busta Gallorum), in der das gotische Heer besiegt und Totila getötet wurde (Bell. 8, 29-32). Bald darauf eroberte Narses Rom, während die Goten Tejas zu ihrem neuen Herrscher wählten. Das Werk endet mit einer epischen Schilderung der Schlacht am Mons Lactarius, in der die Goten endgültig besiegt wurden und Tejas, der letzte König der Ostgoten, den Heldentod starb (Bell. 8,32-35).

2.4. Die Absicht

> „Prokop von Caesarea hat die Kriege, die der römische Kaiser Justinian in Ost und West führte, nach ihrem jeweiligen Verlauf geschildert; denn überragende Taten sollen doch nicht, der Darstellung entbehrend, durch die Länge der Zeit unterdrückt und der Vergessenheit preisgegeben und dadurch gänzlich ausgelöscht werden, Taten, deren Fortleben nach Ansicht des Verfassers etwas Großes bedeutet und den Zeitgenossen wie den künftigen Geschlechtern außerordentlichen Nutzen bringt, sofern die Menschheit wieder einmal durch die Zeit einer ähnlichen Zwangslage gegenüber gestellt werden sollte. Kann doch die Schilderung eines ähnlichen Geschichtsverlaufes denen, die einen Krieg führen oder sonstwie einen Kampf ausfechten wollen, von beträchtlichem Vorteil sein. Denn jeder sieht daraus, wie für die Menschen von einst ein gleichgearteter Streit endete, und empfängt außerdem einen Hinweis, welchem Ziele etwa die augenblicklichen Verhältnisse, wenn man sie aufs genaueste überdenkt, vermutlich zusteuern werden.“ (Bell.1.1.1-2, Übersetzung Veh).

Am Anfang des 1. Buches steht ein Proömium, in dem sich Prokop kurz vorstellt und den Inhalt seines Werkes und seine Absichten definiert.[32] Dabei knüpft er eindeutig an die Begründer der griechischen Geschichts-

[32] Zu den methodischen Voraussetzungen und dem Wahrheitsbegriff Prokops vgl. BRODKA 2007.

schreibung, Herodot und Thukydides, an. Als sein Thema bezeichnet er die Kriege, die der Kaiser Justinian gegen die östlichen und westlichen Barbaren führte (Bell. 1.1.1). Es geht ihm also um einen genau definierten Aspekt der politischen Realität und nicht um ein Panorama der gesamten Herrschaft. Eine solche Fokussierung auf die zeitgenössischen Kriege bringt ihn in die Nähe von Thukydides, der sein Thema auf ähnliche Weise bestimmt: „Thukydides von Athen hat den Krieg der Peloponnesier und Athener, den sie gegeneinander führten, dargestellt“ (Thuk. 1,1,1).

Das Werk soll also die Politik und vor allem die Kriege behandeln, die Prokop für das wichtigste Element des historischen Prozesses hält. An anderer Stelle stellt er unmissverständlich fest, dass „Macht und Krieg“ der wichtigste Aspekt allen menschlichen Handelns sind (vgl. Bell. 1, 24, 26) und die Dynamik der geschichtlichen Prozesse entscheidend bestimmen. Weil die Kriege im Fokus stehen, ist der Bezug auf Thukydides nicht nur logisch, sondern auch erwartet. Indem Prokop sein Werk ähnlich wie Thukydides anfängt, betont er absichtlich seine Verankerung in einer bestimmten literarischen Tradition und zeigt, dass die von Thukydides geschaffene literarische Gattung das bestmögliche Instrument ist, das gewählte Thema zu beschreiben, Probleme zu diagnostizieren und Wege zu ihrer Lösung aufzuzeigen. In dieser programmatischen Erklärung werden auch Verbindungen zu Herodot sichtbar: Wie Herodot sieht Prokop sein Ziel darin, das Zeitgeschehen vor dem Vergessen zu bewahren. Seinen Rezipientenkreis sieht er hingegen ähnlich wie Thukydides sowohl in der Gegenwart als auch in der Zukunft. Er will seinen Rezipienten Nutzen bringen: Die Kenntnis der dargestellten Ereignisse soll für sie nützlich sein, da sie es ihnen ermöglicht, den Verlauf und die Folgen künftiger ähnlicher Ereignisse vorauszusehen. Prokop will sein Publikum nicht nur mit Wissen über die Ereignisse ausstatten, sondern auch mit der Fähigkeit, historische Prozesse und ihre Mechanismen zu verstehen. Prokop verfolgt somit mit seinem Geschichtswerk den Zweck, künftigen Generationen, wenn sie in ähnliche Situationen wie die dargestellten kommen, Hinweise auf den wahrscheinlichen Fortgang der Ereignisse und mögliche Handlungsoptionen zu bieten. Die „Kriege“ dienen damit dem Erwerb von Wissen und Fähigkeiten, die angesichts der unterschiedlichsten Situationen vorteilhaft wären, denn sie könnten deren Erfassen und das angemessene Handeln in den entscheidenden Momenten erleichtern. Die Grundlage für ein solches Denken ist der Glaube, dass es allgemeine, dauerhaft gültige historische Gesetzmäßigkeiten gibt, und sich somit die Ereignisse in ihrer Struktur wiederholen können (vgl. Bell. 1,1,2). Ähnlich wie die meisten antiken Historiker will Prokop sowohl das Faktenwissen bewahren und tradieren, als auch seine Rezipienten belehren, indem er verschiedene nützliche Fähigkeiten an diese vermittelt.[33]

Obwohl diese Ausführungen auf Militärs und Politiker als Hauptadressaten des Werkes hinweisen, erweitern weitere Aussagen diesen Kreis erheblich und belegen, dass Prokop sein intendiertes Publikum in der Wirklichkeit viel weiter gefasst hat . Er wendet sich an die gebildete Elite, an das Publikum der Deklamationssäle. Dies wird deutlich im letzten Teil des Proömiums, wenn er behauptet, die Kriege Justinians seien der größte militärische Konflikt aller Zeiten gewesen. Im Prinzip geht es dabei um einen literarischen Topos, der in der Geschichtsschreibung seit ihren Anfängen präsent ist. In der Tat hat jeder Historiker versucht, sein Publikum davon zu überzeugen, dass der von ihm beschriebene Krieg der größte oder wichtigste ist. Dies entspricht natürlich den Regeln der Rhetorik: Um das Interesse der Zuhörer zu wecken, muss man sie auf die Bedeutung des Themas aufmerksam machen. Prokop ist in dieser Hinsicht keine Ausnahme. Allerdings wird die „Größe“ der zeitgenössischen Kriege hier nicht wie bei Thukydides auf politischer, sondern auf militärischer Ebene mit sehr speziellen Argumenten begründet (Bell. 1,1,6-17).[34] Prokops Aussage ist eindeutig polemisch und richtet sich gegen die Liebhaber des „Alten“, die die Ereignisse der fernen Vergangenheit über die Zeitgeschichte stellen. Aus diesem Grund greift der Historiker auf die Argumente zurück, die zwar nicht sehr eindrucksvoll sind, sich aber auf konkrete, überprüfbare Fakten, d.h. auf Expertenwissen stützen: Die Entwicklung der Kriegskunst zeige, dass die Gegenwart wichtiger als die „Vergangenheit“ sei und dass in den zeitgenössischen Kriegen die größten und denkwürdigsten Taten vollbracht worden seien (vgl. Bell. 1,16; 1,1,16). Dieser Gedanke wird durch den Vergleich der homerischen Bogenschützen mit den zeitgenössischen berittenen Bogenschützen veranschaulicht. Homers Bogenschützen hätten auf dem Schlachtfeld keine große Rolle gespielt und keine Tapferkeit bewiesen. Zeitgenössische gut bewaffnete berittene Bogenschützen seien hingegen in der Lage, aus der Ferne und aus der Nähe zu kämpfen, und seien folglich die effektivste Waffengattung.[35] So zeigt Prokop einerseits, dass der zeitgenössische Soldat nicht nur nichts mit den feigen homerischen Bogen-

---

[33] Brodka 2007, 466-468.

[34] Auch Livius hebt im Proömium zum 21. Buch seines Geschichtswerkes die Größe des Zweiten Punischen Krieges hervor, indem er betont, dass beide Seiten in den Krieg eintraten, als sie auf dem Höhepunkt ihrer militärischen Macht standen.

[35] Er zeigt dies im besonders epischen Teil des Werkes – in der Darstellung der Belagerung Roms durch Witigis 537-538. Dazu vgl. Whately 2016, 184-188, Breccia 2004, 97, Koehn 2018, 195.

schützen gemein hat, sondern auch den Kriegern der Antike in jeder Hinsicht überlegen ist: Er ist vielseitig, besser bewaffnet, verfügt über mehr und größere Fähigkeiten und kann unter verschiedenen Bedingungen kämpfen. Daraus ergibt sich die logische Schlussfolgerung: Der bessere Soldat vollbringt größere Taten im Krieg. Andererseits ist klar, dass diese Polemik nicht nur dazu dient, die Größe des Themas zu rechtfertigen, sondern auch die Autorität Prokops als Historiker zu stärken. Prokop betont nachdrücklich seine Kompetenz, Zeitgeschichte zu schreiben: Als Berater Belisars war er direkter Zeuge vieler der dargestellten Ereignisse (Bell. 1,1,3). Gerade der Passus über die Bogenschützen deutet auf seine Kompetenz und Erfahrung hin und dient als Argument für die Annahme, dass er über das entsprechende Fachwissen verfügt und imstande ist, die Gegenwart zu bewerten und mit der Vergangenheit zu vergleichen. Aufgrund dieses Wissens ist er in der Lage, die Wahrheit zu erkennen und zu konstatieren, dass gegenwärtig größere Taten vollbracht wurden als in der Vergangenheit (vgl. Bell. 1,16-7). Zweifellos gibt es hier eine Art *aemulatio*, eine Rivalität mit seinem literarischen Modell, und einen Versuch, es zu übertreffen.[36] Der Vergleich der gegenwärtigen Soldaten mit den homerischen dient in erster Linie dem besseren Verständnis des Themas: Durch den Hinweis auf die Veränderungen in der Kriegskunst soll der Leser davon überzeugt werden, dass große Taten gegenwärtig aufgrund der *arete*, d.h. der Tapferkeit, vollbracht werden.[37]

Die Meinung, dass keine Heldentaten mehr vollbracht würden und es Heldentaten nur in der Vergangenheit gegeben habe, wird daher als unbegründet abgelehnt. Prokops Argumentationsweise zeigt, dass diese Ansicht von denjenigen Menschen vertreten wird, die die Realität nicht kennen und nicht über das notwendige Wissen verfügen. Das Wissen der Liebhaber der Vergangenheit über die Kriegskunst beschränkt sich auf Homer, und auf dieser Grundlage haben sie ein falsches Bild von den zeitgenössischen Soldaten, und ihre anachronistischen Ansichten passen nicht zu der Wirklichkeit, die sie nicht verstehen. Das liegt daran, dass sie nicht über die notwendige Erfahrung verfügen. Daher muss man dem Historiker vertrauen, weil er über diese Erfahrung und daraus resultierendes Wissen verfügt. Fachwissen und Erfahrung sind die Faktoren, auf denen die Autorität eines

---

[36] Vgl. dazu LIEBERICH 1900,1-2, BRAUN 1886,165-167, BRAUN 1894,5, CAMERON 1996, 37-38, KALDELLIS 2004, KALDELLIS 2004-2005, BRODKA 2007, 465-467, 18-19, KRUSE 2017, 385, BASSO/GREATREX 2018. Zu dieser historiografischer Praxis vgl. MARINCOLA 1997, 12-19.

[37] BASSO/GREATREX 2018, 68-70.

Historikers beruht. Diese polemischen Argumente verweisen auch darauf, dass sich Prokop dessen bewusst ist, dass der Klassizismus das Risiko mit sich bringt, die Gegenwart abzuwerten, weil die als besser und wichtiger empfundene Vergangenheit den Bezugspunkt für jede Bewertung der Tatsachen darstellt. Die Verankerung in der klassischen Tradition – hier symbolisiert durch Homer – birgt ein gefährliches Potenzial zur Entstellung der historischen Realität, während diese veränderlich ist, was die Gegner des Autors zu vergessen scheinen.[38] Die gesamte Passage über die Bogenschützen ist also weder ironisch gemeint, noch enthält sie eine implizite Verhöhnung der kaiserlichen Ideologie Justinians, wie einige Forscher behaupten.[39] Sie ist auch keine selbstreferentielle Metapher, die eine verschlüsselte Botschaft birgt,[40] sondern sie ist eine originelle Methode, seine eigene Glaubwürdigkeit und Autorität als Historiker zu schaffen.[41] Es ist nicht ausgeschlossen, dass der Vergleich zwischen den homerischen und den berittenen Bogenschützen schon eine längere Tradition hat.[42] Die starke militärische Prägung des Proömiums ist nicht überraschend. Wie Ph. Rance festgestellt hat, müssen Prokops Ansichten über die Kriegskunst durch den direkten Kontakt mit den Eliteoffizieren, die unter Belisar dienten, geprägt worden sein; sein Bericht spiegelt bis zu einem gewissen Grad deren Ansichten, Erfahrungen und Perspektive wider.[43] Gerade im Verweis auf die Qualität einer spezifischen zeitgenössischen Truppengattung und in der Enthüllung seiner Fachkenntnisse kommt Prokops langjährige Einbettung in das oströmische Heer besonders stark zum Ausdruck, die dazu führt, dass er als „eingebetteter Autor“ wahrgenommen wird.

---

[38] Darauf hat VAN NUFFELEN 2018, 40-41 hingewiesen.

[39] So KALDELLIS 2004, 21-24.

[40] KRUSE 2017, 390-406. Laut Kruse seien mit den homerischen Bogenschützen die kaiserzeitlichen Historikern gemeint, die nicht direkt über die zeitgeschichtlichen Ereignisse hätten schreiben können. Hinter den berittenen Bogenschützen stehe hingegen Prokop selbst, der Ansprüche habe, der wahre Nachfolger des Herodot oder des Thukydides zu sein.

[41] Vgl. auch WHATELY 2016, 183.

[42] KOEHN 2018, 181-188.

[43] RANCE 2005, 429. Es ist bemerkenswert, worauf jüngst KOEHN 2018, 195 verweist, dass Prokop stellenweise die Kampfhandlungen und Schlachten aus der Perspektive der beteiligten Soldaten schildert, wobei deren Kampfkraft, Professionalität sowie der Einsatz eines breiten Waffenspektrums immer wieder betont werde.

2.5. Die Exkurse

In den kontinuierlichen Bericht über das Kriegsgeschehen werden zahlreiche Exkurse eingefügt, die sich logisch in den Kontext der jeweiligen Erzählung einreihen. Sie behandeln verschiedene Themen: geografische, ethnografische, mythologische, technische, historische u.a.[44] Damit orientiert sich Prokop an den früheren Historikern, die gerne auf dieses Stilmittel zurückgriffen. Die geografischen und ethnografischen Exkurse sind mit dem eigentlichen Thema in meisten Fällen direkt verbunden. Auf diese Weise beschreibt Prokop diejenigen Gebiete, auf denen sich die dargestellten Ereignisse abspielten. Es ist offensichtlich, dass die geografischen Exkurse, die sich auf die Gebiete im Osten beziehen, deutlich umfangreicher sind. Zu verweisen sei hier auf solche geografischen Erläuterungen wie die Schilderung des alten Römischen Reiches und der Aufteilung seines Territoriums in einen östlichen und einen westlichen Teil (Bell. 3,1,4-19), Mesopotamien (Bell. 1,17,3-25), Arabien und die Gebiete am Roten Meer (Bell. 1,19), Lazika, die Kaukasusregion und die Territorien am Schwarzen Meer (Bell. 8,1,7-8,6). Manchmal werden die Exkurse, insbesondere geografische oder historische, als Einführung zu den jeweiligen Kämpfen konzipiert. In vielen Fällen stehen aber diese Digressionen nicht am Anfang der Darstellung der Ereignisse in einer bestimmten Region, sondern sie werden erst im Zusammenhang mit der späteren Phase des Konflikts aufgeführt. Besonders deutlich wird dies in der äußerst ausführlichen Schilderung von Lazika und des Kaukasus, mit der das 8. Buch beginnt, während die Kämpfe an dieser Front schon im 2. Buch thematisiert werden. Viele wertvolle Beobachtungen sind in den ethnografischen Exkursen über die Slawen (Bell. 7,14,22-30), die Herkunft der Mauren (Bell. 4,10,13-29), die Heruler (Bell. 6,14,1-10), die Kutriguren und Utiguren (Bell. 8,5,1-14) enthalten.[45] Hier bemüht sich der Historiker darum, die Informationen über ihre frühe Geschichte, ihre Wanderungen, ihren derzeitigen Standort, ihre Sitten usw. zu liefern. Neben spezifischen realitätsbezogenen Angaben, die auf eigenen Beobachtungen oder Zeugenaussagen beruhen, sind sie voll von althergebrachten Topoi und gängigen Stereotypen.[46] Unabhängig von den topischen Vorstellungen haben die einzelnen Barbarenethnien jedoch

---

[44] Im Allgemeinen dazu NOBBS 2018. Vgl. auch CAMERON 1996, 207-222, zum Umgang mit dem mythologischen Material in den Exkursen vgl. BRODKA 2007, 471-475. Zur Bedeutung der ethnografischen und geografischen Passagen CESA 1982, BÖRM 2007,70-89 und im Allgemeinen KALDELLIS 2013, 1-25.

[45] Vgl. dazu SARANTIS 2018a und 2018b.

[46] Vgl. dazu CESA 1982, 201-202.

ihre eigenen individuellen Merkmale und unterscheiden sich voneinander in Bezug auf Sitten, Lebensweise, Kampfweise usw.[47] Auch wenn Prokop allgemeine Vorurteile äußert, sind seine Einstellungen gegenüber den barbarischen Gruppen und Personen elastisch und wandelbar und gehen oft über die klassischen literarischen Stereotypen hinaus.[48]

Zu den Exkursen, die die natürlichen Phänomene behandeln, gehört z.B. die Beschreibung des Vesuvs (Bell. 6,4,21-30). Voller Fantasie und Wunder ist die Schilderung der Insel Brittia (Bell. 8,20).[49] Zweifellos beleben und bereichern die Exkurse den Verlauf der historischen Erzählung, weil sie einerseits das Verständnis der geschilderten Ereignisse erleichtern und andererseits dem Publikum ein „Vergnügen“ ästhetischer Art bereiten, indem sie auf das Ungewöhnliche und Bewundernswerte hinweisen und zur Auflockerung eines stellenweise allzu trockenen Stoffs dienen. Es ist auch erwähnenswert, dass Prokop sich dank der Vielfalt der behandelten Themen – Geografie, Ethnografie, Kriegstechnik, Bauwesen – als „gelehrter Autor“ darstellt, der über Erfahrung und Wissen zu verschiedenen Themen verfügt.[50]

2.6. Reden und Briefe

Die Reden und Briefe spielen eine wichtige Rolle in den *Bella*.[51] Gemäß den Gepflogenheiten der historiografischen Gattung sind sie integraler Bestandteil des Werkes, dessen Handlung sich auf zwei Ebenen abspielt: im Bereich der Taten bzw. Handlungen (*erga*), die Gegenstand der historischen Erzählung sind, und im Bereich der Worte (*logoi*), mittels derer der Verlauf des Geschehens interpretiert, erklärt und analysiert wird. Das gesamte Werk enthält 120 Reden[52] und 45 Briefe, die relativ gleichmäßig auf die einzelnen Bücher verteilt sind. Ihre Frequenz schwankt zwischen 10,41 % des Buchumfangs (im 1. Buch) bis zu 18,55 % (im 6. Buch).[53] Inhaltlich lassen sich die Reden in drei Gruppen einteilen: *presbeutikoi*,

---

[47] Dazu SARANTIS 2018b, 357-358. Im Allgemeinen zum Wert der antiken ethnografischen Überlieferungen vgl. WOOLF 2011,17 und 105-111.

[48] Vgl. WOOD 2011, GOLTZ 2011, GREATREX 2018b, SARANTIS 2018b, RANCE 2022, 112, WIEMER 2022.

[49] Vgl. dazu THOMPSON 1980.

[50] Vgl. TURQUOIS 2015, 230-231.

[51] Grundlegend dazu TARAGNA 2000.

[52] Die meisten von ihnen sind in Form von direkter Rede.

[53] TARAGNA 2000, 65-139.

stratiotikoi, symbuleutikoi.[54] Die erste Gruppe besteht aus den Reden, die von Gesandten und Diplomaten gehalten wurden und in engem Zusammenhang mit den in Friedenszeiten oder in verschiedenen Kriegsphasen geführten Verhandlungen stehen; die zweite Gruppe bilden die Feldherrnreden, die die Generale vor den Soldaten oder dem Kriegsrat halten; die dritte Gruppe besteht aus den so genannten beratenden oder ermahnenden Reden, die sowohl an Gruppen als auch an Einzelpersonen gerichtet sind.[55] Bemerkenswert sind auch die Redepaare, in denen die Redner ihre gegensätzlichen Standpunkte darlegen, und die Dialoge, die aus kurzen Aussagen der Protagonisten bestehen. Die meisten Reden in den *Kriegen* werden von Belisar gehalten, während sich Kaiser Justinian nur in den Briefen äußert.[56]

Die Reden können verschiedene Funktionen erfüllen: In vielen Fällen sind sie ein wichtiges Instrument zur Charakterisierung von Personen, sie erlauben es, die Motive menschlichen Handelns und die Ursachen von Ereignissen zu entdecken. Sie beleben und strukturieren die bisweilen monotone Auflistung kriegerischer Auseinandersetzungen, heben die Schlüsselmomente historischer Prozesse hervor und bauen die Dramatik der Ereignisse auf.[57] Mit ihrer Hilfe können die Ereignisse aus verschiedenen Blickwinkeln gedeutet werden: Da beide Seiten des Konflikts ihre Positionen und Argumente darlegen, gelingt es dem Historiker, seine Berichterstattung zu objektivieren. In vielen Fällen sind sie eine Art Kommentar des Autors, ein Werkzeug zur Reflexion des Historikers, der den Sprechern die Analysen und Interpretationen der sich entfaltenden Phänomene in den Mund legt. Dadurch hat der Historiker die Möglichkeit, seine persönliche Meinung zu den dargestellten Dingen, die er selbst nicht offen äußern will oder kann, in die Aussage eines Sprechers mit einfließen zu lassen.[58] Man kann jedoch nicht so weit gehen und annehmen, dass jede Rede dazu dient, die persönliche Meinung des Autors zum Ausdruck zu bringen.[59] Neben der Analyse einer konkreten militärischen oder politischen Situation tauchen in ihnen auch allgemeinere Themen auf, wie das Wesen der Politik,

---

[54] TARAGNA 2000, 88.

[55] TARAGNA 2000, 88ff.

[56] Vgl. TARAGNA 2000, 126.

[57] CAMERON 1996, 148 geht zu weit, wenn sie behauptet, dass die meisten Reden bloße rhetorische Übungen ohne großen Wert seien. In vielen wichtigen Reden orientiert sich Prokop an Thukydides – vgl. dazu a.a. CRESCI 1986/7, 239-241, BRODKA 2004, 63 Anm. 118, PAZDERNIK 2015.

[58] Vgl. schon DAHN 1865, 89-101.

[59] Dies wird zu Recht von PAZDERNIK 2000, 182 hervorgehoben.

das Problem der Gerechtigkeit, die Voraussetzungen der römischen Politik, das Recht des Stärkeren in den Beziehungen zwischen den Völkern u.a.[60]

Inwieweit einzelne Reden oder Briefe authentisch sind, lässt sich nicht feststellen. Was die Briefe anbelangt, so beruhen sicherlich einige von ihnen auf authentischen Schriften. Prokop als Belisars Rechtsberater hatte Zugang zu sehr guten Informationen und zu den Archiven, in denen die wichtigsten Dokumente aufbewahrt wurden. In einigen Fällen, wie z.B. bei den Briefen Belisars an den Kaiser, darf davon ausgegangen werden, dass Prokop es war, der zumindest einige von ihnen ursprünglich verfasst oder redigiert hat und sie später in leicht veränderter Form in sein Werk aufgenommen hat.[61] Vielleicht beruhen einige der Ansprachen auch auf tatsächlich gesprochenen Worten, aber in den allermeisten Fällen handelt es sich um fiktive Reden, die der Historiker nach den Regeln der rhetorischen Kunst arrangiert und sowohl an die sprechende Person als auch an die Umstände, unter denen sie gehalten wurden, anpasst. Ähnlich wie bei Thukydides lässt Prokop die Protagonisten sagen, was sie, seiner Meinung nach, in einer bestimmten Situation sagen könnten (oder sollten). Unabhängig davon, wer die Rede hält, wird deutlich, dass jeder Redner auf eine ausgefeilte Formulierung, eine korrekte Struktur und eine wirksame Argumentation achtet. Selbst wenn die Barbaren eine Ansprache halten und sich dafür entschuldigen, dass sie die Regeln der Rhetorik nicht kennen und mit „barbarischer Einfachheit“ sprechen (vgl. z.B. Bell. 7,34,23), folgen ihre Reden den Prinzipien der rhetorischen Kunst.

2.7. Zwischen der günstigen Gelegenheit und der Zwangsläufigkeit – „die Kriege, die Justinian, der Kaiser der Römer, gegen die Barbaren im Osten und Westen führte“

Marcus Tullius Cicero fordert in seinem Werk „Über den Redner“ in einer berühmten Passage über die Prinzipien der Geschichtsschreibung von den Historikern nicht nur die bloße Darstellung von Fakten, sondern auch die Beantwortung des „Wie“ und „Warum“ (Cic., De Orat. 2,63). Obwohl Cicero selbst kein Geschichtswerk verfasst hat, sind seine Worte dennoch repräsentativ für die antike Wahrnehmung der Geschichtsschreibung. Auch Prokop baut seinen Bericht über die Kriege weitgehend so auf, dass er

---

[60] Vgl. dazu BRODKA 1999, 247ff., BRODKA 2004, 102 ff..

[61] Zu den öffentlichen Berichten über die Kriegshandlungen, Bulletins, Briefe u.a. und ihrer möglichen Form vgl. COLVIN 2013, LILLINGTON-MARTIN 2018, 166-168, WHATELY, 2021, 45-57.

sowohl die Ursachen der Ereignisse als auch ihre Auswirkungen und die Art und Weise, wie sich die Dinge entwickelten, aufzeigt.[62] Es fällt insbesondere auf, dass Prokop bei der Untersuchung der historischen Ereignisse oder Zusammenhänge des öfteren so vorgeht, dass er ihre Aspekte über das Konzept der günstigen Gelegenheit (*kairos*) bzw. Zwangsläufigkeit (*anagke*) erklärt, die er in einem Geschehen gefunden zu haben glaubt oder dessen Existenz er an der jeweiligen Stelle zumindest als Möglichkeit einräumt.[63] Es ist gerade dieses eingehende Nachdenken über die Mechanismen des historischen Prozesses, das Prokop zu einem herausragenden Historiker und nicht nur zu einem geschickten Reporter macht.[64]

Die Gründe des Ausbruchs des römisch-persischen Krieges von 540 diskutiert Prokop zu Beginn des 2. Buches.[65] Er geht aber nicht auf die Position beider Seiten ein, sondern konzentriert sich in seiner Darstellung praktisch nur auf die Figur des Perserkönigs Chosroes und seine Motive, da er ihn als einzige kriegstreibende Kraft behandelt. Prokop sieht den Hauptgrund für den Ausbruch des Krieges in der Eifersucht des Chosroes, der, nachdem er von den Erfolgen Justinians im Westen gehört hatte, seinen Ehrgeiz nicht mehr zügeln konnte und einen Vorwand für einen Krieg finden wollte (Bell. 2,1,1). Es wird also zwischen dem offiziell vom persischen König verkündeten Kriegsvorwand und der tatsächlichen Ursache des Krieges unterschieden. Als Vorwand für den Krieg dienten dem Perserkönig ein Konflikt zwischen arabischen Stämmen (den Verbündeten Roms und Persiens) um das Gebiet der sogenannten *Strata*, Justinians diplomatische Bemühungen um ein Bündnis mit den Hunnen gegen Persien und ein Aufstand im römischen Armenien (vgl. Bell. 2,1). Die wirklichen Ursachen des Konflikts hingegen stellt der Geschichtsschreiber in den Reden der gotischen Gesandten und der Armenier dar: Beide Gesandtschaften erheben massive Vorwürfe gegen Justinians Außenpolitik und fordern den persischen König zum Friedensbruch auf (Bell. 2, 2,4-11; 2,3,32-53). Aus der Sicht Prokops ist der Krieg direkt aus dem Frieden von 532 entstan-

---

[62] Im folgenden stütze ich mich weitgehend auf meine Ausführungen in BRODKA 2004, 62-108. Die „Kriege“ enthalten hingegen keine geheime esoterische Botschaft für eine ausgewählte Gruppe, wie WHITBY 2018, 34 dies zutreffend gezeigt hat (gegen KALDELLIS 2004).

[63] Zum *kairos*-Gedanken als Mittel der historischen Analyse bei Prokop vgl. ANDRES 2017, 89.

[64] WHITBY 2018, 38, STEWART 2020, 22.

[65] Zu den Strukturmomenten der Perserkriege BRODKA 2004, 62-72. Vgl. auch WHATELY 2016, 68-114.

den.[66] Die Gesandten des Gotenkönigs erklären, dass der Frieden mit Persien es Justinian ermöglicht habe, den Westen zu erobern. Sobald Justinian sich mit den Goten auseinandersetzen würde, könne er seine Macht beträchtlich ausbauen, wodurch das Machtgleichgewicht zwischen Rom und Persien gestört würde. Nach dem Sieg im Westen werde Justinian Persien unvermeidlich angreifen (vgl. Bell. 2,2,7-9; 2,3,48), weil Rom und Persien natürliche Feinde seien (vgl. Bell. 2,2,10). Die gotischen Gesandten mahnen den König daher zum sofortigen Handeln: Er solle die günstige Gelegenheit ergreifen, die sich ihm biete, da sie sich nicht wiederholen könne. Es sei besser, einen Präventivschlag durchzuführen und den Vorteil zu bewahren, als sich später der Gefahr auszusetzen, wenn die günstige Zeit vorbei sei (Bell. 2,2,10). Die Chance, die sich biete, bestehe darin, dass Rom militärisch nicht auf einen Krieg im Osten vorbereitet sei, weil seine Hauptstreitkräfte im Westen gebunden seien, und dass Chosroes in Armenien mit der Unterstützung der lokalen Bevölkerung rechnen könne. Mit dem Eintritt in den Krieg werde Chosroes auf keinen ernsthaften Widerstand stoßen (Bell. 2,3,52-53). Unter diesen Umständen, so argumentieren sie, würden die persischen Handlungen aller Voraussicht nach von Erfolg gekrönt sein. Damit wird eines der Schlüsselelemente des prokopischen Geschichtsdenkens – nämlich die „günstige Gelegenheit“ angesprochen (*kairos*).[67] Sie wird grundsätzlich in Zusammenhang mit Vorstellungen gesetzt, die die handelnden Personen vom künftigen Kriegsverlauf haben. Die Ausnutzung der sich bietenden Gelegenheit soll den Protagonisten den Erfolg und die Verwirklichung ihrer Pläne garantieren (vgl. Bell. 2,2,11). Zutreffend ist der bildhafte Vergleich des *kairos* mit einem Fenster: In bestimmten Augenblicken der stetig weiterfließenden Zeit öffnen sich die Handlungsfenster, in denen eine Handlung den Fortgang der Ereignisse für den Handelnden positiv verändern könne.[68] Eines der Hauptthemen der *Bella* ist der menschliche Versuch, eine komplexe Realität zu beeinflussen: Die Menschen wollen das Geschehen kontrollieren, um ihre eigenen Pläne und Ziele zu verfolgen, aber dieses enthält zu viele Unbekannte, daher scheitern sie häufig mit diesen Bemühungen.[69] Chosroes ist hingegen ein seltenes Beispiel eines Protagonisten, dem es längerfristig gelang, die Kontrolle über die Ereignisse zu übernehmen und in der Praxis, wie Prokop zeigt, seine weitreichenden politischen Ziele vollständig zu verwirklichen (vgl. Bell.

---

[66] GREATREX 1998, 220-221.
[67] Zum *kairos* bei Prokop vgl. ANDRES 2017.
[68] ANDRES 2017, 78.
[69] Vgl. VAN NUFFELEN 2018, 46.

8,15,16-18), weil er den *kairos* d.h. die günstige Gelegenheit erkannte und angemessen ausnutzte. Dies war möglich, da er über eine gute Kenntnis der Situation und ihrer voraussichtlichen Entwicklung verfügte.[70] Weil die Verantwortung für den Ausbruch des Krieges laut Prokop auf Chosroes fällt, stehen der Großkönig und seine Motive im Fokus des Berichtes: Die Eifersucht auf Justinians Erfolge im Westen und die damit verbundene rationale Überzeugung, dass er in der gegenwärtigen Situation den Kaiser demütigen und den Aufstieg eines westlichen Rivalen verhindern kann, trieben Chosroes zum Handeln. Die Psychologie des Herrschers steht im Mittelpunkt des Interesses des Historikers, weil sie den Entscheidungsprozess am persischen Hof dezisiv beeinflusste und zu einem geschehensbestimmenden Faktor wurde.[71]

Gleichzeitig betont Prokop, dass der Bruch des „Ewigen Friedens“ durch Chosroes ein Verstoß gegen alle moralischen Normen war: „Aber die Gerechtigkeit pflegt niemals mit dem Neid zusammenzuwohnen“ (Bell. 2, 2, 15). Der Historiker stellt nüchtern fest, dass in der politischen Sphäre das Recht oder die Gerechtigkeit im Allgemeinen nicht das entscheidende Motiv ist, dem die Akteure der Ereignisse folgen.[72] Wenn unter den gegebenen Umständen die Chance, den eigenen, unterschiedlich verstandenen Nutzen zu realisieren, hoch ist, d.h. rein rationales Kalkül eine hohe Erfolgsgarantie bietet, ist die Berücksichtigung des Gesetzes oder der moralischen Normen nicht entscheidend.[73] Aus diesem Grund ist das Recht des Stärkeren – die Durchsetzung der eigenen Interessen auf Kosten der Schwächeren – ein ständiger Faktor in der Politik.

Chosroes setzte eine Reihe von Ereignissen in Gang und hatte eine genaue Vorstellung von ihrem weiteren Verlauf. Er ließ sich nicht passiv von den Ereignissen mitreißen, sondern setzte selbst konsequent seine Pläne um, um seine Ziele zu erreichen. Er griff das Römische Reich in einem Moment an, in dem er, die Schwäche des Gegners an dessen Ostgrenze ausnutzend, das Geschehen voll im Griff hatte, weil er die unkalkulierbaren

[70] Prokop analysiert hier das Geschehen in den Kategorien der sogenannten Situationslogik, vgl. dazu BRODKA 2004, 66-67. Zum Problem der Fähigkeit der handelnden Personen zum Erkennen des *kairos* und der nötigen Handlungsweise vgl. ANDRES 2017, 90-93.

[71] MURRAY 2018, 109 ist der Meinung, dass die menschlichen Affekte die treibende Kraft hinter allen Ereignissen seien, die Prokop schildere.

[72] MURRAY 2018, 109 stellt zu Recht fest, dass das Problem der Ungerechtigkeit in einer von der göttlichen Vorsehung gelenkten Welt eines der Hauptthemen der „Kriege“ sei.

[73] Vgl. BRODKA 2004, 62-65.

oder zufälligen Faktoren in großem Maß ausschalten konnte. Er nutzte die sich bietende Gelegenheit gut aus und konnte daher seine Pläne verwirklichen. Seine Person dominiert im 2. Buch der *Bella*, und der Krieg wurde grundsätzlich gemäß seinen Plänen geführt. Prokop legt dar, dass Chosroes derjenige war, der, von einigen Ausnahmen abgesehen, die volle Kontrolle über die Situation behielt. Dabei zeigt der Historiker, dass sich der Perserkönig in seinen ursprünglichen Berechnungen nicht geirrt hatte. Die Perser drangen Jahr für Jahr in römisches Gebiet ein (Syrien, Mesopotamien), belagerten die Städte, nahmen sie ein oder erpressten Lösegeld. Der Höhepunkt dieses Krieges war zweifellos der Fall von Antiochia, das 540 von den Persern erobert wurde. Dieses Ereignis verlieh dem ganzen Krieg die tragischen Züge und ließ keinen Zweifel daran, welche Seite gesiegt hatte. Der Fall von Antiochia stellt unter Beweis, wie zutreffend Chosroes die Situation im Jahr 540 einschätzte und welche Vorteile er durch das Ausnutzen einer günstigen Gelegenheit erlangte. Das römische Heer stellte keine ernsthafte Bedrohung für die Perser dar, und diese übernahmen fast immer die Initiative: vgl. Bell., 2,9,12: „er (Chosroes) ... konnte ungehindert den Römern jedes Jahr alles nur erdenkliche Böse zufügen“. Nur in den Jahren 541-542, als Belisar in den Osten zurückkehrte, entglitt die Situation ein wenig der Kontrolle von Chosroes, der im Norden in Lazika beschäftigt war. Der Waffenstillstand von 545 beendete zwar nicht den römisch-persischen Krieg, aber er machte den schweren persischen Angriffen auf das römische Gebiet ein Ende. In der Folgezeit wurden die Kämpfe nur noch im Norden um die Kontrolle über Lazika geführt, weil dieses Land eine wichtige strategische Rolle spielte. Dies ändert jedoch nichts an der Tatsache, dass das Ergebnis des Krieges mit Persien für Rom ungünstig war. Nach der Meinung vieler Römer, wie der Historiker absichtlich betont, hatten die Perser durch den Waffenstillstand von 545 ihren alten Plan verwirklicht, die Römer zu ihren Tributpflichtigen zu machen (Bell. 8,15,16-18).[74]

[74] Die moderne Forschung betont, dass der Schlüssel zum Verständnis der persischen Außenpolitik und insbesondere der Geldforderungen an Rom vor allem politischer Natur sei. Die Großkönige hätten wahrscheinlich die Zahlungen stets als Tribute ausgelegt, vgl. dazu Börm 2008a, 338-339, vgl. auch Colvin 2018, 206-209.

In seiner Schilderung der Vorgeschichte des Vandalenkrieges stellt Prokop die Beweggründe Justinians für den Kriegseintritt nicht so deutlich dar wie bei Chosroes im Jahr 540.[75] Erst mithilfe der Reden Belisars, die dieser während der Kriegshandlungen hält, argumentiert der Historiker, dass der Zweck der Intervention in Afrika die Befreiung der ehemaligen römischen Provinzen war. Der Angriff auf Afrika wird aber im Wesentlichen als Folge der Entwicklungen im Vandalenreich dargestellt: Die Entthronung des prorömischen Königs Hilderich durch Gelimer veranlasste Justinian, in die Angelegenheiten des Vandalenreichs einzugreifen. Auch der Friedensschluss mit Persien ermöglichte es, an anderen Fronten aktiver zu werden (Bell. 3,9,10-25; 3,10,1). Prokop sagt wenig über die Motive des Kaisers. Er erwähnt nur seinen Wunsch, einen Krieg zu beginnen (Bell. 3,10,18) und seinen Zorn auf Gelimer (Bell. 3,9,24). Das Projekt der Intervention in Afrika stieß jedoch am Hof auf Widerstand, und die Argumente der Gegner werden in einer Rede des *praefectus praetorio* Johannes des Kappadokers dargelegt (Bell. 3,10,8-17). Ein Krieg gegen die Vandalen sei, wie die Erfahrung lehre, riskant und erfordere „enorme Mittel“, argumentiert der Präfekt. Johannes wendet sich nicht gegen den Krieg als Mittel der Politik – im Gegenteil, wenn gute Aussichten auf einen Sieg bestünden, sei es sinnvoll, Opfer und Kosten auf sich zu nehmen (vgl. Bell. 3,10,2). Das Problem seien jedoch die Erfolgsaussichten, womit eine Anspielung auf das Scheitern der Expedition des Basiliskos im Jahr 468 gemacht wird, die in Bell. 3.6 dargestellt wird. Es sei daher besser, den Frieden zu genießen, als das Risiko eines Krieges einzugehen, zumal die geografischen (große Entfernung von Afrika) und politischen (Sizilien und Italien unter fremder Kontrolle) Bedingungen es erschweren würden, einen Sieg zu nutzen (Bell. 3.10.13-16). Die Vorsicht des Johannes des Kappadokers zeigt die Spannung zwischen der kulturellen Normativität von Stabilität und Frieden und Justinians Neigung, Risiken einzugehen und die bestehende Ordnung zu destabilisieren.[76] Die Einwände des Johannes sind pragmatisch, nicht ethisch, und beruhen auf einer nüchternen Kalkulation: Seiner Ansicht nach habe ein Angriff auf die Vandalen wenig Aussicht auf Erfolg. An einem kritischen Punkt in der Geschichte, an dem folgenschwere Entscheidungen getroffen werden, die eine Kette von Ereignissen in Gang setzen, zählt vor allem die Aussicht auf die Verwirklichung eigener Ziele und In-

[75] Zu den Strukturmomenten des Vandalenkrieges BRODKA 2004, 73-84. Zu Prokops Darstellung des Vandalenkrieges vgl. auch WHATELY 2016, 115-157. Die Vorgeschichte des Vandalenkrieges analysiert tiefgründig KOEHN 2018, 167-173.
[76] PAZDERNIK 1997, 147-148.

teressen, nicht moralische Zweifel. Dasselbe gilt für Chosroes im Jahr 540, als er den Friedensbruch plante. Die Entscheidung für Krieg oder Frieden war die willkürliche Entscheidung eines mächtigen Einzelnen – des Kaisers. In diesem Fall veranlasste die Rede des Johannes des Kappadokers den Kaiser, seine Pläne zu verschieben. Die Argumente der Vernunft setzten sich kurzfristig gegen die irrationalen Wünsche durch (Bell. 3,10,18). Das letzte Wort hatten jedoch übermenschliche Kräfte: Ein Bischof aus dem Osten ermutigte den Kaiser zum Handeln, indem er ihm seinen Traum erzählte, in dem Gott ihm Hilfe versprach und ihn aufforderte, alle Furcht abzulegen (Bell. 3,10,21). Der Glaube an Gottes Beistand hat letztlich Vorrang vor einer pragmatischen Einschätzung der Situation. Diese metaphysische Rechtfertigung der Entscheidung des Kaisers spiegelt sich später in der Deutung der Ereignisse wider. Laut Prokop ist der Sieg über die Vandalen weitgehend auf das Eingreifen übernatürlicher Kräfte in den Ablauf der Ereignisse zurückzuführen. Justinians Berechnungen bestätigten sich also, und der Kaiser, nicht Johannes der Kappadoker, schätzte die Lage richtig ein.

Die Befürchtungen der Teilnehmer an der Expedition gegen die Vandalen, insbesondere die des Belisar, der das Kommando über die römischen Truppen ausübte, resultierten aus dem Wissen über die Schwierigkeiten, auf die sie unweigerlich stoßen würden (Wetterbedingungen auf See, große Entfernung vom Reichsgebiet, das Fehlen eines geeigneten Stützpunkts, die Angst vor den Kämpfen auf See). Hinzu kam die anfänglich nicht sehr gute Kenntnis der feindlichen Kräfte (Bell. 3.14.1-3).[77] Es gab viele Unbekannte, von denen der Erfolg der Expedition abhing. Ein großes Misstrauen in die eigene menschliche Kraft ließ sie nach einem Weg suchen, Gottes Gunst zu gewinnen. Der Glaube der Protagonisten, dass moralische Haltungen Gottes Entscheidungen beeinflussen können, ist an vielen Stellen offensichtlich (Bell. 3,12,11-21; 3,16,1-8). Andererseits betont Prokop nachdrücklich die Bemühungen Belisars, den Spielraum für die kontingenten Faktoren auf ein Minimum zu reduzieren (vgl. Bell. 3,15,26). Als die Flotte die afrikanische Küste erreichte und an Caput Vada ankerte, beschloss Belisar daher, sofort an Land zu gehen, und lehnte die Idee ab, den ganzen Weg nach Karthago zu segeln, da er betonte, dass die Römer auf dem Meer mehr potenzielle Gefahren erwarteten als an Land.[78]

---

[77] Als Chosroes die Kriegshandlungen 540 begann, verfügte er über die guten Kenntnisse der gegnerischen Streitkräfte. Die Situation Belisars unterscheidet sich also stark von der des Perserkönigs.

[78] Zu den Reden Belisars Brodka 2004, 77-78.

Die erste Schlacht, die die entscheidenden Weichen für den weiteren Verlauf der Ereignisse stellte, fand bei Ad Decimum statt. Für Prokop stellt diese Schlacht den ersten Höhepunkt des Krieges dar, der die ganze Komplexität des historischen Prozesses verdeutlicht. Belisar war siegreich, aber die Schlacht endete fast mit seiner Niederlage (Bell. 3,18,4). Der Vandalenkönig Gelimer plante, das römische Heer mit drei Kampfgruppen zu umzingeln (Bell. 3,18,1), was laut Prokop den Vandalen einen großen Sieg hätte bescheren können (vgl. Bell.3,18,4). Auch die Taktik Belisars war angemessen (Bell. 3,18,3; vgl. auch 3, 18,12-19). Die gute Führung Belisars reichte jedoch nicht aus, um den Sieg zu erringen; es musste noch eine ganze Reihe von Umständen eintreten, damit die Römer ihre Gegner besiegen konnten. In erster Linie war die Koordination zwischen einzelnen vandalischen Einsatzgruppen schlecht: Gelimers Bruder Ammatas traf zu früh am Ort des Geschehens ein: „Aber auch trotz dieser Anordnungen Belisars wäre es nicht zu einer solchen Katastrophe bei den Vandalen gekommen, hätte Ammatas den rechten Zeitpunkt eingehalten und sich nicht etwa um einen Vierteltag verfrüht” (Bell. 3,18,4, Übersetzung Veh). Die ungeordnet vorrückenden Soldaten von Ammatas wurden von der römischen Vorhut zurückgeschlagen, und Ammatas wurde im Kampf getötet (3.18.5-11). So mussten die Römer nicht gleichzeitig gegen das gesamte Vandalenheer kämpfen, das nach Gelimers Plan von drei Seiten angreifen sollte, sondern trafen nacheinander auf die einzelnen Gruppen. Trotz dieser Fehler hatten die Vandalen stets ihre Chance auf den Sieg. Die Hauptmacht der Vandalen unter Gelimer schlug Belisars Vorhut zurück, folglich brach Verwirrung unter der römischen Kavallerie aus (Bell. 3,19,22-23). Dies war eine große Chance für Gelimer, die er jedoch nicht auszunutzen wusste. An diesem Moment erkennt Prokop den Wendepunkt der Schlacht: Als Gelimer sich anschickte, die Römer anzugreifen, stieß er auf den Leichnam seines Bruders, von dessen Tod er nichts wusste. Obwohl ihm der Sieg so gut wie sicher war, griff er den Feind nicht an, um die Schlacht zu seinen Gunsten zu entscheiden, sondern „er brach in laute Klagen aus und ließ, nur um die Beisetzung bemüht, mattherzig den entscheidenden Augenblick verstreichen“ (Bell. 3,19,25, Übersetzung Veh). Seine Passivität wurde von Belisar ausgenutzt: Er stellte die Ordnung in seinen Reihen wieder her, übernahm die Initiative und attackierte die Vandalen, deren Reihen inzwischen ins Chaos gestürzt worden waren. Die Vandalen waren nicht mehr in der Lage, Widerstand zu leisten, und bald darauf floh Gelimer mit seinem gesamten Heer. Prokop kann das Verhalten des Königs, das in diesem Moment das schlimmste war, nur mit Rückgriff auf irrationale Faktoren erklären. Er geht davon aus, dass Gott, der den Römern den Sieg habe schenken wollen, den Vandalenkönig „geblendet habe“ (Bell. 3,19,25-33).[79] Anders kann er sich die Schwäche Gelimers nicht erklären, der nicht mehr rational handelte und einen sicheren Sieg aus den Händen gab. Der Mangel an Konsequenz im Handeln und die Unfähigkeit, auf die Ereignisse, die sich ganz anders als erwartet entwickelten, richtig zu reagieren, führten wiederum zu einer für Belisar günstigen Situation. Im Gegensatz zu Gelimer konnte er diese günstige Gelegenheit in vollem Maß ausnutzen. Auf diese Weise wurde auch die Richtigkeit von Justinians Einschätzung der Situation bestätigt: Der Kaiser fasste ja den Entschluss, in den Krieg zu ziehen, im Vertrauen auf Gottes Hilfe, die ihm von dem oben erwähnten Bischof aus dem Osten zugesichert worden war.

Die Schilderung der Schlacht von Ad Decimum veranschaulicht die Art und Weise, auf welche Prokop die historischen Ereignisse darstellt und deutet. Der Historiker zeichnet gerne gegensätzliche menschliche Haltungen, um wichtige Aspekte seiner Realitätswahrnehmung zu akzentuieren, und gleichzeitig Belisar zum hervorragenden Feldherrn zu stilisieren.[80] Belisars Stärke lag nicht nur darin, dass er in der Lage war, den Geschehensgang vorauszusehen, sondern vor allem in seiner Fähigkeit, auf das Unerwartete zu reagieren, günstige Gelegenheiten zu erkennen und sie zu nutzen. An seinem Beispiel wird das Ausmaß der historischen Verantwortung der Protagonisten demonstriert, denn aus seinem Agieren und Reagieren ergibt sich, dass der Mensch in seinen Entscheidungen grundsätzlich frei bleibt, während die richtige Einschätzung eines Sachverhalts Aufgabe der menschlichen Vernunft ist. Weil der Mensch nicht den gesamten historischen Prozess kontrollieren kann – die Handlungen anderer sowie die „Interventionen“ außermenschlicher Kräfte sind für ihn unverfügbar –, wird die Fähigkeit, eine „günstige Gelegenheit“ in einem Moment zu ergreifen, in dem die Ereignisse einen kritischen Punkt erreichen, zu einem geschichtswirksamen Faktor. Obwohl die Schlacht von Ad Decimum nicht den gesamten Krieg entschied, hätte eine Niederlage laut Prokop eine Katastrophe für die gesamte Expedition bedeutet. Nach Ad Decimum waren die Rollen vertauscht.[81] Karthago wurde ohne Probleme eingenommen, die strategische Lage änderte sich zugunsten der Römer.[82]

---

[79] Gegen ANDRES 2017, 88, der der Meinung ist, dass Prokop selbst nicht an eine solche Deutung geglaubt habe.
[80] Vgl. WHATELY 2016,152-157.
[81] Vgl. die Reden des Belisar und Gelimer vor der Schlacht von Tricamarum (Bell. 4, 1, 13-25; 4, 2, 9-23).
[82] BRODKA 2004, 79-80.

Die Schlacht von Ad Decimum war der Wendepunkt des Krieges, während die nächste Schlacht, die von Tricamarum, seinen Endpunkt darstellte. Es wird deutlich, wie nach einem Sieg und einer Veränderung der strategischen Gesamtlage das Vertrauen der Akteure in ihre eigene menschliche Stärke zunahm. Vor dem Kampf appellierte Belisar an die Soldaten, vor allem tatkräftigen Einsatz und hohes Engagement zu zeigen, mit denen sie einen entscheidenden Beitrag zur Erreichung der Ziele des Krieges leisten konnten. Er versuchte nicht, sie von der Gunst höherer Kräfte zu überzeugen, weil sie dies in der Praxis bereits schon erfahren hatten. Belisars Optimismus und Zuversicht ergaben sich aus der Überzeugung, dass er nun die Kontrolle über die Ereignisse hatte. Unter diesen Umständen wusste er genau, wozu seine Feinde und seine eigene Armee fähig waren (vgl. Bell. 4.1.13-18). Dementsprechend verlief bei Tricamarum alles in einer rationalen und voraussehbaren Weise, und nichts Unerwartetes geschah. Der Ausgang der Schlacht hing diesmal von den grundlegendsten militärischen Faktoren ab: der Qualität der Führung und der Ausbildung und Fähigkeiten der Soldaten. Diese Faktoren entschieden über den Sieg der Römer.

Der Krieg gegen die Vandalen zeigt, wie sich das Verhältnis des Menschen zur bestehenden Realität und das Ausmaß seines möglichen Einflusses darauf veränderte. Die Anfangsphase der Expedition zeigt, wie sich die Protagonisten in ihrer Handlungsfreiheit durch äußere Umstände eingeschränkt (aber nicht gebunden) fühlten. Gerade dieses Gefühl der Begrenztheit ermöglichte es ihnen, die richtige Strategie zu wählen. Während des gesamten Feldzugs bemühte sich Belisar darum, sich einen gewissen Handlungsspielraum zu bewahren, um vorauszusehen, was passieren könnte, und so die möglichen Auswirkungen unvorhergesehener Umstände so weit wie möglich zu reduzieren. Prokop hat nicht nur die Absicht, die Fakten darzustellen, sondern auch auf diejenigen Faktoren hinzuweisen, die seiner Meinung nach den Verlauf des historischen Prozesses bestimmten. Er greift also auf das Prinzip „einer günstigen Gelegenheit“ zurück, die durch die unterschiedlichsten kontingenten Geschehnisse ausgelöst werden kann. Geschichtswirksam wird also die Fähigkeit, auf äußere Umstände angemessen zu reagieren, die eigenen Pläne zu modifizieren und Handlungen zu korrigieren. Es geht jedoch nicht um die Kontrolle des gesamten Prozesses. Anders als Chosroes im Jahr 540 hatte Belisar, der in den Krieg eintrat, die Situation nicht unter Kontrolle – zu viele Variablen und Unbekannte gab es zu Beginn des Vandalenkrieges. Erst die Ausnutzung der sich bietenden günstigen Gelegenheit ermöglichte es den Römern, die Kontrolle über das Kriegsgeschehen zu übernehmen, und sie konnten es zum Endpunkt, d.h. zum siegreichen Abschluss des Krieges, bringen. Die Deutung des historischen Prozesses, die Prokop hier anbietet, ist weitaus nuancierter und facettenreicher als in der Forschung manchmal angenommen wird. Denn es geht nicht um die Dominanz der Tyche in der Geschichte, und auch nicht darum, dass die Eroberung Afrikas ein reiner Glücksfall war, bei dem der Verlauf der Ereignisse völlig außerhalb der Kontrolle der Beteiligten lag.[83] Denn das Muster, nach dem die Ereignisse konstruiert und erklärt werden, beinhaltet ein komplexes und vielfältiges Zusammenspiel von menschlichen und nicht-menschlichen Faktoren. Die Römer verdankten ihren Sieg nicht so sehr einer günstigen Konstellation von kontingenten Faktoren als vielmehr einer angemessenen Reaktion auf diese Faktoren.

Ungeachtet des erfolgreichen Verlaufs des Krieges waren seine Folgen unerwartet. Die Kämpfe gegen die Mauren und die Heeresaufstände (*staseis*) plagten Afrika mehrere Jahre lang (mit kurzen Unterbrechungen). Hier wird deutlich, welch große Rolle der Historiker den herausragenden Persönlichkeiten bei der Steuerung der historischen Prozesse zuschreibt. Prokop zufolge liegt die Bedeutung Belisars darin, dass er die Tendenz zum Zerfall wirksam aufhielt: Durch seine Kriegsführung konnte er die bestehende soziale Ordnung aufrechterhalten, dank seiner Autorität bewahrte er den Zusammenhalt und die Disziplin des Heeres: Die Interessen des intervenierenden (Ost-)Römers und der lokalen römischen Bevölkerung waren also identisch. Ein solches Vorgehen verlieh der kaiserlichen Intervention in Afrika die Legitimität.[84] Die Führungsqualitäten und Tugenden Belisars ermöglichten es ihm, einen siegreichen Feldzug gegen einen Feind (die Vandalen) zu führen und gleichzeitig andere Gegner (die Mauren) abzuschrecken. Das Gleichgewicht beruhte nach dieser Sichtweise auf dem Individuum und war daher äußerst labil. Wenn es einmal erschüttert war, war es äußerst schwierig, es wiederherzustellen. Die Abberufung von Belisar brachte die Stabilität der politischen Beziehungen in Nordafrika ins Wanken. Dies ist die Diagnose, die Prokop sowohl in den *Bella* (vgl. 4,8,18-22) als auch in den *Anekdota* stellt (vgl. An. 18, 9-10).

Die Vorgeschichte des Krieges mit den Ostgoten wird von Prokop ähnlich dargestellt wie die des Krieges mit den Vandalen.[85] Der Historiker argumentiert, dass Justinian die innenpolitische Situation im ostgotischen Reich als Vorwand für seine Intervention nutzte – es handelte sich ins-

---

[83] Gegen KALDELLIS 2004, 176-189, vgl. insbesondere 187.

[84] Vgl. PAZDERNIK 1997, 175, PAZDERNIK 2022, 226.

[85] Zu Prokops Analyse und Deutung des Gotenkrieges BRODKA 2004, 84-101. Zu den Kampfschilderungen in den Büchern V-VII vgl. WHATELY 2016, 158-196. Zur Vorgeschichte des Gotenkrieges KOEHN 2018, 215-216.

besondere um die Ermordung der Königin Amalasuintha, der Tochter Theoderichs, durch Theodahad. Der offizielle Standpunkt des Kaisers wird jedoch in seinem Brief an die Frankenkönige deutlich (Bell. 5,5,8-10). Hier bringt Justinian seinen Machtanspruch über Italien zum Ausdruck, indem er behauptet, dass die Herrschaft der Ostgoten über Italien illegitim sei. Der Brief unterstreicht die ideologischen Gründe für das Handeln des Kaisers: Es geht um die Rückgewinnung Italiens, nicht um die Bestrafung der Schuldigen an der Ermordung Amalasuinthas.

Die Ziele von Justinians Politik werden auch bei den Verhandlungen von Justinians Gesandtem Petros Patrikios mit dem König Theodahad dargelegt (Bell. 5,6). Hier wird der universale Anspruch des Kaisers auf die gesamte Oikumene betont, also die Pflicht des römischen Kaisers, die ehemaligen Gebiete des Imperium Romanum zurückzugewinnen (vgl. Bell. 5,6,10): Durch seine aggressive Außenpolitik erfülle Justinian die ihm obliegenden Pflichten als römischer Kaiser. Prokop sieht daher die Hauptursachen des Krieges in der Art und Weise, wie Justinian seine Würde und die daraus resultierenden Pflichten wahrnahm. Deswegen verweist er auf die individuelle Verantwortung des Herrschers, weil seine Entscheidungen es sind, die den dramatischen Komplex der Ereignisse in Gang setzten.

Die Kämpfe in Italien zogen sich über mehrere Jahre hin und wurden mit wechselndem Glück ausgetragen. Prokop zeigt, wie sich der Krieg allmählich von den anfänglichen Plänen und Erwartungen der Protagonisten unabhängig machte und welche katastrophalen Folgen dieser Prozess für alle Beteiligten hatte (die Goten, die Bewohner Italiens (d.h. die Italiker), die (Ost-)Römer).[86] Gleichzeitig verdeutlicht er durch die Untersuchung der Beweggründe aller Konfliktparteien, wie der Gotenkrieg zusammen mit der Intensivierung der Kämpfe an anderen Fronten zu einer Degeneration der Beteiligten führte.

Das erste große Hindernis in Italien, auf das Belisars Heer stieß, war Neapel (Bell.5,8-10).[87] Die Belagerung von Neapel kann als archetypisches Ereignis in einem von Belagerungen geprägten Krieg betrachtet werden. Am Beispiel der Bewohner Neapels beobachtet der Historiker, wie die „Schwächeren“ – also die lokale römische Bevölkerung – zwangsläufig in den Konflikt zwischen zwei dominierenden Mächten hineingezogen wurden. In Italien waren die einzelnen Städte gut befestigt, sodass die Belagerungsoperationen eine wichtige Rolle spielten. Die Haltung der Stadt-

---

[86] Vgl. Bell. 5,9,4-7, wo angekündigt wird, welche Auswirkungen der Krieg auf jede Seite haben wird.

[87] Vgl. dazu Brodka 2004, 84-86.

bevölkerung wurde somit zu einem wichtigen militärischen Faktor. Aus diesem Grund wurden die Italiker notwendigerweise zu einer aktiven Partei in dem Konflikt, da sie die Wahl hatten, entweder die kaiserliche Armee oder die Ostgoten zu unterstützen. Im gut befestigten Neapel stieß die von Belisar mitgebrachte Parole der „Freiheit“ auf Widerstand. Die Bürger Neapels standen vor der Wahl: Entweder sie stellten sich auf die Seite des Kaisers und ließen Belisars Heer in die Stadt hinein – riskierten dann aber die Rache der Goten – oder sie widersetzten sich Belisar und setzten sich seiner Rache aus. Jede Entscheidung war mit Gefahren verbunden und zog die Neapolitaner in den Krieg hinein. Für die „Schwachen“ gibt es keine Möglichkeit der Neutralität im Konflikt mit den „Starken“, der Krieg bringt die Notwendigkeit mit sich, eindeutige Stellung zu beziehen und Partei zu ergreifen.

Nach der Einnahme der Stadt stellte Belisar schnell die Ordnung wieder her und verhinderte ein Massaker an den Einwohnern. In diesem Zusammenhang legt Prokop ihm eine Rede in den Mund, die an die Mytilene-Debatte im *Peloponnesischen Krieg* des Thukydides anknüpft. Anders als der Athener Kleon bei Thukydides lehnt Belisar grausame Rache als Instrument der Politik ab,[88] denn er hält sie für einen unmoralischen Akt, der dem Willen Gottes widerspricht und nicht mit den Idealen vereinbar ist, die er verkündet. Daraus ergibt sich das Paradoxon des Schicksals der Einwohner von Neapel: Zum Zeitpunkt, in dem sie in Gefangenschaft gerieten, erlangten sie ihre Freiheit wieder (Bell. 5,1,35).[89] Dies offenbart eine weitere Sinndimension, die die Belagerung von Neapel mit sich brachte. Zu Beginn des Gotenkriegs verhielten sich die (Ost-)Römer dank Belisar moderat, die Machtverschiebung erschütterte nicht die bestehende Ordnung und wurde nicht zur Chaosquelle. *Die Stärkeren*, d.h. die (Ost-)Römer, sahen eine Interessengemeinschaft mit *den Schwächeren*, d.h. der römischen Bevölkerung Italiens (vgl. insbesondere Bell. 5,8,12-13), und strebten danach, dieses gemeinsame Interesse zu verfolgen. Dies geschah jedoch nur in der ersten Phase des Krieges (d.h. in den Jahren 535-540). Dieser Sachverhalt wird der Bezugspunkt für die Überlegungen Prokops sein, wenn er beobachtet, wie es mit Fortdauer des Krieges zu einer allmählichen Degeneration der Kriegsparteien und einer Verrohung ihrer Handlungen kam.[90]

---

[88] PAZDERNIK 1997, 267 ff.

[89] Belisars Auffassung von „Freiheit“ impliziert die Unterordnung unter die kaiserliche Autorität. Dazu vgl. PAZDERNIK 1997, 280 ff.

[90] Zutreffend dazu PAZDERNIK 1997, 269.

Die Einnahme Neapels durch Belisar hatte weitreichende Folgen: Der König Theodahad wurde abgesetzt und getötet, und an seiner Stelle ernannten die Goten Witigis zum neuen König, der Maßnahmen traf, die Offensive der kaiserlichen Armee abzuwehren. Belisar zog hingegen, nachdem er Neapel erobert hatte, nach Norden und nahm Rom ein. Die Beschreibung der Belagerung der „Ewigen Stadt“ (Bell. 5,19 - 6,9), in der sich das kleine Heer des Belisar über ein Jahr lang erfolgreich gegen die Übermacht des Witigis verteidigte, bildet den Höhepunkt der Darstellung des Gotenkrieges.[91]

Nachdem die Goten die Hoffnung auf eine Eroberung Roms verloren hatten, beschlossen sie, mit Belisar in Verhandlungen zu treten (Bell. 6,6,1-3). Hier fügt der Historiker eine fiktive Debatte zwischen Belisar und den gotischen Gesandten ein, durch die er seine Deutung des gotischen Krieges präsentiert. Der Dialog orientiert sich formal und inhaltlich an dem berühmten Melier-Dialog aus dem 5. Buch des *Peloponnesischen Krieges* von Thukydides. Die Diskussion geht von der Annahme aus, dass sich der Krieg in die Länge ziehe, und vernünftige Menschen daher nach einer Lösung suchen sollten, um dem Elend ein Ende zu bereiten. Ein Kompromiss, der für beide Seiten vorteilhaft wäre, sei ein Ausweg aus der Pattsituation, in der das relative Kräftegleichgewicht niemandem den Sieg beschere. Das Fehlen an Mäßigung, der kompromisslose Siegeswille in einer Lage, in der man nicht über die Mittel verfüge, den Gegner schnell zu besiegen, sei Ausdruck eines maßlosen irrsinnigen Ehrgeizes, der beide Seiten ins Verderben treibe. Nicht umsonst legt Prokop einem gotischen Diplomaten die Warnung in den Mund: „Möget ihr uns und euch nicht verderben.“ (Bell. 6, 6, 10). Es ist ganz offensichtlich, dass sich diese Worte prophetisch auf die zweite Phase des Krieges (ab 540) beziehen, als er einen totalen Charakter annahm, und nicht auf die Umstände, unter denen sie im Werk gesprochen werden. Prokop konstruiert diese Szene aus der Perspektive der späten 540er-Jahre, um zu zeigen, wie sich die Situation hätte entwickeln können, wenn die römische Seite zu einem Kompromiss bereit gewesen wäre und sich mit einem Teilerfolg zufrieden gegeben hätte. Auf die Kompromissvorschläge der Goten reagiert Belisar ablehnend, seine Position ist prinzipiell: Die Goten sollten ganz Italien abtreten. Für Belisar bedeutet die „Befreiung“ die Wiederherstellung der direkten Kontrolle des Kaisers über ganz Italien. Prokop geht nicht auf die harte Haltung von Belisar ein, die im Jahr 540 wieder zum Vorschein kam und einen weiteren Kompromiss zum Abschluss des Krieges vereitelte. Der Historiker lässt die Fakten für

---

[91] Zur Belagerung Roms durch die Goten vgl. WHATELY 2019.

sich sprechen: Im Jahr 538, als die Handlung dieses Dialogs stattfindet, hatten sich die Ereignisse zu Ungunsten der Goten gewendet, wie er zu Beginn dieses Kapitels deutlich macht (vgl. Bell. 6,6,1), und Belisar war imstande, die Initiative zu ergreifen. Als die Goten den Rückzug antreten mussten und die Belagerung Roms aufgaben, bestand eine echte Chance auf einen vollständigen römischen Sieg. Wenn es gute Erfolgsaussichten in der Politik gibt, ist kein Platz für Gefühlsduselei oder Kompromisse. Belisar sah, ähnlich wie die Athener auf Melos, keine Möglichkeit, mit der gegnerischen Seite gemeinsame Interessen zu verfolgen. Die Positionen beider Seiten ließen keinen Raum für das Zustandekommen eines Kompromisses,[92] und, wie auch im Zusammenhang mit der Einnahme von Ravenna durch Belisar im Jahr 540 zu beobachten ist, war es Belisar und nicht Justinian, der zunächst die Möglichkeit einer Verständigung ausschloss[93] und die vollständige Liquidierung des gotischen Reiches in Italien anstrebte. Prokop stellt die Zweckmäßigkeit einer Intervention in Italien nicht infrage,[94] zeigt jedoch, dass die Kosten der Rückeroberung Italiens so hoch waren, dass sie die Legitimität des kaiserlichen Handelns entkräften konnten.[95] Prokop schaut sich die Ereignisse aus römischer Sicht an: Er bestätigt die Rechtmäßigkeit der Intervention, obwohl er die hohen Qualitäten der gotischen Herrschaft anerkennt und die Verdienste der Goten um die Aufrechterhaltung der römischen Ordnung in Italien würdigt.[96] Gleichzeitig ist er ein Pragmatiker: Er ist sich dessen bewusst, dass beide Seiten ihre Gründe haben, aber am Ende entscheidet die Gewalt und nicht das Recht. Der Historiker hat die katastrophalen Folgen eines jahrelangen Krieges für Italien gesehen und fragt sich daher, wie sich das Geschehen in Italien entwickelt hätte, wenn der Konflikt auf kompromisshafte Weise frühzeitig

---

[92] Vgl. Pazdernik 1997, 281-282.

[93] Pazdernik 2018, 141

[94] Vgl. Brodka 1999, Pazdernik 2018, 141-142.

[95] Vgl. Pazdernik 2018, 141

[96] Die positive Bewertung der gotischen Herrschaft in Italien zeigt sich am deutlichsten im Lob des Königs Theoderich am Anfang des 5. Buches der „Kriege“: „Nachdrücklich sorgte er für Gerechtigkeit und wahrte die Gesetze, er schützte das Land vor den umwohnenden Barbaren und bewies höchste Klugheit und Tapferkeit. Seinen Untertanen tat er fast nie ein Unrecht an und ließ es auch von keinem anderen zu, lediglich d e n Teil an Ländereien, den Odoakar seinen Leuten überlassen hatte, durften die Goten unter sich aufteilen. So war Theodorich dem Namen nach ein Gewaltherrscher, in Wirklichkeit jedoch ein echter Kaiser und stand keinem seiner berühmten Vorgänger irgendwie nach. Die Goten und Italiker liebten ihn daher sehr, was sonst menschlicher Art nicht entspricht“ (Bell. 5,1,27-28, Übersetzung Veh). Zum Theoderich-Bild bei Prokop Goltz 2008, 210-266.

beendet worden wäre, und denkt daher über eine andere Lösung als die reine Gewalt nach. Dies ändert allerdings nichts an der Tatsache, dass alle Hauptakteure auf römischer Seite – zunächst Belisar, im folgenden Jahrzehnt Justinian – die Möglichkeit eines Kompromisses zurückwiesen. Deshalb stellt er das Motiv des ungebremsten Ehrgeizes, der niemandem nützt, so deutlich heraus.

Die erste Phase des Krieges endete mit der Belagerung von Ravenna, gefolgt von der Kapitulation von Witigis im Jahr 540. Bald darauf verließ Belisar Italien. Zu Beginn des 7. Buches findet sich ein Lob auf Belisar, in dem auch die Gründe für die späteren Misserfolge der Römer erläutert werden. Prokop erklärt sie in persönlichen Kategorien und führt sie im Wesentlichen auf eine Verschlechterung der Führungsqualität zurück: In Italien habe es keinen einzigen Oberbefehlshaber gegeben, sondern viele gleichrangige Generäle mit identischen Kompetenzen; dies habe zu mangelnder Autorität, uneffektiver Kriegsführung im taktischen und strategischem Bereich, Disziplinlosigkeit in der Armee und infolgedessen zu einer Missachtung der Befehle durch die Soldaten geführt. All dies habe das kaiserliche Heer gelähmt und für eine geringe Effizienz der militärischen Operationen gesorgt. Außerdem prangert Prokop den Egoismus der römischen Befehlshaber an, die sich von privaten Interessen leiten ließen. Er weist auch darauf hin, dass die Soldaten die lokale römische Bevölkerung schlecht behandelten (Bell. 7,1,22-24). Neben den militärischen Faktoren habe auch die Finanzpolitik gegenüber Italien, für die die sogenannten Logotheten verantwortlich waren, einen wichtigen Einfluss auf die ungünstige Entwicklung der Situation gehabt. Finanzielle Belastungen hätten viele Römer in den Ruin getrieben, und die Unterfinanzierung der Armee habe ein erhebliches Abschwächen der Kampfeffizienz, der Fähigkeiten und der Moral der Armee nach sich gezogen (Bell. 7,1,28-33).[97] Prokop rekurriert auf das Muster, mit dem Thukydides den Fortgang des Geschehens nach dem Tod des Perikles beschreibt: Der Weggang einer großen Persönlichkeit macht Platz für die Menschen von deutlich geringerem Format,[98] und folglich werden private Interessen über das Gemeinwohl gestellt. Es folgt ein Prozess der Entartung der Kriegsparteien, wie dies besonders deutlich

---

[97] Die moderne Forschung beurteilt die Finanzpolitik Justinians jedoch mit einigem Verständnis und betont zu Recht die Parteilichkeit Prokops bei solchen Bewertungen. Vgl. dazu LEPPIN 2011, 265-266.

[98] Dieses Problem wird durch das Lob auf Belisar in Bell. 7,1 thematisiert, in dem Prokop in gewissem Maß den Nachruf auf Perikles bei Thukydides nachahmt (vgl. Thuc. 2,65). Vgl. dazu BRAUN 1885, 17-18, CRESCI 1986,452-456, BRODKA 2004, 96, KALDELLIS 2004, 197-198, PAZDERNIK 2018, 144.

das Verhalten des Bessas im belagerten Rom, der sich auf Kosten der hungernden Bevölkerung bereicherte (Bell. 7,17), oder die Ermordung der Senatoren durch die Goten (Bell. 8,34, 1-2) bezeugen.[99] Der Krieg in den 540er-Jahren erreichte allmählich einen Punkt, an dem es kein Zurück mehr gab,[100] und konnte nur noch durch die Ausrottung einer der beiden Seiten beendet werden. Der Krieg wurde zu etwas Dauerhaftem, das die menschliche Haltung in ihrer Gesamtheit bestimmte. Prokop definiert dieses Phänomen bereits im 2. Buch, im Zusammenhang mit dem Fall von Antiochia, indem er die römischen Gesandten vor Chosroes erklären lässt: Der Krieg ohne Ende bewirke eine große Veränderung, verursache die Verwilderung, zerstöre die bestehende Ordnung und die Zivilisation (vgl. Bell. 2,10,11-12). Es kommt somit zu einer Entmenschlichung menschlicher Haltungen und Handlungen, wobei die primitivsten und niedrigsten Motivationen in den Vordergrund treten. Das geschah gerade in Italien nach 540.

Die Art und Weise, wie Prokop den Gotenkrieg in den 540er-Jahren deutet, wird durch den Passus Bell. 7,13,15-17 gut veranschaulicht. Hier manifestiert sich die Überzeugung, dass sich der Krieg von den ursprünglichen Planungen und Erwartungen der Römer losgelöst hatte. Belisar war während seiner zweiten Expedition nach Italien nicht in der Lage, die Initiative zu übernehmen, und beschränkte sich darauf, nur wirkungslos auf die Ereignisse zu reagieren (Bell. 7,35, 1-2). Der Krieg, der den Italikern die Befreiung von den Barbaren bringen sollte, schuf ein günstiges Klima für das Wachstum des Egoismus und das Hervorheben des Privatinteresses über das Gemeinwohl. So wurde der Krieg zu einem dauerhaften und autonomen Phänomen. Das Schicksal der italischen Bevölkerung war dabei besonders tragisch. Die Italiker wurden, obwohl sie nicht die Hauptbeteiligten des Konfliktes waren, zu den eigentlichen Opfern der Auseinandersetzung zwischen den beiden Mächten (vgl. Bell. 7.9,2; 7.17; 7.19; 7.20; 7.21,13 ff., 8.34,1ff.).[101] Für sie bedeutete Erfolg, Leben zu retten. Es war nicht mehr der Fall, dass sie von der Rückkehr des Landes unter die Herrschaft des Kaisers profitieren sollten. Unter dem Druck der „Notwendigkeit“, die der Krieg mit sich brachte, wurden die Menschen zu einem Verhalten „gezwungen“, für das die traditionellen moralischen Kategorien nicht mehr ausreichten (vgl. z.B. Bell. 7,17,2-8; Bell. 7,17,20-22).

---

[99] Mit der Hinrichtung der Senatoren drohte auch Totila (Bell. 7,26,29; vgl. auch Bell. 5,11,26). Vgl. dazu BRODKA 2018b, 319-321.

[100] Vgl. die Worte des Gotenkönigs Totila: Die nächste Niederlage werde den Namen der Goten auslöschen (Bell. 7, 4, 11).

[101] Vgl. dazu im allgemeinen KOUROUMALI 2013, BRODKA 2018b.

Im Urteil Prokops hat auch der Gotenkönig Totila trotz zahlreicher großer Erfolge die Situation nicht vollständig unter Kontrolle.[102] Obwohl der Historiker ihn als tatkräftigen Mann würdigt, ist es klar, dass er dessen Siege im Wesentlichen mit dem Versagen des Kaisers, seiner Generäle und Beamten begründet.[103] Der Historiker behandelt Totila mit Sympathie und hebt seinen Edelmut und seine Tapferkeit und Mäßigung hervor. Diese Tugenden stehen im krassen Gegensatz zum Egoismus, zur Habgier und zur Gleichgültigkeit der Römer gegenüber dem Schicksal ihrer italischen Mitbürger. Zweifelsohne handelt es sich dabei um eine literarische Stilisierung: Auf der einen Seite steht der edle Totila, auf der anderen die böse zivil-militärische Verwaltung Justinians, verkörpert durch konkrete Figuren wie die des Logotheten Alexander oder des Feldherrn Bessas. In seinen Reden deutet Totila den Gang der Ereignisse in den moralisch-theologischen Kategorien und vertritt die Meinung, dass Gott sich aufgrund des ungerechten Verhaltens der Römer von ihnen abgewandt habe und nun die Goten unterstütze, deren Verhalten gerecht und edel sei (Bell. 7,8,15 ff.; 7,9,7 ff. besonders 7,9,17; 7,13,15). Es ist jedoch zu bedenken, dass diese Interpretation im Wesentlichen nur von Totila in seinen Reden vertreten wird. Der Erzähler selbst verwendet hingegen das Modell von Schuld und Strafe nicht als Methode für die Erklärung historischer Prozesse.

Die „historische“ Schwäche Totilas zeigt sich vor allem darin, dass er keine Möglichkeit hatte, den Krieg zu beenden – dies konnte nur durch den Willen Justinians entschieden werden. Alle Friedensangebote des Gotenkönigs wurden vom kompromissunwilligen Kaiser von vornherein abgelehnt, wobei Totila von Justinian nicht als König, sondern nur als Rebell behandelt wurde (Bell. 7,21,18-25; 7,37,6; 8,24,4).[104] Unter diesen Umständen kann nur die totale Vernichtung einer Partei Frieden bewirken (vgl. Bell. 8,24,5). Im 7. Buch werden irrationale Affekte als treibende Kräfte menschlichen Handelns dargestellt. Justinian wollte seine Ziele, d.h. die Eroberung Italiens, um jeden Preis erreichen. Er zögerte nicht, den Krieg fortzusetzen, obwohl das Reich an vielen Fronten bedroht war und nicht über ausreichende Mittel verfügte, um sich in Italien zu engagieren (vgl.

---

[102] In der Forschung wird zu Recht hervorgehoben, dass die Hauptfigur in der zweiten Phase des Gotenkrieges Totila ist (vgl. Cresci 1986/7, 241, Kaldellis 2004, 198, Pazdernik 2015, 218, Stewart 2020, 193).

[103] Vgl. die Einschätzung der Lage durch Belisar zu Beginn seiner zweiten Italienexpedition (Bell. 7,11,2-9; vgl. auch den auktorialen Kommentar Prokops in Bell. 7,1,24); in Bell. 8,32,29 vermerkt Prokop sogar, dass es keine rationalen Erklärungen für Totilas Erfolge gebe. Zum Bild von Totila vgl. Stewart 2020, 193-212.

[104] Vgl. dazu Brodka 2018a, 150-151.

Bell. 7,33,1). Es ist bezeichnend, dass Prokop in dieser Phase des Krieges keine „günstigen Gelegenheiten" mehr sieht, die das Geschehen dezisiv beeinflussen könnten.[105] Vielmehr ist es der Krieg, der die menschliche Initiative beherrscht und verschiedene Handlungen „erzwingt": Die „Notwendigkeit" bzw. „Zwangsläufigkeit" wird zum beherrschenden Aspekt des Krieges. So beurteilte Totila den Krieg in seiner Ansprache vor der Entscheidungsschlacht von Taginae (Busta Gallorum): Beide Seiten seien durch die „Notwendigkeiten", die der Krieg mit sich bringe, so erschöpft, dass die Verlierer nicht mehr weiterkämpfen könnten (Bell. 8,30,9). Die Schlacht von Taginae im Jahr 552 brachte die Entscheidung, weil Narses den Kaiser zwang, ausreichend große Ressourcen (finanzielle, materielle, personelle) einzusetzen, um allen Anforderungen des Krieges gerecht zu werden. Wichtig war jedoch nicht nur der Umfang der verfügbaren Mittel, sondern auch die Fähigkeit des Narses, diese effektiv zu nutzen (Bell. 8.26.5-17).[106] Die Militäroperationen werden nun so dargestellt, dass die überlegene Gesamtführung des Narses als General hervorgehoben wird. Narses setzte seine Pläne konsequent um, antizipierte die Bewegungen seines Gegners, hörte auf den Rat seiner erfahrenen Berater, sah die unvorhergesehenen Entwicklungen der Ereignisse voraus und reagierte angemessen darauf. Die Reden der beiden Generale vor der Entscheidungsschlacht unterstreichen ihr Bewusstsein für den bevorstehenden entscheidenden Augenblick (vgl. insbesondere Bell. 8,30,14). Prokops Schilderung ist kühl und pragmatisch: Die Schlacht wurde durch die elementarsten militärischen Faktoren entschieden – die Voraussicht und taktische Konsequenz von Narses, die zahlenmäßige Überlegenheit der Römer, Disziplin und Ausbildung der römischen Truppen und die taktischen Fehler von Totila. Ergänzt wird dies durch die Bemerkungen über die Schwäche des Menschen gegenüber dem Willen höherer Mächte (vgl. Bell. 8, 32, 28-30; 8, 33,1).

Im Gotenkrieg beobachtet Prokop einsichtig, wie sich die Ereignisse allmählich der menschlichen Kontrolle entziehen und sich der historische Prozess vom Willen der handelnden Personen „verselbständigt", selbst wenn er nur bedingt zwangsläufig ist und es immer einen Platz für die menschliche Willensfreiheit gibt. Der Krieg erreichte einen Punkt, an dem die Protagonisten allenfalls noch auf die Ereignisse reagieren, ihre Pläne korrigieren, aber ihre Vorhaben nicht mehr vollständig umsetzen konnten.

---

105 Erst in der Schlacht von Taginae ergibt sich die „Gelegenheit" (*kairos*), den Krieg endgültig zu entscheiden (Bell. 8,30,14).
106 Zur Einstellung Prokops zu Narses vgl. BRODKA 2018a, 255-260.

Infolgedessen führte der Krieg zur Vernichtung der Besiegten und zur Erschöpfung der Sieger. Der historische Prozess erweist sich auf Dauer als unvorhersehbar, und die Überzeugung davon, dass er unter der Kontrolle Gottes steht, macht die Aufgabe des Historikers nicht leichter, weil er nicht in der Lage ist, das Wesen der Pläne Gottes zu durchdringen.

2.8. Kampfdarstellungen

In jüngster Zeit wurden mehrere eingehende Studien zur Bewertung von Prokop als Militärhistoriker durchgeführt, was angesichts der Tatsache, dass Kriege ein zentrales Thema seines Oeuvres sind, von großer Bedeutung ist.[107] An dieser Stelle sei insbesondere auf die prägnante und äußerst treffende Analyse von Ph. Rance verwiesen, der sich in seiner Argumentation auf zeitgenössische militärhistorische Kategorien bezieht. Wie Rance betont, schildert und begreift Prokop die operative Bedeutung solcher Aspekte der Kriegführung wie Aufstellung der Truppen, Taktik, Disziplin, Moral, Bewaffnung und Logistik auf unterschiedliche Weise, wobei der historische Kontext und die literarisch-rhetorischen Prioritäten verschiedene Schwerpunkte in einzelnen Teilen der „Bella“ bestimmen, aber in seinen Darstellungen der Kriegshandlungen privilegiert er insgesamt individuelle Qualitäten wie charismatische Führung und persönliche Tapferkeit.[108] Sein Verständnis für die strategischen Aspekte der einzelnen militärischen Kampagnen ist wenig offensichtlich.[109] Oft gibt er sich hingegen nur mit gnomischen Äußerungen zufrieden über die Art und Weise, wie man den Krieg führen soll, oder über die strategischen Prinzipien, die wenig Einblick in konkrete Probleme und Herausforderungen bieten. Deutlich ist dabei, dass Prokop übersieht, wie schwierig die finanzielle und demografische Situation des Staates in den 540er-Jahren war und wie sehr die knappen Ressourcen des Staates durch die Kriege an fast allen Fronten belastet wurden. Andererseits hat er ein waches Auge für die Ursachen und Folgen verschiedener kampagnenspezifischer Phänomene: die Einstellung der Zivilbevölkerung, die ethnisch-kulturellen und religiösen Identitäten der Soldaten, militärische Unruhen und Desertionen sowie Rivalitäten, Korruption und Missmanagement der Befehlshaber.[110]

---

[107] Grundlegend dazu: Kaegi 1990, Rance 2005, Whately 2016 und 2021.
[108] Rance 2022, 114. Vgl. auch Kaegi 1990.
[109] Rance 2002, 114, Whately 2016, 145-151.
[110] Rance 2022, 114.

Den Höhepunkt antiker Geschichtserzählungen bildeten die Schlacht- und Belagerungsschilderungen, deswegen sollten die antiken Historiker auf deren Ausarbeitung größte Sorgfalt verwenden (vgl. Luc. Hist. conscr. 45). Es gab bestimmte Erwartungen, wie Lukian von Samosata in seiner Schrift *Wie man Geschichte schreibt* darlegt. Der Historiker solle sich in erster Linie auf die Handlungen der Generäle konzentrieren, und diese sollten dargestellt werden: Es geht dabei um die Aufmunterungsreden der Heerführer, die die Kämpfe einleiten, ihre Kampfpläne und Ziele sowie um die Aufstellung der Truppen. In der Schilderung eines Gefechts selbst solle man beide Seiten sehen, die bedeutenden Phasen des Geschehens markieren, die Verfolgung und die Flucht beschreiben (Luc. Hist. conscr. 49). Die Schlachtschilderungen in den „Bella“ befolgen diese Regeln in den meisten Fällen.

Prokop berichtet regelmäßig über die Absichten und Handlungen der einzelnen Kommandeure, obwohl er über keine zuverlässigen Informationen bezüglich der Ziele der gegnerischen Befehlshaber verfügt. Häufig lässt er beide Generale vor einer Schlacht zu Wort kommen, sodass die jeweilige Situation aus zwei Perspektiven beleuchtet wird. In diesen Ansprachen will er diejenigen Faktoren betonen, die auf den Verlauf der Schlacht entscheidenden Einfluss ausüben werden.[111] Er spricht wenig über die Topografie des Schlachtfeldes, sein Augenmerk liegt oft auf der Aufstellung der beiden Armeen, auch wenn seine Kenntnisse über die Pläne des Feindes sehr begrenzt sind. Seine Beschreibungen sind recht dynamisch: Es dominieren die Bewegungen der Truppen, die Manöver und Gegenmanöver (vor allem in den Schlachten von Dara, Ad Decimum und Taginae). In den meisten Fällen markiert er die entscheidenden Momente, um zu zeigen, warum die Schlacht einen bestimmten Ausgang hatte.

Nur selten greift Prokop auf die statischen, stereotypen Kampfszenen zurück, obwohl topische Elemente wie die Gegenüberstellung von Ordnung und Disziplin bei den Römern und Unordnung bei den Barbaren an einigen Stellen auftauchen (Bell. 3.18.8; 3.3.19.30-31; 5.18.23-27; 8.23.31-34; 8.32.13; 8,32,17). In dem Gotenkrieg wird die traditionelle Tapferkeit (*arete*) der römischen Soldaten thematisiert (z.B. Bell. 5.18.12; 5.18.16; 8.29.22; 8.30.1-2).[112] Betont werden Kampfkraft und Professionalität der römischen Soldaten sowie die Verwendung einer breiten Palette von Waffen.[113] Von epischem Ausmaß sind die zahlreichen Schilderungen von

---

[111] WHATELY 2016, 79-80.
[112] WHATELY 2016, 177-181; 205-206.
[113] Vgl. KOEHN 2018, 195-196.

Heldentaten Einzelner (wie schon die Aristien der *Ilias*). Prokop berichtet sowohl über die Duelle vor einer Schlacht, in denen die namentlich genannten Römer und ihre Opponenten aufeinandertrafen, als auch über große und bewundernswerte Taten der Einzelnen im Verlauf der Schlacht selbst.

Sehr viel Platz widmet Prokop den Belagerungen. Obwohl sich die meisten von ihnen in ein allgemeines Schema einfügen, weil immer wieder die gleichen Motive auftauchen (Verhandlungen, Blockade, Stürme, Einsatz der Belagerungsmaschinen, Unterminierung, Erdaufschüttungen, Ausfälle), dominiert aber das Individuelle. Jede Belagerung hat ihren eigenen spezifischen Verlauf und weist je nach den lokalen Umständen ihre eigene Logik auf. Prokop benennt präzise ihre einzelnen Phasen und die entscheidenden Momente. Häufiger als bei den Feldschlachten gibt er Auskunft über die Topografie. Er ist auch in der Lage, auf die wichtigen Merkmale der Konstruktion einer Befestigungsanlage und auf ihre Schwachstellen zu verweisen. In der Regel gibt er an, wo ein Angriff durchgeführt wurde und was er zum Ziel hatte. Sehr ausführlich beschreibt er die technischen Bauwerke wie z.B. die Belagerungsrampe, die die Perser gegen die Stadtmauer von Edessa errichteten, sowie die Gegenmaßnahmen, die die Verteidiger ergriffen (Bell.2,26,23-27.17). Die Belagerungen sind voll von Episoden, die von gängigen Stereotypen abweichen. Die visuellen und akustischen Elemente spielen bei den Belagerungen eine größere Rolle als bei den Feldschlachten, und daher sind die Gefechtsszenen plastischer und lebendiger.[114] Die Belagerung Roms durch die Goten im Jahr 537/8 gehört zweifellos zu den Höhepunkten der gesamten *Bella*. Prokop war zu dieser Zeit mit Belisar in Rom und leistete seinen eigenen Beitrag zum Sieg. Obwohl er hier selbst Augenzeuge gewesen ist, gibt er sich nicht mit einer bloß wahrheitsgetreuen Aufzeichnung der Ereignisse zufrieden. Er schafft einen anspruchsvollen literarischen Bericht, der stark homerisch geprägt ist.[115] Die Kampfszenen sind weitaus plastischer als in den anderen Teilen des Werkes, voll von ausführlichen Beschreibungen des Todes und blutigen Details. Oft stehen die Einzelpersonen und ihre Heldentaten im Mittelpunk, während das Geschehen aus der Perspektive der beteiligten Soldaten dargestellt wird. Ebenfalls bezeichnend sind die Übertreibungen bei der Einschätzung der Größe des gotischen Heeres und seiner Verluste. Vor diesem Hintergrund nehmen die Kämpfe um Rom fast übermenschliche Ausmaße an. Die intendierte Zielrichtung dieses Teils des Werkes auf die Vergrößerung der Taten offenbart sich bereits im ersten Gefecht, als Belisar selbst

---

[114] Vgl. dazu WHATELY 2019.
[115] WHATELY 2016,160ff.

in Bedrängnis geriet. Ähnlich wie vor Troja in der *Ilias* konzentrierte sich zu diesem Zeitpunkt der ganze Kampf um einen Mann (Belisar), während seine Buccellarier (private Leibgarden) eine Tapferkeit an den Tag legten wie niemand zuvor (Bell. 5.18.11-15).

3. *Anekdota (Historia arcana)* – „Die Geheimgeschichte“

3.1. Datierung, Überlieferung

Die moderne Forschung geht davon aus, dass die *Anekdota* in ihrer heutigen Form aller Wahrscheinlichkeit nach um 550/551 geschrieben wurden, *terminus post quem* ist der Tod der Kaiserin Theodora im Jahr 548.[116] Diese Datierung geht noch auf Haury zurück.[117] Die Frühdatierung wird jedoch manchmal infrage gestellt, da Prokop in den *Anekdota* mehrfach angibt, dass die Herrschaft Justinians 32 Jahre gedauert habe (An. 18,33; 23,1; 24,29; 24,33). Es ist unklar, ab welchem Punkt er mit der Zählung beginnt: Wenn er die Regierungszeit 527 beginnen lässt, würde dies auf 558/559 hinweisen.[118] Vieles deutet aber darauf hin, dass er zumindest teilweise die Regierungszeit Justins I., der 518 zum Kaiser wurde, in seine Berechnungen mit einbezieht.[119] F. Batistella hat jedoch jüngst auf ein wichtiges Detail in den *Anekdota* hingewiesen, das in der Datierungsdebatte bisher nicht beachtet wurde.[120] In An. 27,17 wird der spätere römische Bischof Pelagius I. (556-561) als Archidiakon bezeichnet. Pelagius kann aber dieses Amt erst nach dem 14. Mai 553 bekleidet haben – auf diesen Tag wird das *Constitutum de tribus capitulis* datiert. Der römische Bischof Vigilius ließ es auch von seinen Anhängern unterschreiben, und Pelagius selbst unterzeichnete es noch als Diakon. Daraus resultiert, dass er erst nach diesem Datum zum Archidiakon geweiht wurde.[121] Wenn es sich somit nicht um einen Fehler in der Manuskripttradition handelt, wäre die Frühdatierung der *Anekdota* auf etwa 550 nicht mehr haltbar, und das Werk wäre erst nach Mai 553 fertiggestellt worden. Theoretisch passt die Spätdatierung auf

---

[116] Greatrex 1994, Greatrex 2000, 216, vgl. auch Greatrex 2003, Cameron 1996, 9, 52; Signes 2003a, Kaldellis 2009.

[117] Haury 1891, 9-16.

[118] Evans 1996, vgl. auch Croke 2005, Scott 1987.

[119] Haury 1891, 9-16. Gewichtige Argumente gegen die Spätdatierung lieferte Kaldellis 2009, 588-598. Hinzuweisen ist hier insbesondere auf An. 18.45, wo die Zeit der Regierung Justinians aus der Fortsetzung der Verwaltung unter Justin und seiner unabhängigen Herrschaft besteht.

[120] Batistella 2019.

[121] Dies könnte auch darauf hindeuten, dass die genannte Stelle vor dem 14. April 556 geschrieben wurde, als Pelagius zum Bischof von Rom erhoben wurde. Der Verfasser scheint auch nichts über den Tod des Lazenkönigs Gubazes im Jahr 555 zu wissen.

558/559 zu der Bezeichnung des Pelagius als Archidiakon ganz gut, aber andererseits gibt es, wie Greatrex oder Kaldellis gezeigt hatten, viele gewichtige Argumente gegen eine solche Datierung. Allein die Tatsache, dass Prokop nicht über die frühen 550er-Jahre hinausgeht, ist aufschlussreich, und es gibt auch keinen Hinweis darauf, dass er wusste, dass der erwähnte Pelagius im April 556 zum Bischof von Rom wurde. Aus diesem Grund bleiben die Einwände gegen eine solche späte Datierung bestehen, und nach wie vor gilt die Erkenntnis, dass, obwohl die Kaiserherrschaft Justinians bei Prokop mit dem Jahr 527 beginnt, mit den 32 Jahren nicht unbedingt Justinians Zeit als Kaiser gemeint sein könnte. Wenn man zwischen bloßem Mitherrschen als rechte Hand Justins und dem Regieren als Kaiser unterscheidet, können die 32 Jahre auch in Justins Kaisertum hinüberreichen. Dementsprechend könnte F. Batistella recht haben, wenn er vorschlägt, dass die Abfassungszeit der *Anekdota* auf etwa 553/554 zu datieren sei. Batistella selbst plädiert für das Jahr 521/522 – das erste Konsulatsjahr Justinians – als plausiblen Anfangspunkt für Prokops Jahreszählung.[122] Er kombiniert zum Teil die Einwände von Scott und Croke gegen Haurys Datierung auf 550 und die Argumente von Evans, Greatrex und Kaldellis, die überzeugend nachweisen, dass die Einwände von Scott und Croke nicht als Beleg für eine Datierung auf 558/559 dienen können, und schlägt vor, dass Prokop die Zählung mit dem ersten Konsulatsjahr Justinians begonnen haben könnte.[123] Auch der zeitliche Abstand zwischen den *Anekdota* und dem 8. Buch der *Bella* sollte berücksichtigt werden, da das 8. Buch der *Bella* kurz nach den *Anekdota* entstanden sein muss. Die *Anekdota* korrigieren nämlich nur die ersten sieben Bücher der *Bella,* und dies wird im Anekdota-Proömium klargestellt,[124] wenn Prokop feststellt, was die Kriege bisher den Römern gebracht hätten, habe er nach geografischen Zusammenhängen getrennt dargestellt. Dasselbe sagt er auch zu Beginn des 8. Buches der *Bella*: Er habe seine Bücher bisher geografisch aufgeteilt, aber diese Gliederung könne nicht mehr beibehalten werden. Selbst wenn Prokop eine grundsätzlich geografische Aufteilung im 8. Buch beibehält, spürt er selbst den Unterschied zwischen der Struktur von *Bella* 1-7 und *Bella* 8. Daraus resultiert, dass sich die *Anekdota* ausschließlich auf die ersten sieben Bücher der *Bella* beziehen, aber noch nicht auf das 8. Buch. Dieser Umstand wiederum zeigt, dass die *Anekdota* wahrscheinlich das Proömium zum 8. Buch der

---

[122] Batistella 2019, 54-56.
[123] Batistella 2019, 54-55.
[124] Vgl. Evans 1996, 308.

Bella beeinflusst haben könnten.[125] Dies führt zum Schluss, dass Prokop an den *Anekdota* vor der Fertigstellung des 8. Buches der *Bella* gearbeitet hat. Als er schließlich das Projekt der *Anekdota*, entweder im Jahr 551 oder, wie Batistella argumentiert, im Jahr 554, aufgab, worauf die fehlende Endredaktion hinweist, begann er erst mit der Fortsetzung der *Bella*.[126]

Insgesamt muss man jedoch feststellen, dass auch der Vorschlag von F. Batistella das Problem der Entstehungszeit nicht endgültig löst, da man sich eine andere Erklärung für die Frage des Archidiakonats des Pelagius vorstellen kann. Die Nennung von Pelagius als Archidiakon in An. 27,27 ist anachronistisch, weil er zur Zeit der im Text genannten Ereignisse noch Diakon war. Folglich ist diese Textstelle sowieso problematisch. Letztlich kommt es darauf an, ob es sich um eine Rückprojektion des späteren Sachverhalts oder um einen einfachen Fehler bei der Bestimmung der Funktion für den betreffenden Zeitraum handelt. R. Pfeilschifter vermutet, dass es sich bei der „Beförderung“ um eine Erfindung des Prokop oder um einen einfachen Fehler handele, da Pelagius seit den 530er-Jahren eine wichtige Rolle auf der politischen und religiösen Bühne gespielt habe.[127] Andererseits weist Prokop an anderer Stelle unmissverständlich darauf hin, dass Pelagius die Würde eines Diakons innehatte (Bell. 7,16,5). Die Frage der Entstehungszeit ist also noch nicht geklärt, und es müssen sowohl die traditionelle Datierung auf 550/551 als auch die neue auf 553/554 berücksichtigt werden.

Das Werk fungiert nun unter dem Titel *Anekdota* – die „Unpublizierten Geschichten“ oder in der lateinischen Version als *Historia arcana* –, „Geheimgeschichte“. Es ist nicht bekannt, wie der ursprüngliche Titel lautete. Der Verfasser des Suda-Lexikons bezeichnete die Schrift als *Anekdota*, während der lateinische Begriff *Historia arcana* erst vom ersten Herausgeber Nicolo Alemanni (Nicolaus Alemannus) im Jahr 1623 erfunden und verwendet wurde.

Die frühesten erhaltenen Handschriften stammen aus dem 14. und 15. Jahrhundert, wobei alle auf den verlorenen Archetypus, den Haury als x bezeichnet, über die ebenfalls verlorenen y und z, zurückgehen. [128] Auf

---

[125] So BATISTELLA 2019, 52-53.

[126] BATISTELLA 2019, geht davon aus, dass die *Anekdota* den Anfang des 8.Buches der *Bella* beeinflusst haben könnten, weil sie vorher begonnen worden seien, was aber nicht bedeute, dass sie auch vor seinem Erscheinen abgeschlossen gewesen sein müssten. Er nimmt daher eine parallele Beschäftigung mit den *Anekdota* und dem 8. Buch der *Bella* an.

[127] PFEILSCHIFTER 2022, 131 Anm. 29.

[128] Zu *stemma codicum* HAURY 1905 (1963, XV-XXIV)..

y gehen cod. Parisinus suppl. Graec. 1185 und cod. Vaticanus Graec. 1001, auf z cod. Ambrosianus G 14 suppl., zurück. Es gibt keine Hinweise darauf, ob und wie die Zeitgenossen das Werk rezipierten. Die Kenntnis des Werkes ist im Osten erst für das 10. Jahrhundert belegt: Es wurde vom Verfasser des Suda-Lexikons benutzt.

Die *Anekdota* sind unvollendet geblieben. Auf eine fehlende Gesamtredaktion weisen vor allem zahlreiche Ankündigungen hin, die nicht umgesetzt werden, und der schlechte Aufbau. Der letzte Satz lässt vermuten, dass Prokop die Absicht hatte, das Werk erst nach dem Tod Justinians zu veröffentlichen. Wegen des Inhalts des Werkes, insbesondere wegen der heftigen Attacken gegen Belisar, wurde die Autorschaft Prokops lange angezweifelt. Erst F. Dahn entschied 1865 die umstrittene Echtheitsfrage, indem er durch detaillierte Stilvergleiche bewies, dass es bei den *Anekdota* um ein Werk Prokops gehen müsse. Die weiteren Rhythmenuntersuchungen von De Groot 1918 und Kumaniecki 1927 bestätigten die Ergebnisse Dahns, sodass die Autorschaft Prokops heute nicht mehr bezweifelt wird.

3.2. Inhalt und Aufbau

Die *Anekdota* sind in 30 Kapitel unterteilt, wobei die Kapiteleinteilung nicht von Prokop selbst, sondern von den Herausgebern stammt. Die übliche Zitierweise geht auf Haurys Ausgabe zurück. Der Text fängt mit einem Proömium an, in dem Prokop sein Ziel nennt: Das Werk solle als Korrektiv zu den *Bella* fungieren. Er wolle darüber sprechen, was er in den *Bella* verschweigen musste. Zu Lebzeiten der Täter habe er ihre Verbrechen nicht schildern können, denn es habe zahllose Späher gegeben und im Fall der Entdeckung hätte er den Tod gefunden.

Dementsprechend berichtet er einige Episoden ganz anders, wobei er stellenweise eindeutig betont, dass er das bisher Erzählte korrigiert. Zum Thema der *Anekdota* werden somit die Untaten von Belisar, Antonina, Justinian und Theodora, und deswegen berichtet das Werk über Grausamkeiten, Betrügereien, sexuelle Abartigkeiten und Meineid. Das Ganze besteht aus drei Hauptteilen. Die ersten fünf Kapitel stellen fast nach der Art eines Romans die Geschicke Belisars und seiner Ehefrau Antonina dar. Der Rest des Werkes konzentriert sich auf den Kaiser Justinian und seine Ehefrau Theodora. Die Kapitel 6-18 berichten über die niedrige Herkunft, die dämonischen Charakterzüge und die schlimmsten Verbrechen des kaiserlichen Ehepaars. Prokop nennt den um die Durchsetzung des Christentums bemühten Kaiser Justinian den „Fürst der Dämonen“. Die Kaisergattin Theodora wird hingegen als eine Hure dargestellt, indem ihr angebliches

Vorleben als Prostituierte und ihre Vorlieben bei sexuellen Ausschweifungen geschildert werden. Die Kapitel 19-30 geben einen höchst ironischen Kommentar zur justinianischen Gesetzgebung.

Das Werk beginnt mit einer Einleitung, in der Prokop über seine Absichten spricht und auf den geheimen Charakter der Informationen sowie ihre Gefährlichkeit für ihn selbst verweist. Anschließend berichtet er über die Schandtaten Belisars und seiner Frau Antonina, wobei Belisar hier nicht als Feldherr, sondern in erster Linie als Ehemann angegriffen wird. In der Schilderung der Antonina wird ihre niedrige Herkunft, Untreue und sexuelle Zügellosigkeit betont. Durch ihre Hilfeleistung beim Sturz des Johannes des Kappadokers stand sie in einem freundschaftlichen Verhältnis zur Kaiserin Theodora, sodass sie in aller Offenheit sämtliche Frevel begehen konnte. Umfangreich wird das Verhältnis der Antonina mit dem Adoptivsohn Theodosius dargestellt, wobei Belisar als ein Dummkopf, ein Meineidiger und ein Schwächling charakterisiert wird, der sich leicht täuschen ließ: Selbst als er seine Frau mit Theodosius *in flagranti* erwischte, ließ er sich von seiner Frau leicht narren. Die Augenzeugen, die ihn über die Untreue seiner Frau informierten, übergab er, obwohl er für ihre Sicherheit bürgte, an Antonina, die sie grausam tötete (An. 1). Im folgenden Kapitel geht es um den Feldzug Belisars gegen Chosroes im Jahr 541. Prokop behauptet, dass Belisar nach der Einnahme von Sisauranon die weitere Offensive aus persönlichen Gründen abbrach: Er habe erfahren, dass seine Frau auf dem Weg in den Osten gewesen sei, er sei also mit seinem Heer zurückgekehrt, um sie so schnell wie möglich zu treffen. Belisar habe sie bestrafen wollen, denn er habe von Zeugen erfahren, dass sie ihn verraten habe. Bei der Bestrafung der untreuen Frau sollte Belisar von seinem Stiefsohn Photios unterstützt werden (An. 2). Als Belisar sich auf römischem Boden wiederfand, hielt er seine Frau unter Bewachung, wollte sie sogar umbringen, erlag aber schließlich seiner Liebe zu ihr und ihren Zaubertricks, sodass er seine Macht über sich selbst verlor. In der Zwischenzeit war es Photios gelungen, Theodosius in Ephesos gefangen zu nehmen. Theodora trat daraufhin in Aktion. Sie zwang Belisar, sich mit seiner Frau zu versöhnen, während sie Photios folterte, um herauszufinden, wo er Theodosius versteckt hatte. Obwohl Photios nichts verraten hatte, konnte Theodora Theodosius finden und übergab ihn an Antonina. Letztere war sehr glücklich, ihren Geliebten wiederzuhaben, aber er starb kurz darauf. Theodora hielt Photios mehrere Jahre lang gefangen. Photios floh dreimal; beim dritten Mal erreichte er Jerusalem und wurde Mönch. Belisar hingegen unternahm, obwohl er Photios einen Eid geschworen hatte, keine Anstrengungen, ihm zu helfen, und deshalb war Gott in allen Unternehmungen gegen ihn als Meineidiger (An. 3). Im Folgenden wird erwähnt, dass Belisar und Buzes in Ungnade gefallen waren. Buzes wurde verhaftet und über zwei Jahre lang eingekerkert, Belisar seines Amtes und seines Besitzes enthoben. Vor Angst zitternd, erwartete Belisar den Tod. Theodora und Antonina inszenierten eine Szene, die ihn davon überzeugen sollte, dass er seine Rettung allein der Fürsprache seiner Frau verdankte. Aus Dankbarkeit gegenüber seiner Frau erniedrigte er sich vor ihr und verkündete, dass er ihr treuer Sklave sein würde. Nach der Verlobung von Belisars Tochter Johannina mit Anastasius, dem Neffen der Theodora, wurde Belisar zum *comes stabuli* ernannt und zum zweiten Mal nach Italien geschickt. Viele hofften, dass er, sobald er Byzanz verlassen hatte, eine Entscheidung gegen seine Frau und seine Schänder treffen würde, die eines Mannes würdig wäre, aber er tat nichts dergleichen und folgte seiner Frau, die er immer noch liebte (An. 4). In Italien erreichte er nichts, sondern versteckte sich aus Angst vor Totila, und darüber hinaus wurde er sehr gierig. Die Geschichte von Belisar endet mit einer bösartigen Charakterisierung: Seine Charakterschwäche, Unzuverlässigkeit und die Unterwürfigkeit gegenüber seiner Gemahlin, die auch nach Theodoras Tod offensichtlich die Herrin spielte, werden hervorgehoben.

Mit dem 6. Kapitel geht Prokop zur Lebensgeschichte Justinians und Theodoras über. Das Leitmotiv dieses Abschnitts besagt, dass Justinian und Theodora das Römische Reich ins Verderben führten. Prokop beschreibt hier die Herkunft, den Aufstieg und die Regierungsweise des Kaisers Justin I. Er stellt ein negatives Urteil über den Charakter Justinians, des Neffen Justins, und seine Aktivitäten aus. Sofort wird das Thema von Raub und Mord angeschlagen (An. 6). Es folgt die Darstellung des Treibens der Zirkusparteien unter der Herrschaft Justinians (An. 7). Anschließend erfolgt eine scharfe Attacke gegen Justinian. Prokop vergleicht ihn mit einem Esel, der ohrenschüttelnd seinem Treiber folgt. Er raubte die Vermögen der reichen Menschen, indem er sie ungerecht der schwersten Verbrechen anklagte. Die wahren Verbrecher konnten hingegen straflos leben. Thematisiert werden Justinians Habgier und Geldverschwendung durch Küstenbauten. Es folgt die Schilderung des Aussehens des Kaisers: Seine äußere Erscheinung wird mit dem Standbild des Kaisers Domitian verglichen. Von Justinians Aussehen geht Prokop zu dessen Charakterzügen über. Justinian wird als eine Verkörperung jeglichen Übels, der Dummheit und Niederträchtigkeit betrachtet. Er brachte alles in Unordnung, war maßlos streit- und neuerungssüchtig. Er tat das Übel bewusst und absichtlich, war bereit zu lügen, aber er wurde auch leicht belogen. In der Freundschaft war er unbeständig, im Hass beständig. Er war leidenschaftlich in Mord und Geld verliebt (An.8). Nach dieser heftigen Invektive geht Prokop zur Herkunft und Jugend der Theodora über. Die Darstellung ihrer Jugendgeschichte hat einen stark pornografischen Charakter. Sie war Tochter eines gewissen Akakios, des Bärenfütteres. In ihrer Jugend trat sie im Theater auf und betrieb Prostitution. Prokop führt zahlreiche skandalöse Beispiele der Tätigkeit der Theodora als Hure an, die ihre sexuelle Zügellosigkeit und Abartigkeit thematisieren. Erwähnt wird auch ein Liebhaber der Theodora, ein gewisser Hekebolos von Tyros, der Statthalter der Pentapolis, dem sie schimpflichste Dienste leistete. Nachdem dieser sie entfernt hatte, geriet sie in Not und verdiente ihren Lebensunterhalt als Prostituierte im ganzen Osten. Nach ihrer Rückkehr nach Konstantinopel verliebte sich Justinian in sie und erhob sie ins Patriziat. So gewann sie große Macht und viel Geld. Justinian konnte aber Theodora erst nach dem Tod der Kaiserin Euphemia, der Frau von Justin I., heiraten. Weil aber ein Senator keine Hetäre heiraten durfte, veranlasste Justinian den Kaiser Justin I., ein neues Gesetz zu geben, das dieses Verbot aufhob. Bald danach machte er Theodora zu seiner rechtmäßigen Gattin. Justinian und Theodora empfingen die Kaiserwürde drei Tage vor dem Osterfest. Als bald darauf Justin starb, lag die Kaisermacht allein bei Justinian und Theodora (An.9). In den folgenden Kapiteln wird eine scharfe Kritik an Justinians Politik formuliert. Prokop beschuldigt ihn der Neuerungssucht – Justinian zerstörte die bestehende Ordnung. Was einst verboten gewesen war, setzte er in die Praxis um, schaffte alte Institutionen und Ämter ab und schuf dafür neue. All dies tat er nicht um des öffentlichen Wohls oder der Gerechtigkeit willen, sondern damit es neu war und seinen Namen trug. Auch das Thema von Raub und Mord taucht immer wieder auf: Justinian war unersättlich im Rauben und Morden, raubte reiche Häuser aus und verteilte Geld an die Barbaren. Er verfolgte die Häretiker und die Heiden. Diese verhängnisvolle Gewaltpolitik gegen religiöse Sekten führte zum Ausbruch eines blutigen Aufstands der Samaritaner, bei dem 100.000 Menschen getötet wurden (An. 9-10). Zu Justinians Opfern gehörten auch die Senatoren, die ihren Besitz verloren, wie Einzelbeispiele von Vermögensbeschlagnahmung und Zwangserbschaft belegen. Nun gipfelt die Invektive gegen Justinian und Theodora in der sogenannten Dämonologie (An. 12, 14-32), wo die dämonische Wesensart von Justinian und Theodora an Beispielen enthüllt wird. Der Kaiser und die Kaiserin werden Dämonen in Menschengestalt genannt, die die ganze Menschheit verderben wollten. Dass Justinian ein Dämon war, wird durch die angeführten Gerüchte bewiesen. Justinians Mutter sei von einem unsichtbaren Dämon begattet worden, sein Gesicht sei von Zeit zu Zeit unkenntlich geworden und der Kopf verschwunden. Diese Geschichten kulminieren in der Erzählung von einem frommen Mönch, der in Justinian bei einem Besuch im Kaiserpalast den Fürsten der Dämonen erkannte. Anschließend werden die scheinbare Milde des Kaisers und seine Frömmelei angeprangert. Seine Christlichkeit gab den Priestern die Möglichkeit, ungestraft ihren Mitmenschen Gewalt anzutun und den Besitz ihrer Nachbarn auszuplündern. Darüber hinaus wurden die Kirchen vermögensrechtlich begünstigt. Die Bemühungen um die Wiederherstellung der Glaubenseinheit führten zu zahllosen Morden. Es folgt eine ironische Geschichte, wie Tribonian den Kaiser verspottete, indem er sagte, er fürchte sehr, dass der Kaiser wegen seiner Frömmigkeit unversehens in den Himmel auffahren möge. Immer wieder werden dabei Justinians Treulosigkeit, Habgier und Mordlust thematisiert. Im Staat herrschte eine allgemeine Rechtsunsicherheit, Unordnung, und von den gewohnten Einrichtungen blieb keine bestehen. Der Staat glich unter Justinian einem Reich von spielenden Kindern (An. 13-14). Es folgt die Darstellung der Lebensweise der Theodora, ihrer unerbittlichen Grausamkeit und Menschenverachtung. Betont wird ihre Rachsucht: Nichts konnte ihren Zorn besänftigen, es gibt kein Beispiel der Versöhnung Theodoras mit einem Feind. Obwohl Justinian und Theodora sich in ihrer Denk- und Handlungsweise deutlich unterschieden, gemeinsam waren ihnen Habgier und Mordlust (An. 15). Es folgen Beispiele der Rachsucht Theodoras gegen ihre Feinde. Sie trug z.B. die Verantwortung für die Ermordung der gotischen Königin Amalasuintha (An. 16). Böswillig berichtet Prokop über die Tätigkeit der Theodora als Patronin leichter Frauen. Als Theodora zahlreiche Huren sammelte und in das Kloster Metanoia schickte, damit sie ihre Lebensweise änderten, zogen einige von ihnen vor, Selbstmord zu begehen, als sich in dem Kloster einsperren zu lassen. Andererseits trug die Kaiserin dazu bei, dass fast alle Frauen in diesen Zeiten verdorben waren und sich jede Art von Zügellosigkeit gegen ihre Männer erlaubten. Dank Theodora brachte ihnen ihr Verhalten keine Gefahr oder keinen Schaden. Sie mischte sich auch in die Staatsverwaltung ein und war aktiv als Ehestifterin. Prokop erklärt hier auch die Gründe für den Hass Theodoras gegen Johannes den Kappadoker und bietet zusätzliche Details über die Umstände seiner Verbannung. Es folgt nun der zweite Gipfelpunkt der *Anekdota*: Der Gedanke, dass Justinian ein Dämon in Menschengestalt sei, taucht erneut auf, wovon die Furchtbarkeit seiner Taten und die unermessliche Zahl seiner Opfer zeugen. Dies führt zur Darstellung der Folgen seiner Politik, d.h. dem Bild eines entvölkerten Erdkreises. Der Kaiser verlängerte absichtlich die Kriege in Afrika und Italien, und durch die Fehler seiner Politik wurden sowohl Nordafrika (Libyen) als auch Italien zerstört und ausgeplündert. Der Kaiser wird für die Verwüstung der

Balkanprovinzen durch die Hunnen, Slawen und Anten verantwortlich gemacht. Auch seine Politik gegenüber Persien wird kritisiert – Justinian selbst lieferte dem Perserkönig Vorwände für einen Krieg. Generell machte Justinian laut Prokop alles falsch: In Zeiten des Friedens oder der Waffenruhe fand er Gründe, seine Nachbarn anzugreifen, und in Zeiten des Krieges verlor er den Mut und vernachlässigte die notwendigen Vorbereitungen durch Sparsamkeit. Anstatt sich um ernsthafte Angelegenheiten zu kümmern, gab er sich mit Trivialitäten ab. So gab er weder den Krieg auf noch war er imstande, seine Feinde zu besiegen. Daher floss während seiner Regierungszeit in der ganzen Welt das Blut der Römer und Barbaren. Es folgt eine Beschreibung der aufeinanderfolgenden Katastrophen, die den Staat während seiner Herrschaft heimsuchten. Justinian trug die Verantwortung für das Chaos in den Städten und die zahlreichen Opfer der Kämpfe zwischen den Zirkusparteien. Die Verfolgung der Samaritaner und Häretiker wird erneut in Erinnerung gerufen. Schließlich trägt Justinian als Dämon in Menschengestalt auch die Schuld für die Naturkatastrophen – Überschwemmungen, Erdbeben und Pest (An. 18). Prokop wendet sich nun der Kritik an verschiedenen Aspekten der Innenpolitik Justinians zu. Er prangert die verhängnisvolle Finanzpolitik sowie die Eingriffe des Kaisers in die Ordnung der Ämter und in die freie Wirtschaft an (An. 19-21). Auch die Personalpolitik wird bemängelt – Justinian wollte nur Schurken beschäftigen, so auch den Prätor Petros Barsymas, dessen Amtsführung in schwarzen Farben dargestellt wird (An. 22). Ähnlich negativ werden andere Aspekte der kaiserlichen Wirtschaftspolitik dargestellt wie z.B. harte Steuermaßnahmen gegen die Grundbesitzer, die ungenügende Finanzierung der Armee, Sparpolitik gegenüber den Ärzten und Lehrern, Zollerhöhungen, Geldentwertung und Errichtung des Seidenmonopols (An. 23-26). Die Beispiele kaiserlicher Kirchenpolitik sollen hingegen beweisen, dass Justinian ein Schurke war und sich weder um Gott noch um Priester oder Gesetz kümmerte (An. 27). Anschließend folgen die Geschichte über den Fälscherskandal von Emesa, die Erwähnung der Maßnahmen gegen die Juden und die Beispiele der Doppelzüngigkeit, Habgier und Erbschleicherei Justinians. Die Liste der Missetaten Justinians wird durch die Nachricht über die Änderungen im Postwesen und Hofzeremoniell ergänzt (An. 30). Das Werk endet abrupt mit einer Schlussformel: „wenn nun einmal Justinian als Mensch aus dem Leben scheidet oder als Fürst der Dämonen dieses Leben beendet, dann werden die Überlebenden die Wahrheit erfahren“ (Übersetzung Veh).

3.3. Formale Einordnung, Absicht

Die literarische Gattung, der die *Anekdota* angehören, ist nicht eindeutig zu bestimmen. Prokop selbst schließt die *Anekdota* an die *Bella* an, indem er in dem *Anekdota*-Proömium auf dieses Werk eindeutig zurückgreift (An. 1,1). Mit den *Anekdota* will er die Tatsachen, die in den *Bella* hätten übergangen werden müssen, und die wahren Ursachen der in den *Bella* referierten Geschehnisse darstellen (An. 1, 1-3). Primär sind also die *Anekdota* als ein Korrektiv zu den *Bella* konzipiert worden und sollen darüber berichten, was in den *Bella* aus Angst vor Repressalien verschwiegen wurde (vgl. vor allem An.1.3). Es gibt in den *Anekdota* tatsächlich zahlreiche Rückverweise auf die *Bella* I–VII, wobei die Korrekturen bzw. die wahren Gründe für die Ereignisse vor allem im ersten Teil des Werkes zu finden sind, der über Belisar und Antonina berichtet.

Im Fokus des Proömiums stehen aber Justinian und Theodora: Es handelt sich also nicht nur um eine ergänzende oder überarbeitete Fassung der in den *Bella* dargestellten Ereignisse, sondern um eine Beschreibung des Lebens und des Charakters des Kaiserpaars (An.1.4). Der Inhalt des Werkes belegt nur den negativen Charakter: Es wird ausdrücklich darauf hingewiesen, dass die Verbrechen bzw. Schandtaten von Justinian, Theodora und auch Belisar und Antonina aufgezeigt werden (An. 1,10). Damit ist keine klassische Geschichtsschreibung mehr gemeint, es geht nicht mehr um die großen und hochbedeutenden Kriege, sondern um die eindeutig negative Darstellung der Personen. Auf diese Weise wird auf ein Gegenteil des Lobes, d.h. auf *psogos* – eine Invektive, ein Pamphlet – hingewiesen.[129] In der Invektive dienen alle literarischen Mittel zur Abwertung der dargestellten Person. In diesem Zusammenhang sei auf die perverse Formel von der Nützlichkeit des Werkes aufmerksam gemacht. Ein charakteristisches Merkmal der antiken Geschichtsschreibung war die Voraussetzung, dass historische Werke für ihre Adressaten nützlich sein sollten. Der Nutzen wurde auf verschiedene Weise definiert – oft war er moralischer Natur: Die Historiker versuchten, Verhaltensvorbilder zu liefern, denen man folgen konnte. Prokop kehrt diesen Topos in An. 1,6-8 um. Er äußert die Befürchtung, dass sein Werk für künftige Generationen „schädlich“ sein könnte, da

---

[129] KOSTER 1980, 354 definiert die Invektive als „eine strukturierte, zumindest aber den Hauptpunkt *praxeis* aufweisende, literarische Form, deren Ziel es ist, mit allen geeigneten Mitteln eine namentlich genannte oder benennbare Person für sich allein oder auch stellvertretend für andere, öffentlich vor dem Hintergrund der jeweils geltenden Werte im Bewusstsein der Menschen für immer vernichtend herabzusetzen“.

es künftige Tyrannen dazu verleiten könnte, die beschriebenen Verbrechen nachzuahmen. Auf diese Art und Weise deutet er an, dass sein Werk eine Art „Tyrannenspiegel“ sein dürfte[130] und damit das Gegenteil der zum Genre „Fürstenspiegel“ gehörenden Schriften. Solche Werke wie z.B. Xenophons *Institutio Cyri*, Isocrates‘ *Kyprische Reden* oder Senecas *De clementia* hatten ermahnenden und belehrenden Charakter, waren an einen Herrscher oder seinen Sohn gerichtet und legten die Tugenden und Pflichten eines guten Herrschers und Grundsätze richtigen Regierens dar. Die *Anekdota* haben zwar nicht den theoretischen Charakter, bewirken aber genau das Gegenteil. Am Beispiel von Justinian (und Theodora) zeichnen sie das Modell eines Tyrannen, der mit seinen unvorstellbar großen Verbrechen und seiner Gemeinheit alle denkbaren Grenzen überschreitet. Letztlich gibt Prokop jedoch seine Befürchtungen auf und setzt sich ein Ziel, künftige Tyrannen zu warnen, dass sie für ihre Verbrechen büßen müssen (An. 1,8). Diese Absicht wird aber in den *Anekdota* nicht verwirklicht – das Werk sagt nichts über die Strafe, die seine Protagonisten für ihre Handlungen erlitten haben.

In der Praxis kündigt also schon das Proömium ein heterogenes Werk an, das Elemente der Geschichtsschreibung, der Biografie und der Schmähschrift vereint. Prokop fühlt sich hier offensichtlich an keine Gattungsvorgaben gebunden, denn diese Schrift ist keiner bestimmten Gattung zuzuordnen.[131] Sein komplexer Charakter wurde vielleicht am treffendsten vom Verfasser des Suda-Lexikons beschrieben, der es als Komödie und Invektive bezeichnete (Suda, Π 2479): Zum einen prangert es Verbrechen und Missetaten an, zum andern legt es menschliche Schwächen bloß und setzt sich spottend mit bekannten Persönlichkeiten auseinander.

---

[130] Allerdings gab es keine literarische Gattung „Tyrannenspiegel“, ich versuche hier nur Prokops Vorgehensweise näher zu bestimmen.

[131] Zutreffend dazu KALDELLIS 2004, 143. Nach RUBIN 1953 sind die *Anekdota* ein Beispiel für eine literarische Gattung, die er als *Kaiserkritik* bezeichnete. Diese Meinung hat Rubin später noch weiter entwickelt. Insgesamt deutet er (vgl. z.B. RUBIN 1960, 236ff.) die *Anekdota* als eine Sammlung herkömmlicher Topoi, die seit dem frühen Prinzipat in den oppositionellen Kreisen der senatorischen Aristokratie fungiert hätten. Vgl. dazu auch TINNEFELD 1971. Die Existenz des literarischen Genres von *Kaiserkritik* wird durch die moderne Forschung immer wieder bestritten: ADSHEAD 1993, 22, GREATREX 2000, KALDELLIS 2004, 47, 142. Nach ADSHEAD 1993 seien die *Anekdota* eine Sammlung von drei Schriften unterschiedlicher literarischer Gattungen, die ein späterer Herausgeber in ein einheitliches Werk vereint habe.

Viel wichtiger ist die Frage, warum Prokop dieses Werk geschrieben hat, was sein eigentlicher Zweck war. Die Forschung beantwortet diese Frage auf vielerlei Weise. B. Rubin bringt z.B die *Anekdota* mit der Existenz einer Gruppe oppositioneller Senatoren in Verbindung, die Justinian feindlich gesinnt waren. Diese oppositionellen Senatoren hätten eine politische Veränderung gewollt und ihre Hoffnungen in Belisar gesetzt, der für diese Neuorientierung sorgen sollte. Die Enttäuschung über seine Loyalität habe zu einem gewaltsamen Angriff auf Belisar geführt. Daher seien die *Anekdota* eine hochverräterische Schrift mit direkten politischen Zielen und Ruf zum Handeln und folglich ein Musterbeispiel für das Genre Kaiserkritik.[132] A. Kaldellis, dem zufolge Prokop enge Beziehungen nicht zu oppositionellen Senatoren, sondern zu den oppositionellen Neuplatonikern gehabt habe, behandelt die *Anekdota* als einen Angriff auf die Grundlagen der Ideologie Justinians, die aus den Gesetzestexten hervorgeht; seiner Ansicht nach sind sie kein eigenständiges Werk, sondern ein esoterisches Supplement oder ein Kommentar zu den *Bella*, der in engem Zusammenhang mit ihnen betrachtet werden müsse.[133] G. Greatrex betont jedoch zu Recht, dass Prokop kein Sprecher irgendeiner Gruppe oder Partei sei. Seiner Ansicht nach sind die *Anekdota* eine Art geheime Materialiensammlung, die Prokop nach dem Tod Justinians in die *Bella* einzugliedern beabsichtigt habe.[134] Av. Cameron weist zu Recht darauf hin, dass sich die Kritik Prokops in den *Anekdota* darauf bezieht, „wie" Politik gemacht wurde. Sie konzentriere sich auf die Einzelpersonen und betreffe die Ergebnisse ihrer Handlungen, stelle aber die Grundlagen der Politik nicht infrage. Es gehe dabei nicht um ein Monument der Gedankenfreiheit, nicht um eine politisch-theoretische Auseinandersetzung mit der Autokratie, sondern um ein teilweise vollendetes „zorniges Pamphlet". Die Motivation für seine Abfassung sei eher privater als politischer Natur gewesen, wobei die Enttäuschung über Belisar nach seiner Rückkehr aus Italien der wesentliche Anlass gewesen sei. Im Jahr 554 dürften die Ziele, mit denen er sich an die Arbeit machte, jedoch nicht mehr aktuell gewesen sein.[135]

Bemerkenswert ist in diesem Zusammenhang der Umstand, dass Prokop in dem Proömium davon ausgeht, dass der Hauptprotagonist seines Werkes, nämlich Justinian, bereits tot ist (An 1,2; 1,8). Außerdem lässt sich

---

[132] RUBIN 1960, 198-201, 218. Im ähnlichen Sinne vgl. TINNEFELD 1971, 18 (ein Pamphlet für ausgewählte Mitglieder der senatorischen Aristokratie) und GIZEWSKI 1988, 219.

[133] KALDELLIS 2004, 47-50, KALDELLIS 2010, XLI.

[134] GREATREX 2000.

[135] CAMERON 1996, 54-66 (erste Auflage des Buches erschien 1985).

der Textstelle An. 1,8 entnehmen, dass Justinian posthum verurteilt wird. Es scheint daher sicher, dass Prokop die Arbeit am Text der *Anekdota* in Erwartung des bevorstehenden Todes Justinians aufnahm. Dies geschah jedoch nicht, und der Kaiser überlebte wahrscheinlich den Historiker. In dem Proömium wird von einer völlig neuen politischen Situation ausgegangen, d.h. es wird vorausgesetzt, dass ein Machtwechsel stattgefunden hat, Justinian tot ist und die neue Regierung sich stark von Justinian distanziert. Im Verlauf des Werkes selbst wird diese Perspektive jedoch kaum berücksichtigt – der Tod Theodoras wird zwar erwähnt, aber nicht weiter ausgeführt, während der Schlussteil bestätigt, dass Justinian noch lebt –, sodass es keine Verbindung zu den Prämissen des Proömiums gibt, und keine moralischen Schlussfolgerungen gezogen werden, die auf die in der Einleitung angedeutete Verurteilung Justinians hindeuten könnten. Dieser Sachverhalt könnte darauf schließen lassen, dass die Gründe, die Prokop zur Beschäftigung mit diesem Projekt veranlassten, nicht mehr gültig waren. Dies mag die Tatsache erklären, dass die *Anekdota* nicht vollständig abgeschlossen sind und der Schlussteil den Eindruck erweckt, in großer Eile geschrieben worden zu sein. Offensichtlich hat Prokop das Werk nicht endgültig bearbeitet – er hat die Tatsache, dass der Kaiser noch lebt, nicht korrigiert. Wenn er Justinian, Theodora und ihre Mitarbeiter verurteilen wollte, warum hat er dann nicht eine letzte Korrektur vorgenommen? Schließlich hätte das Werk auch anonym veröffentlicht werden können, ohne Angabe des Autors und ohne Rückverweise auf die *Bella*. Es fällt jedoch auf, dass Prokop in dem Proömium seine eigene Person, seinen Hass auf das Kaiserpaar und dessen Anhänger sowie seine *Bella* akzentuiert, die es zu korrigieren gilt. Das Publikum kann also keinen Zweifel daran haben, wer den Kaiser Justinian hasst. Es gibt keinen Beleg dafür, dass der Historiker im Namen einer größeren Gruppe, im Namen einer politischen oder intellektuellen Opposition spricht, und der Umstand, dass er manchmal die 1. Person Plural verwendet, was darauf hindeuten könnte, dass er mit seiner Meinung nicht allein dasteht, ändert daran nichts. Es ist rätselhaft, dass nicht nur das Kaiserpaar die negativen Protagonisten des Werkes sind, sondern auch Belisar. Doch warum distanziert sich der Historiker nun so vehement von ihm? Offene Kritik an Belisar findet bereits im 7. Buch der *Bella* statt. Es war also nicht nötig, einen weiteren Text zu schreiben, um seine Distanz zu ihm zu betonen. Wenn Prokop eines Tages begriffen hätte, dass er in einem „Alptraum“ lebte[136] und die Tyrannei Justinians nicht mehr ertragen konnte, sodass er seinem Ärger und seiner Frustration Luft machen musste,

[136] So KALDELLIS 2010, VII.

warum vollendete er das Werk dann nicht? Die beste Erklärung für die Genese des Werkes hat vor kurzem H.Börm geliefert. Börm hat seinerseits die von Signes 2003 vorgestellte Idee weiterentwickelt. Signes verbindet die Entstehung der *Anekdota* mit der Erwartung des nahen Todes von Justinian und mit der Hoffnung auf die Machtergreifung durch Germanus: Die *Anekdota* hätten den Kurswechsel von Germanus' Regierung eingeleitet.[137] Börm geht davon aus, dass Prokops Karriere erfolgreich war. Es gibt keinen Grund, daran zu zweifeln, dass der Historiker den durch das Suda-Lexikon bezeugten Rang eines *illustris* und schließlich den eines Senators erlangte – natürlich wissen wir nicht, wann dies geschah –, aber dies ändert nichts an der Tatsache, dass Prokops Beförderungen und Erfolge mit Belisar und Justinian verbunden waren und er um 550/551 als Autor der *Bella* bereits sehr berühmt war. Ähnlich wie Signes nimmt auch Börm an, dass die *Anekdota* einen bevorstehenden Machtwechsel erwarten und die Möglichkeit eines gewaltsamen politischen Umsturzes vorwegnehmen, bei dem der abgesetzte/verstorbene Justinian von der neuen Regierung zum Tyrannen erklärt werden würde. Diese Voraussetzung ist, wie oben gezeigt, richtig – das Proömium der *Anekdota* belegt dies eindeutig. Es ist jedoch nicht klar, wer der Urheber dieser radikalen Veränderung gewesen sein könnte. Es gibt keinen Hinweis darauf, dass Germanus daran beteiligt war. Der im Jahr 550 verstorbene Germanus kommt (insbesondere wenn man die jüngsten chronologischen Erkenntnisse von Batistella annimmt) überhaupt nicht mehr infrage. In jedem Fall ist die Ansicht, dass ein politischer Umsturz in den frühen 550er-Jahren erwartet oder befürchtet wurde, sehr wahrscheinlich. Daraus kann man schließen, dass die *Anekdota* eine Vorbereitung unseres Autors, der zu dieser Zeit vielleicht schon in den Rang eines Senators erhoben wurde, auf einen Machtwechsel sind. Prokops Ziel ist es also nicht, zu beweisen, dass Justinian ein Tyrann war, sondern sich von ihm zu distanzieren und zu zeigen, dass er, Prokop, sein Feind ist. Die *Anekdota* sind also als eine Art schlagfertige Versicherung für den Fall eines Machtwechsels gedacht. Dies würde erklären, warum der Angriff so heftig ist und warum er auch Belisar, den treuen Anhänger Justinians, betrifft und warum das Werk unvollendet ist – Justinian überlebte und regierte weiter, deshalb verlor der Historiker das Interesse an dem Projekt: Er entwickelte das Thema des Todes von Theodora nicht weiter, stellte nicht dar,

[137] SIGNES 2003a, 79. Weil aber die *Anekdota* offensichtlich einige Jahre nach Germanus‘ Tod entstanden, kann es bei diesem Regierungswechsel nicht um Germanus gehen.

welche „Strafe“ dem Tyrannen zuteil wurde.[138] So gab er die *Anekdota* auf und wandte sich in den folgenden Jahren anderen literarischen Aufgaben zu: der Vervollständigung der *Bella* und einem Panegyrikus auf den Kaiser. Allein dieser Umstand zeigt, dass Prokops „Frustration“ über die „tyrannische“ Herrschaft Justinians nicht so groß war, wie man nach der Lektüre der *Anekdota* meinen könnte, denn das Projekt der *Bella*, das angeblich einer Korrektur bedurfte, wurde wieder aufgenommen. Wie man sieht, störte sich der Historiker bald nicht mehr daran, dass er nicht über „alle wahren Ursachen“ schreiben konnte. Freilich ist eine kühle Distanz zum Kaiser im 8. Buch der *Bella* spürbar, und es gibt Kritik an seiner Politik, aber das ändert nichts an der Tatsache, dass die *Bella* den endgültigen Sieg über die Goten schildern, der von Narses, einem der engsten Vertrauten des Kaisers, errungen wurde. Erst damit war das Projekt vollständig abgeschlossen. Dabei muss man auch der Meinung zustimmen, dass es unmöglich ist, zu sagen, was Prokop tatsächlich von Justinian gehalten habe. Die Kritik muss nicht unbedingt ehrlich sein. Es ist methodisch unzulässig anzunehmen, dass der Angriff auf Justinian in den *Anekdota* authentisch sei und die wahren Ansichten des Historikers widerspiegele, während das öffentliche Lob im Panegyrikus *De aedificiis* unecht sein müsse – eine solche Vorgehensweise führt zu einer Verwechslung zwischen dem Erzähler und dem Autor, die nicht gleichgesetzt werden dürfen.[139]

3.4. Gynokratia (Weiberherrschaft)

Die ersten fünf Kapitel des Werkes, die sich auf höchst groteske und satirische Weise mit dem Schicksal von Belisar und seiner Frau Antonina befassen, werden manchmal als die „Weiberherrschaft“ bezeichnet (vgl. An. 2,36; 4,26), weil sie Theodora zur eigentlichen Herrin des Römischen Reiches und Antonina zur Herrin Belisars stilisieren.[140] Im Mittelpunkt stehen also vor allem Antonina und ihre Intrigen sowie Theodora und ihre Machenschaften. Belisar erscheint hingegen als klägliche Figur, als Memme und Versager, dem es an allen Eigenschaften eines Mannes fehlt. Gynokratie bedeutet die völlige Umkehrung der traditionellen sozialen Rollen und

---

[138] Börm 2015 (insbesondere 331-338). Die Argumente Börms nimmt nun Stewart 2020, 65-66 an, indem er für die These plädiert, dass die *Anekdota* nicht die seit langem bestehende Feindseligkeit Prokops widerspiegelten, sondern eher als ein politisches Panikmanöver zu sehen seien.

[139] Börm 2015, 329.

[140] Grundlegend zur Gynokratie in den *Anekdota* Prokops Kaldellis 2004, 144-150, Brubaker 2004, vgl. auch Thesz 2018, 85-87.

den Sturz der männlichen Tugenden, wenn die weiblichen Laster die Macht im Staat übernehmen. Denn traditionell wurde gemeint, dass die Macht und der Wohlstand eines Staates im Wesentlichen von männlichen Tugenden wie Tapferkeit, Gerechtigkeit, Weisheit usw. abhängen.[141] In An. 1-5, und auch in den folgenden Kapiteln, in denen über die Taten Theodoras berichtet wird (insbesondere An. 15-17), ist ein völliges Verschwinden der männlichen Tugenden zu beobachten, das durch die Schwäche Belisars verdeutlicht wird. Der große General, der die Perser, Vandalen und Goten besiegt hat, entpuppt sich als ein völlig anderer Mensch als in den Kriegen. Er lässt hier alle seine Qualitäten vermissen und ist keine starke heroische Figur mehr. Ganz im Gegenteil – er erweist sich als eine schwache, durchaus komische Persönlichkeit, die immer wieder von seiner Frau und der Kaiserin gedemütigt wird. Er versucht zwar, sich gegen seine Gattin aufzulehnen, aber nur kurz und letztlich kommt nichts dabei heraus und er gibt die Rache auf. Symbolisch ist vor allem die Geschichte von der Ungnade, in die Belisar kurz nach der Pest fiel (An.4). Als Justinian erkrankte und dem Tod nahe war, soll Belisar gesagt haben, dass er die am Hof in Konstantinopel getroffene Wahl des neuen Kaisers nicht anerkennen würde. Theodora sah dies als einen Angriff auf sich selbst und veranlasste Justinian, Belisar zu entlassen. Belisar fiel also in Ungnade und fürchtete sogar um sein Leben. Weil er mit seiner Frau zu diesem Zeitpunkt zerstritten war, wollte Theodora ihrer Freundin einen Gefallen tun und arrangierte alles so, dass Belisar glaubte, er habe sein Leben nur dank des Eingreifens seiner Frau retten können. Belisar, der davon überzeugt war, dass er bald sterben würde, wies keinen Mut auf, sondern war so verängstigt, dass er sich in einer Weise verhielt, die eines echten Mannes unwürdig war. Als er schließlich erfuhr, dass er seiner Frau seine Rettung zu verdanken hatte, warf er sich vor Freude und Erleichterung zu ihren Füßen, legte seine Arme um sie, leckte ihre Füße und rief, dass sie seine Retterin sei, und erklärte, dass er von nun an nicht mehr ihr Ehemann, sondern ihr treuer Sklave sein werde. Diese Szene ist zweifellos symbolisch: Der Mann, der die Chance hatte, ein großer Held zu sein, ein Bezwinger äußerer Feinde, erweist sich am Ende als erbärmlicher Feigling und fällt in die Knechtschaft nicht nur seiner Frau, sondern auch der Kaiserin. Selbst als die unmittelbare Gefahr vorüber war und man erwartete, dass er sich wie ein echter Mann verhalten und sich für seine Demütigung an seiner Frau und seinen Peinigern rächen würde, tat er nichts. Ein solcher erniedrigter und nachgiebiger Belisar ist im Prinzip kein

[141] Über solche Tugenden konnten allerdings auch die Frauen verfügen (vgl. Bell. 5,2,3: „Amalasuintha… von durchaus männlicher Denkweise").

Mann im Sinne des traditionellen Rollenverständnisses. Antonina und Theodora dominierten die traditionelle Männerwelt, manipulierten Männer, demütigten sie, bedienten sich ihrer Schwäche mit Erfolg und verursachten permanent eine Störung der traditionellen Ordnung, indem sie über die den Frauen konventionell zugewiesene Rolle hinausgingen. Dementsprechend zeichneten sich ihr Verhalten und ihre Handlungen durch hemmungslose sexuelle Gier und Perversion, Zügellosigkeit, Gefühlskälte und Grausamkeit aus.[142] Bei der Auseinandersetzung mit ihren Gegnern ging es nicht nur um das Durchsetzen ihres Willens, sondern auch um die Erniedrigung ihrer Widersacher – sei es Belisar, Buzes, sei es ein anonymer alter Patricius. Die Gynokratie bedeutet nicht so sehr, dass die Frauen herrschen, sondern vielmehr, dass die Frauen, die herrschen, keine Tugenden, sondern nur Laster aufweisen. Antonina erwies sich als bösartige, perverse Nymphomanin, die ihren Ehemann praktisch vor seinen Augen hörnte. Sie nutzte die Naivität und die grenzenlose Liebe ihres Mannes skrupellos aus und wusste immer, ihn zu manipulieren. Ihre Stärke lag in der Tatsache, dass die Kaiserin Theodora hinter ihr stand. Theodora erscheint als eine Umkehrung des römischen Frauenideals. Die ideale römische Frau ist bescheiden, rein, der Familie und dem Haus ergeben.[143] Theodora wird hingegen als grausames, rücksichtsloses dämonisches Wesen dargestellt, das alles tat, um die Vernichtung des Staates herbeizuführen. Allein ihre Herkunft disqualifizierte sie als Kaiserin. Ihre Kindheit und Jugend waren geprägt von totaler Sittenlosigkeit und Zügellosigkeit, weil sie schändlichste Berufe ausübte. Sie war Schauspielerin und Prostituierte, wobei Prokop im sogenannten pornografischen Abschnitt keine Details ausspart, die ihre Karriere als Hure beleuchten. Nach ihrer Heirat mit Justinian wurde sie nicht besser. Obwohl das Thema Sex verschwindet, treten Grausamkeit und Rücksichtslosigkeit in den Vordergrund – sie war von grenzenloser Machtgier besessen, duldete keine Gegenstimmen, war rachsüchtig, erniedrigte Angehörige der Oberschicht und schreckte vor keiner Grausamkeit zurück. Sie hatte sogar im Palast eine unterirdische Anlage, wo sie diejenigen, die sich ihrem Zorn ausgesetzt hatten, einzusperren pflegte. Als Beispiel dient der Feldherr Buzes, der ehemalige Konsul, der in dieses Gefängnis geworfen wurde und über zwei Jahre dort verbrachte. Theodora versteckte die einer Kaiserin nicht zukommenden Ambitionen keineswegs: Sie mischte sich in die Politik ein, beeinflusste die Ernennung und Entlassung von Beamten und Militärs: Sie ließ sich dabei nicht von der Kompetenz oder den Interessen des

---

[142] MEIER/LEPPIN 2005, 360. Vgl. auch KALDELLIS 2004, 145-146.
[143] Vgl. dazu BRUBAKER 2004, 91-94.

Staates leiten, sondern nur von ihren Privatinteressen, wenn sie z.B. Belisar nach Konstantinopel holte (An. 3,4) oder Sergius für dessen Fehler und Verbrechen nicht zur Verantwortung ziehen ließ (An. 5,33).[144] Die Gynokratie schadete nicht nur dem Staat, sondern zerstörte auch seine Autorität nach außen: Wenn die Kaiserin in einem Brief an Zaberganes behauptete, Justinian täte nichts ohne ihren Rat, setzte sie das Römische Reich der Lächerlichkeit aus, wie die spöttische Frage des Chosroes zeigt: Was ist das für ein Staat, in dem eine Frau regiert (An. 2,32-37)?

3.5. Die Dämonologie

Die sogenannte Dämonologie bildet einen zentralen Teil der *Anekdota* (An. 12 und 18). In diesem Abschnitt werden Justinian und Theodora als mörderische Dämonen oder Dämonen in Menschengestalt bezeichnet, die die ganze Menschheit verderben wollten (An. 12, 14-32). Ihre dämonische Natur wird durch die übermenschliche Kraft, die sich in ihren Taten offenbarte, und die Größe des Unglücks, das sie in der Welt anrichteten, angezeigt (An. 12, 14-17; 18, 1-4; 18, 36-45). Bereits in den *Bella* I-VII kritisiert Prokop die fehlende Aktivität Justinians auf dem Gebiet der Außenpolitik und seine politischen Fehlentscheidungen. In den *Anekdota* ergänzt er diese Interpretation, indem er dem Kaiser gezielte böse Absichten (Mordlust) vorwirft, d.h. Justinian habe die Kriege in die Länge ziehen wollen, um die Menschheit vernichten zu können. Das Ausmaß dieser Zerstörung wird durch die Bilder der Entvölkerung und Verwüstung der Welt veranschaulicht (An. 18,1-30). Das unheilvolle Wirken Justinians bezieht sich aber nicht nur auf die Politik. Es handelt sich auch um nie gekannte Naturkatastrophen (Erdbeben, Überschwemmungen, Pest) (An. 12, 17; 18, 36- 45). Das Wesentliche der „Dämonologie" liegt jedoch nicht in den eher grotesken Anschuldigungen selbst, sondern in den lebendigen Bildern, die das dämonische Wesen Justinians hervorheben, und zwar von seiner Herkunft an. So wird ein Gerücht wiedergegeben, dass der Vater des Kaisers nicht Sabbatios sei, sondern ein Dämon, der seine Mutter heimgesucht habe. Die dämonische Natur des Kaisers wird durch die Berichte von „Zeugen" belegt, die sahen, wie sich das Gesicht des Kaisers plötzlich in einen formlosen Fleischklumpen verwandelte oder wie sich der Kaiser plötzlich in eine kopflose, schwebende Kreatur transformierte. Dies gipfelt in der Geschichte eines frommen Mönches, der im Kaiser den Fürsten der Dämonen erkannte (An. 12,18-32). Es ist sehr plausibel, dass damit die Vermutung

[144] Vgl. dazu KALDELLIS 2004, 148.

geäußert wird, dass Justinian in Wirklichkeit die Verkörperung des Antichristen war. Obwohl dieser Begriff nirgendwo in den *Anekdota* auftaucht, können das Bild des Fürsten der Dämonen und der Vergleich Justinians mit dem Kaiser Domitian (An. 8,12-21), der von vielen Christen mit dem Antichristen identifiziert wurde, zweifellos solche Assoziationen bei den Rezipienten hervorrufen.[145] Die Tatsache, dass Prokop sich von diesen Gerüchten in gewissem Maß distanziert, indem er andeutet, dass er diese Geschichten oder Gerüchte aus zweiter Hand zitiere, ist nicht von großer Bedeutung. Für die Zwecke eines Pamphlets ist schon eine bloße Vermutung ausreichend.[146] Unabhängig davon, ob der Dämonenfürst mit Satan, dem Antichristen oder lediglich mit dem Vorläufer des Antichristen identifiziert wird, handelt sich es hier um einen Angriff auf Justinians Christentum und seine Legitimität als christlicher Herrscher. Sehr richtig hat dies B. Rubin beurteilt: „Der Zweite der Welt nach Gott und allerchristlichste, vielleicht sogar christusgleiche Kaiser stürzt in die Abgründe eines infernalischen Hasses und findet wie der gefallene Engel Lucifer seinen standesgemäßen Platz an der Spitze der höllischen Hierarchie. Der frömmste aller Fürsten dieser Welt verwandelt sich in den Fürsten der Dämonen. Nicht ein Christi würdiger Kaiser, sondern ein Antichrist regiert im heiligen Palast zu Byzanz.“[147] Natürlich muss man auch bedenken, dass es in der religiösen Polemik solche Vorwürfe schon gegeben hat, Prokop ist keineswegs der erste. Beispielsweise wurde der Kaiser Constantius II. im 4. Jahrhundert von Lucifer von Calaris als Antichrist bzw. als Vorläufer des Antichristen und Sohn der Pestilenz beschimpft (Lucif. De sancto Athanasio 2,11; 2,19). Prokop steht mit seinem Angriff also nicht allein da, sondern stützt sich in gewissem Maß auf die bestehende Tradition der christlichen Invektive und schöpft aus ihrem Repertoire. Indem er sich auf die eschatologischen Stimmungen bezieht, die in der römischen Gesellschaft des 6. Jahrhunderts herrschten, distanziert er sich von Justinian in

---

[145] Vgl. Rubin 1960, 203-204; 445-454

[146] Wenn man davon ausgeht, dass die *Anekdota* Prokop vor möglichen politischen Veränderungen schützen sollten, muss man annehmen, dass er selbst nicht an die dämonische Natur Justinians glaubte. Andererseits ist sehr plausibel, dass es unter seinen Rezipienten einige gab, die derartige Geschichten sehr ernst genommen haben könnten. Es kann jedoch kein Zweifel darüber bestehen, dass Prokop den Glauben, die bösen Geister wirkten in dieser Welt, teilte.

[147] Rubin 1951, 479ff., Rubin 1960, 203f.

jeder Hinsicht:[148] Er verurteilt ihn nicht nur als schlechten Politiker und Herrscher, sondern distanziert sich vor allem von ihm als Christ, indem er andeutet, dass der Kaiser, der sich in Glaubens- und Kirchenangelegenheiten einmischte und Häretiker verfolgte, ein unreiner Dämon sein könnte, mit dem kein Christ etwas zu tun haben will. So brachte Justinian keine Erneuerung und, statt das Römische Reich wieder groß zu machen, zerstörte er nicht nur dieses, sondern auch die ganze Welt. Mit dem Bild des weltumfassenden, durch den Dämonenfürsten verursachten Unheils sprengen die *Anekdota* den Rahmen eines bloßen Korrektivs zu den *Bella* und schlagen apokalyptische Töne an. Mit der Figur des Dämonenfürsten bietet Prokop eine Interpretation aus der Endzeit und eine zusätzliche Erklärungsmöglichkeit für die außenpolitischen Misserfolge. Während in den *Bella* I-VII Justinian als Mensch, der die Fehler ungewollt beging, die Verantwortung für die außenpolitischen Entwicklungen in den 540er-Jahren trug, steuerte er in den *Anekdota* als unreiner Dämonenfürst, als Dämon in Menschengestalt, zielbewusst auf eine globale Katastrophe zu. Kaum vorstellbar ist eine Anklage, die Justinians Ruf als christlichem Kaiser mehr hätte schaden können.

3.6. Tyrannenbild

Bereits in dem Proömium entwirft Prokop geschickt die Vorstellung eines tyrannischen Herrschers und eines Unterdrückungsstaates, in dem alle Gegner des Tyrannen verfolgt werden und jeder Angst vor Spionen hat. In dieser alptraumhaften Realität kann man nicht einmal Verwandten trauen. Immer wieder fällt das Urteil, Justinian sei ein Tyrann, weshalb der von ihm regierte Staat als Tyrannei bezeichnet wird (z.B. An. 1.7-8, 7.31, 11.36, 14.18, 15.12, 16.13, 22.1, 22.13, 25.1, 29.29). Das Ganze ist voll von zahlreichen gängigen Topoi, die seit Jahrhunderten zur Darstellung von Bedrängnis und Unfreiheit unter bösen Herrschern verwendet wurden. So wird Justinian mit den archetypischen bösen Regenten wie z.B. Nero, Sardanapalus, Semiramis (An. 1.8-9) oder Domitian (An.8.13-21) verglichen. Offensichtlich will Prokop sein Publikum von den ersten Worten an schockieren, indem er suggestiv die Atmosphäre der Angst und Unsicherheit malt, die unter Justinian herrschte: Spione waren überall, selbst den Verwandten konnte man nicht vertrauen (An. 1.2). Die Spione achteten darauf,

---

148 Vgl. z.B. die Kontakien des Romanos Melodos („Über das letzte Gericht", „Über die zehn Jungfrauen"). Zu den Endzeiterwartungen im 5. und 6. Jahrhundert vgl. BRANDES 1997, MEIER 2003, 77ff., 91f.

was auf dem Marktplatz und in den Privathäusern gesprochen wurde – seit Anbeginn der Menschheit war kein Tyrann so sehr gefürchtet worden wie Justinian (An. 16.3; vgl. auch An. 7.31-32). Der Staat verwandelte sich in eine Tyrannei, weil jeder bedroht war und kein Gesetz oder Recht galt (An. 7.31-32; An. 7.7). Das Ziel des Kaisers und seiner Frau war es, ihre Untertanen zu vernichten, und so wählten sie als ihre Mitarbeiter solche Menschen, die wirksame Instrumente ihrer Tyrannei sein konnten (An. 22.1). Es gibt Forscher, die diese Aussagen unkritisch akzeptieren und der Meinung sind, dass Prokop hier ein glaubwürdiges Bild eines Staates zeichne, der zu einem der repressivsten Staaten der Geschichte wurde, und folglich den Kaiser Justinian für einen außergewöhnlichen Tyrannen halten.[149]

Der Hauptakzent liegt hier auf der Außergewöhnlichkeit Justinians und seiner Herrschaft. Justinian wird als ein Tyrann dargestellt, der jedes Maß überschritt: Das Privateigentum war bedroht, da jeder dem Kaiser zum Opfer fiel: „Allen römischen Privatbesitz auf der ganzen Erde brachte er in seine Hand...“ (An. 8.9); alle fielen in Armut: „im Handumdrehen verbannte er daher den Reichtum aus dem Reich der Römer und schuf allen Armut“ (An. 8.33); niemand hat so viele Menschen getötet wie er: „es scheint mir, dass durch diesen Menschen mehr Leute das Leben verloren als in der Zeit zuvor“ (An.8.31). Die Einzigartigkeit der Tyrannei Justinians gipfelte natürlich in der Tatsache, dass er, weil seine Verbrechen die menschlichen Grenzen überstiegen, nicht ein Mensch, sondern der Fürst der Dämonen war.

Prokop zufolge übte Justinian seine Macht im Allgemeinen willkürlich aus und missachtete, änderte und modifizierte Gesetze und bestehende Bräuche – „Ununterbrochen und Tag für Tag verfuhr (Justinian) (...) gegen die Gesetze der Römer“ (An. 28.16). Justinians Herrschaft war gekennzeichnet durch Ungerechtigkeit in der Rechtsprechung und rechtswidrige Verhaltensweisen des Kaisers selbst und seiner Beamten. Der Kaiser war unbekümmert um die Rechtsordnung, beherrscht von Neuerungssucht und folglich unternahm er ungerechtfertigte Veränderungen bewährter Rechtstradtionen und Staatseinrichtungen, und dies störte die Ordnung und sorgte für rechtliches Chaos. Weil Justinian auf seinen Vorteil bedacht war, veränderte er ständig alles, modifizierte, beugte, brach und missachtete selbst, was er festgelegt hatte. Interessanterweise scheint Prokop hier eine offene Polemik gegen Justinians Selbstdeutung zu führen, die sich aus den Gesetzen Justinians ableiten lässt. Vieles von dem, was Prokop an Justinians

---

[149] Vgl. z.B. KALDELLIS 2004, BELL 2013, 9-11. Vgl die Kritik an diesem Standpunkt durch KARANTABIAS 2018.

Entscheidungen oder Verhalten kritisiert, stellt sich als offensichtliche Auseinandersetzung mit den Aussagen in bestimmten Gesetzen heraus.[150] So wirft er dem Kaiser Heuchelei vor, weil sich dieser häufig zu den Werten bekannte, deren Fehlen Prokop ihm anlastet.

Wie seit Jahrhunderten bei der Kritik an schlechten Herrschern üblich, verurteilt der Historiker Korruption, Bestechung und mangelndes Interesse am Wohlergehen der Untertanen. Daher wird die Finanzpolitik als eine räuberische Erpressung und Ausplünderung der Untertanen dargestellt. Angegriffen werden die unerträglich harte Besteuerung, Beschlagnahmungen und verschwenderischer Umgang mit den öffentlichen Mitteln.[151] Zahlreiche, Mitleid und Empörung erregende, Beispiele der Verletzung der Rechte oder der Misshandlung der Vertreter der Elite und speziell der Angehörigen des senatorischen Standes lassen auf die massive Bedrohung des Privateigentums zur Zeit Justinians schließen, wobei gerade die Bedrohung des Privateigentums die Sphäre zerstörte, innerhalb der die individuelle Würde und Freiheit der Elite vor dem Zugriff anderer sozialer Gruppen oder des Staatsapparats geschützt waren.[152]

Grausamkeit und Rücksichtslosigkeit gegenüber dem Menschenleben sind äußerst wichtige Bestandteile der Konstruktion des Tyrannen. Justinian und auch Theodora waren blutdurstig, sie griffen bereitwillig zu Gewalt gegen diejenigen, die in Ungnade gefallen waren, sie waren rachsüchtig ohne Milde. Bewusste Mordlust geht über menschliches Maß hinaus – sie könnte sogar davon zeugen, dass der Kaiser unreiner Dämon war. Justinian löste die Kriege aus und ließ sie so führen, dass möglichst viele Menschen ihr Leben verloren. Daher resultiert z.B. der Vorwurf, der Kaiser leite die Konflikte in Italien oder Afrika absichtlich schlecht. Das Thema der Opfer des Kaisers gipfelt in dem Bild der Entvölkerung der gesamten Welt, die seine Politik bewirk haben soll.

Die Aufzählung der Laster ist damit noch nicht zu Ende: Hinzu kommen Heuchelei, falsche Frömmigkeit, Dummheit, Wankelmütigkeit bei wichtigen Staatsangelegenheiten, Anfälligkeit für den Einfluss schlechter Berater, insbesondere seiner Frau. Ein Kaiser, der so handelt und über solche Untugenden verfügt, widerspricht nicht nur jeglichen Erwartungen, die

---

[150] Vgl. dazu GIZEWSKI 1988, 78, SCOTT 1985, 99ff., KALDELLIS 2004, 150ff.

[151] Vgl. die detaillierte Untersuchung aller Vorwürfe bei GIZEWSKI 1988, 76-130.

[152] GIZEWSKI 1988, 123-126. Zu den Methoden Prokops, deren Ziel es war, den (allerdings zur Wirklichkeitsverzerrung führenden) Eindruck der Bedrohung des Privateigentums durch Justinian hervorzurufen, vgl. KARANTABIAS 2018, 58-60.

man gegenüber einem guten Herrscher hat, sondern seine Herrschaft entbehrt auch jeglicher Legitimation.

Um Justinian zu verleumden und als einen grausamen Tyrannen darzustellen, wendet Prokop die typischen rhetorischen Mittel an.[153] Als Rhetor kennt er sicherlich die Grundsätze von *psogos* (Invektive, Pamphlet, Tadel) gut.[154] In den erhaltenen Vorübungen im Rhetorikunterricht, d.h. in den *Progymnasmata* von Hermogenes (2. Jh.) und von Aphthonios (4. Jh.) werden konkrete Hinweise darauf gegeben, wie eine Person zu diffamieren ist. Die Invektive folgt den gleichen Regeln wie die Lobrede, daher kann ein Tadel als das Gegenteil von Lob konstruiert werden. Sie stützt sich auf eine Technik von *deinopoiein* („eine Sache schlimmer machen als sie ist“). Die Übertreibung, deren Zweck es ist, einen Charakterzug oder eine Sache zu vergrößern (*auxesis*), spielt dabei eine wesentliche Rolle.[155] Es verwundert nicht, dass die Übertreibung das wichtigste Stilmittel ist, das in den *Anekdota* auftaucht. Sie drückt sich im Wesentlichen darin aus, dass zum einen die tatsächlichen Fehler Justinians übergroß dargestellt werden, zum anderen der Kaiser für alle Übel seiner Epoche verantwortlich gemacht wird. Aus diesem Grund werden häufig Verallgemeinerungen, Superlative und überhöhte Zahlen verwendet.[156] Das beste Beispiel für eine Übertreibung ist die Verlegung Justinians aus dem menschlichen in den dämonischen Bereich: Nach Ansicht vieler war Justinian kein Mensch, sondern der Dämonenfürst. Prokop greift auch gerne auf den Vergleich nach dem Schema „schlimmer...als“ zurück. Häufig ist auch die Formulierung von Urteilen über die einer Handlung zugrundeliegende Gesinnung. Es geht dabei um die Unterstellung der bösen Absichten, die hinter gewissen Handlungen gestanden haben sollen. So wird immer wieder behauptet, Justinian habe dieses oder jenes getan, weil er seine Habgier oder Mordlust habe befriedigen wollen, oder er habe ohne jeden (vernünftigen) Grund eine schändliche oder andere mörderische Handlung unternommen. Schließlich pflegt Prokop eine große Vorliebe für Wiederholungen, die den Hauptgedanken des Werkes ausmachen. Er überschüttet seine Zuhörer ständig mit den Beispielen für die negativen Handlungen des Kaisers und führt zahlreiche Belege für die Ausplünderung der Untertanen, die Korruption von Beamten, Gesetzlosigkeit usw. an. Immer wieder taucht der Gedanke auf, dass Justinian sein ganzes Streben und Denken nur auf Mord und Geld gerichtet, sinnlos

---

[153] Grundlegend dazu TINNEFELD 1971, 29-36.
[154] TINNEFELD 1971, 29ff.
[155] Zur *auxesis* vgl. LAUSBERG 1990, 220-227.
[156] TINNEFELD 1971, 30.

Geld seiner Untertanen verschwendet, alles in Unordnung gebracht und die soziale, ökonomische und politische Ordnung gestört habe, da er von der Neuerungssucht besessen gewesen sei, und dass er daran schuld gewesen sei, dass Italien, Afrika oder der Balkan öde und menschenleer geworden seien.[157]

Die *Anekdota* enthalten einen ganzen Katalog von Untugenden und fehlenden Kompetenzen, die durch zahlreiche Beispiele aufgezeigt werden, wobei die gleichen Vorwürfe immer wieder wiederholt werden. Deutlich ist auch das Bemühen Prokops, seine Anklagen gegen Justinian auf jede Weise zu kumulieren. Seine Absicht ist leicht zu entdecken. Durch die Anhäufung und Wiederholung einer ganzen Liste von Anschuldigungen will er sein Publikum von deren Glaubwürdigkeit überzeugen. Infolgedessen werden bloße Behauptungen, böswillige Unterstellungen, voreingenommene, einseitige Interpretationen und Verallgemeinerungen im Bewusstsein des Publikums in die Realität umgesetzt.[158] Die Anschuldigungen, die Prokop in den *Anekdota* gegen Justinian erhebt, sind mit Vorsicht zu behandeln. Viele der Vorwürfe sind reine Erfindungen oder Übertreibungen, um Justinian in eine Reihe mit den Tyrannen wie Nero oder Domitian zu stellen. Die *Anekdota* veranschaulichen nicht die sozialen, kulturellen, politischen oder wirtschaftlichen Verhältnisse des 6. Jahrhunderts, sondern die Interessen einer Elite bzw. eines Teils von ihr. Obwohl viele auf den ersten Blick glaubwürdig erscheinende Angaben gemacht werden, sodass darauf Negativurteile aufgebaut werden können, zeigt jedoch eine genauere Prüfung einiger Fälle, die z.B. die Ausplünderung von Untertanen thematisieren, dass Prokop über die wichtigen rechtlichen Aspekte einzelner Fälle bewusst schweigt und die Tatsachen einseitig beleuchtet. Weil Prokop zu vielen Dingen sehr genau Auskunft gibt, muss er sie besonders gut gekannt haben, aber er erläutert sie so, dass er Mitleid mit den Opfern erweckt, während er gleichzeitig in der Lage ist, aus ihnen die Missachtung der Untertaneninteressen durch Justinian, seine Ungerechtigkeit, seine Geldgier oder seinen Egoismus abzuleiten.[159] Wenn man also den breiteren Kontext bestimmter Aussagen, die ausgelassenen Aspekte der Angelegenheiten berücksichtigt, ist es manchmal möglich, bestimmte Themen, die einen Ansatzpunkt für die Kritik am Verhalten Justinians darstellen, positiver

---

[157] Vgl. TINNEFELD 1971, 33-34, BRODKA 2004, 34-38.
[158] Vgl. dazu KARANTABIAS 2018, 56, GIZEWSKI 1988, 78.
[159] KARANTABIAS 2018 mit Beispielen.

zu interpretieren und zahlreiche kaiserliche Entscheidungen anders einzuordnen, als es Prokop in den *Anekdota* tut.[160]

[160] Vgl. dazu insbesondere GIZEWSKI 1988, 121f., 124ff., 129, 145, der zahlreiche überzeugende Alternativdeutungen bietet. Vgl. auch KARANTABIAS 2018, 56-62. Z.B. lassen sich zahlreiche Aspekte der kaiserlichen Finanzpolitik als rechtmäßige sinnvolle Notstands- oder Ausnahmemaßnahmen interpretieren, und jedenfalls nicht als Ausdruck des Eigennutzes oder der Missachtung des Rechts (vgl. auch GIZEWSKI 1988, 145).

4. *De aedificiis* – „Die Bauten"

4.1. Datierung, Überlieferung

Die Abfassungszeit des letzten Werkes Prokops, des Panegyrikus „Die Bauten" (bzw. „Über die Bauten"), lässt sich nicht genau bestimmen, weil es keine näheren Bezüge zu historischen Ereignissen aufweist. Die wenigen Referenzen deuten nur auf die Jahre 550-551 als *terminus post quem* hin (z.B. Aed. 4,11,14-16). Es wird heute allgemein angenommen, dass das Werk entweder um 554/5 oder um 558/560 geschrieben wurde.[161] Bei der Festlegung der Entstehungszeit spielen die Argumente *ex silentio* eine wichtige Rolle – man beachtet die Tatsache, dass Prokop den Einsturz der Kuppel der Hagia Sophia im Jahr 558, die Aufstände in Samaria (555) oder Tzanika (557) nicht erwähnt. Das Schweigen über diese Ereignisse könnte für eine frühere Datierung sprechen, d.h. ca. 554/555. Die Forscher, die glauben, dass die Abfassung des Werkes auf ca. 558-560 verschoben werden sollte, versuchen das Schweigen über den Einsturz der Kuppel damit zu erklären, dass Prokop mehrere Jahre an diesem Panegyrikus gearbeitet haben könnte und das Buch I vor 558 geschrieben worden sein dürfte, während das Schweigen über die erwähnten Aufstände als absichtliche Auslassung von Ereignissen lokalen Charakters angesehen werden könnte.[162] Vor allem ist es möglich, dass das 1. Buch früher geschrieben wurde als die anderen und dass es ursprünglich für die öffentliche Darlegung vor einem interessierten Publikum bestimmt war.[163] Das wichtigste Argument für eine Spätdatierung ist der Hinweis auf den Beginn des Baus einer Brücke über den Fluss Sangarios (Aed. 5.3.8-10). Der Chronist Theophanes datiert den Anfang der Bauarbeiten auf 559/560 (Theoph. AM 6052) – dies würde für

---

161 Für eine Frühdatierung plädieren u.a CAMERON 1996, GREATREX 1994, GREATREX 2013, KALDELLIS 2004, 12; HOWARD-JOHNSTON 2000, 21 datiert die Entstehungszeit auf das Jahr 553; Für die Spätdatierung: WHITBY 1985 und 2000, EVANS 1996, JEFFREYS 2000, BELKE 2000, 119, ROQUES 2000. In den letzten Jahren wurden zahlreiche neue Argumente von ROQUES 2011, 52-59 vorgebracht, der die Entstehung des Werkes erst auf das Jahr 561 datiert. Diese Argumente werden von GREATREX 2013 abgelehnt.

162 Vgl. insbesondere WHITBY 1985, 142-143. WHITBY 2022, 137 betont mit Recht, diese Auslassungen könnten auf ein früheres Datum hinweisen, aber nur, wenn man davon ausgehe, dass ein Panegyrikus auch schlechte Nachrichten berichten solle.

163 DOWNEY 1947, 172, DOWNEY 1953, 719-725. Meiner Meinung nach ist diese Theorie sehr plausibel – die öffentliche Präsentation einzelner Teile von literarischen Werken war in der Antike nicht unüblich.

die Fertigstellung von *De aedificiis* um 559/560 sprechen.[164] Obwohl die Argumente für eine spätere Datierung überzeugender erscheinen, stellen einige Forscher die Chronologie des Theophanes infrage.[165] Die Diskussion darüber wird also fortgesetzt und ist noch lange nicht abgeschlossen. Eine interessante Theorie wurde von F. Montinaro entwickelt, der für die These plädiert, dass das Werk in mehreren Etappen entstanden ist, worauf die verschiedenen Redaktionen in den Handschriften hindeuten könnten: Der Text von *De aedificiis* liegt nämlich in einer kürzeren (z) und einer längeren Fassung (y) vor. Ob es sich bei der Version „z“ um die erste Fassung des Werkes oder um eine spätere Kürzung des Ganzen handelt, bleibt umstritten. F. Montinaro argumentiert jedoch, dass die kürzere Version um 550/551 als Anhang zu den *Bella* I-VII geschrieben worden sein könnte, während die längere Version mit der Veröffentlichung von Buch VIII der *Bella* in Zusammenhang gebracht werden sollte. Dementsprechend wäre die Abfassungszeit der längeren Version seiner Meinung nach um 554-557 anzusetzen.[166]

Das Problem der Datierung wird zusätzlich durch die Tatsache erschwert, dass „Die Bauten“ nach Ansicht mancher Forscher wahrscheinlich unvollendet geblieben sind oder zumindest die endgültige Redaktion fehlt.[167] Laut ihnen könnten die Unterschiede im Aufbau der einzelnen Bücher auf eine fehlende Gesamtredaktion hindeuten – die vollständigste Form weise das 1. Buch auf, während insbesondere die letzten zwei Bücher eine aufgelockertere Struktur mit den langen Aufzählungen von Ortschaften und Gebäuden hätten, was den Eindruck eher loser Notizen vermittele und vermuten lasse, dass diese Bücher im Entwurfsstadium verblieben seien. Bemerkenswert sei ebenfalls die fehlende Behandlung Italiens, da Prokop ankündige, dass er die Absicht habe, alle Schöpfungen Justinians zu beschreiben.[168] Es ist andererseits zu bedenken, dass Narses in Italien noch in den Jahren 554/555 schwere Kämpfe gegen die Franken führte und dass die Vertreibung der Franken aus Norditalien erst in den 560er-Jahren erfolgte.[169] Die instabile Lage in Italien und vor allem die Tatsache, dass der Wiederaufbau der Infrastruktur durch finanzielle Schwierigkeiten stark

---

[164] Vgl. vor allem WHITBY 1985 und 2022, 150-151.

[165] Vgl. insbesondere GREATREX 2013.

[166] MONTINARO 2011, 89-90, 104-105, MONTINARO 2015, 193-194. Diese Datierungsvorschläge nehmen LILLINGTON-MARTIN/TURQUOIS 2018, 2 an.

[167] DOWNEY 1947, CAMERON 1996, 84, VEH 1977, 13-14, vgl. auch ELSNER 2007, 34, 37, ROQUES 2011, 24.

[168] ROQUES 2011, 23.

[169] Zur Chronologie der Kämpfe des Narses in Italien BRODKA 2018a, 200-208.

behindert wurde, führten dazu, dass die Bauarbeiten in die letzten Jahre der Herrschaft Justinians fielen.[170] In der Tat müsste sich eine Beschreibung der justinianischen Schöpfungen auf Ravenna beschränken. Dies alles könnte die Auslassung Italiens erklären. Es wird auch eine Vermutung formuliert, dass der Tod des Autors die Arbeit am Text unterbrochen habe, aber es handelt sich in diesem Fall um eine reine Spekulation, die durch keinerlei Beweise gestützt wird. Die Hypothese, dass „Die Bauten“ ohne Endredaktion vorliegen, beruht daher auf den subjektiven Eindrücken der modernen Forscher und sollte eher zurückgewiesen werden.[171]

Es ist also nicht auszuschließen, dass *De aedificiis* tatsächlich in mehreren Phasen verfasst wurde. Vielleicht hatte Downey (1947) recht mit der Annahme, dass Prokop zunächst am Buch I arbeitete, das er (zumindest teilweise) der Öffentlichkeit vorstellte, was um 554/555 gewesen sein könnte. Das Projekt eines Panegyrikus auf Justinian wurde dann fortgesetzt. Vielleicht wurde, wie Montinaro vorschlägt, zuerst eine kürzere Version verfasst,[172] und dann wurde das Ganze zu einer Version erweitert, die der heutigen längeren Fassung entspricht. Warum dies geschah, können wir nicht beantworten, und es ist auch nicht ganz klar, wann die längere Fassung fertiggestellt wurde – die Forscher, die für die Spätdatierung zwischen 557-560 plädieren, könnten recht haben.

Im Gegensatz zu den *Bella* erfreute sich *De aedificiis* in Byzanz keiner besonderen Beliebtheit. Das Werk ist nur in 15 Handschriften erhalten, die älteste ist Cod. Gr. 1065 aus der Vatikanischen Bibliothek und stammt aus dem 13. Jahrhundert. Wie erwähnt, überliefern die Handschriften das Werk in zwei Ausgaben – der längeren (y) und der kürzeren (z). Das Suda-Lexikon weiß nichts über *De aedificiis*, die Kenntnis des Werkes ist erstmals in der *Vita* des Heiligen Saba von Symeon Metaphrastes (10. Jh.) bezeugt. Die Erstausgabe erfolgte im Jahr 1531 in Basel durch Beatus Rhenanus. Es handelte sich dabei um die kürzere Redaktion, die längere Fassung wurde erstmals im Jahr 1663 von C. Maltretus herausgegeben.

---

[170] Vgl. dazu BRODKA 2018a, 215-226.

[171] Vgl. WHITBY 2000, 60.

[172] MONTINARO 2015, 206, vermutet, dass die kürzere Fassung bereits vor etwa 550 geschrieben worden sei und den *Anekdota* vorausgehe: Die kühle Aufnahme von *De aedificiis* und die daraus resultierende Enttäuschung des Verfassers könnte zur Eskalation der Ressentiments in den *Anekdota* beigetragen haben.

4.2. Inhalt und Aufbau

De aedificiis wird in der heutigen Form in sechs Bücher aufgeteilt. Dem Ganzen geht ein langes Proömium voraus, in dem Justinian und seine Leistungen gepriesen werden. Die einzelnen Bücher haben, abgesehen von dem letzten Buch, ihre eigenen Einleitungen. Gelegentlich wird vermutet, dass das letzte Buch des Werkes ursprünglich die heutigen Bücher V-VI umfasste, später aber von einem Kopisten in zwei Teile geteilt wurde, d.h. in das heutige V und VI[173] – dies würde erklären, warum diese beiden Bücher deutlich kürzer sind als der Rest und wieso das 6. Buch keine Einleitung hat, während die Einleitung zum 5. Buch das Material andeutet, das sowohl im 5. als auch im 6. Buch enthalten ist. Der Titel geht nicht auf Prokop zurück. Er wird nur von Symeon Metaphrastes (10. Jahrhundert) verwendet und stammt vielleicht von einem Kopisten oder späteren Bibliothekar. Prokop verwendet als Titel nur die vage Bezeichnung *logoi* (Bücher, Geschichte(n), Erzählungen u.a.).

Die stoffliche Anordnung des Materials orientiert sich an geografischen Gesichtspunkten, wobei die Probleme der Chronologie der einzelnen Stiftungen völlig außer Acht gelassen werden. Das 1. Buch stellt Justinians Schöpfungen in Konstantinopel und seiner nächsten Umgebung dar. Es geht also in erster Linie um die Kirchen und Kaiserpaläste. Besonders eindrucksvoll sind die Beschreibungen des Aufbaus und des Aussehens der Hagia Sophia, des Reiterstandbildes Justinians auf dem Augustaion oder des Kaiserpalastes mit seinem prächtigen Chalke (Bronze)-Tor, das mit den Mosaiken geschmückt wird, die die Siege über die Vandalen und die Goten darstellen. Außerdem werden die Kirche der hl. Irene, Marienkirchen in Blachernai und Pege, die Kirchen des hl. Petrus beim Hormisdaspalast, des Sergius und Bacchus, der Apostel, des Erzengels Michael in Anaplus und des Johannes Baptista am Hebdomon geschildert. Erwähnenswert sind auch das Kloster Metanoia und seine Geschichte, das als Asyl für ehemalige Prostituierte diente (Aed.1.9.5-10). Von den weltlichen Bauten sind die Kurie, die Statue der Theodora, die Zisternen und die Häfen zu nennen (Aed. 1.11). Außerdem geht Prokop auch auf die Lage Konstantinopels ein, das auf drei Seiten vom Meer umgeben ist, und schildert die Bucht des Goldenen Horns (Aed. 1.5). Das 2. Buch beschreibt die Befestigungsanlagen in den Grenzgebieten in Syrien (einschließlich Dara, Amida, Edessa) und die nach 540 wieder aufgebaute und neu befestigte Großstadt Antiochia. Das 3. Buch setzt die Beschreibung des Grenzverlaufs in Armenien fort (einschließlich Martyropolis, Theodosiopolis) und reicht bis an die

[173] Veh 1977, 13-14. Grotowski 2006, 62.

Schwarzmeerküste und Anchialos in Thrakien. Hier findet man auch Exkurse über die armenischen Könige, die Aufteilung Armeniens in römisch und persisch, die Organisation des römischen Armeniens (Aed. 3.1.4-3.1.29) oder über die Sitten und Wohnsitze der Tzanen (Aed. 3.6). Im nächsten Buch werden, im Wesentlichen von Westen nach Osten fortschreitend, die Verteidigungsanlagen in den Provinzen auf der Balkanhalbinsel dargestellt: Illyrien, Epirus, Griechenland, Thessalien, Makedonien, Mösien und Thrakien. Nachdem Prokop die Mauern von Konstantinopel erreicht hat, geht er wieder nach Westen und beschreibt die Städte entlang der Via Egnatia. Er beginnt seine Erzählung in diesem Buch mit der Ortschaft Tauresium, der Heimat des Kaisers Justinian, und mit der in der Nähe gegründeten Stadt Justiniana Prima (Aed.4.1). Hier erscheinen auch ganze Listen von errichteten oder wiederhergestellten Festungen in verschiedenen Regionen (Aed.4.4,3; 4.11,20). Das 5. Buch enthält einen summarischen Nachtrag über verschiedene Bauten in Asien (z.B. die Kirche des Hl. Evangelisten Johannes in Ephesos, der Bau der Brücke über den Sangarios, die Kirche der Gottesmutter für die Mönche auf dem Sinai). Auch hier taucht eine Liste auf – es geht diesmal um die Aufzählung der erneuerten Klöster, Kirchen, Armenhäuser, Brunnen u.a. Das 6. Buch bietet eine knappe Übersicht über die Tätigkeit des Kaisers in Ägypten und Libyen. Das Werk schließt mit einem lapidaren Fazit, dass Justinian den Staat mit Verteidigungsanlagen und Besatzungen gestärkt habe (Aed. 6,7,17-20).

Die im Text beschriebenen architektonischen Schöpfungen lassen sich in drei Kategorien einteilen: Kirchen und Klöster, Befestigungen und Festungen – vor allem in den Grenzgebieten und in der Umgebung von Konstantinopel – sowie hydrologische Einrichtungen wie Häfen, Brücken, Dämme und Kanäle.[174] Im Allgemeinen gibt der Autor keine genauen Daten für den Beginn oder den Abschluss der Arbeiten an. Mehrmals bezieht er auch in Justinians Schöpfungen diejenigen Objekte ein, die bereits früher unter der Herrschaft von Justin I. errichtet wurden. Unklar bleiben die Gründe für die Disproportion im Umfang: Die Großstädte stehen nicht unbedingt im Fokus des Interesses – Antiochia wird relativ kurz beschrieben, Alexandria nur in wenigen Sätzen behandelt –, während die Provinzstadt Dara sehr ausführlich geschildert wird. Stellenweise wird die Erzählung durch kurze Exkurse oder geografische Beschreibungen unterbrochen (z.B. die Lage Europas 4,1,11-14, die Aufteilung der Kontinente 6,1,6-11, das Prodigium in Leptis Magna 6,4,6-10). Darüber hinaus finden sich in den Büchern IV und V lange Verzeichnisse von Bauten und Orten.

---

[174] Vgl. CAMERON 1996, 86.

4.3. Formale Einordnung, Absicht

„Die Bauten“ stellen einen Panegyrikus auf den Kaiser Justinian dar. Er wird als alleiniger Urheber der Vergrößerung des Staates, seines Ruhmes und seiner Sicherheit präsentiert, der die Städte baute oder befestigte, das Heidentum und die Häresien unterdrückte, den christlichen Glauben stärkte, das Recht reformierte, gegenüber den Verschwörern gnädig war, den Bewohnern des Römischen Reiches Wohlstand sicherte und sie gegen die äußeren Feinde erfolgreich verteidigte (vgl. Aed. 1,1,6-11). Der Kaiserpanegyrikus war in der Spätantike ein beliebtes Genre, von dem zahlreiche Beispiele erhalten sind, sowohl in griechischer als auch in lateinischer Sprache, in Prosa und in Versform. Die Rhetoriktheorie hat eine ganze Reihe von Richtlinien erarbeitet, wie ein Panegyrikus aufgebaut werden soll und welche Themen oder typischen Elemente, d.h. Topoi, er enthalten soll. Eine besondere Rolle spielt dabei das Handbuch von Menander, Rhetor aus Laodikea aus dem 3. Jahrhundert, in dem das Schema eines typischen Kaiserlobes, des sogenannten *basilikos logos*, entworfen wird. Laut Menander sollte der Redner die Herkunft des Kaisers (z.B. Familie, Ort), die Vorzeichen seiner Geburt, dann sein Aussehen, seine Erziehung und seinen Charakter darstellen. Der Hauptteil sollte aus dem Lob der Taten in Kriegs- und Friedenszeiten bestehen, die solche Tugenden wie Tapferkeit, Klugheit, Gerechtigkeit, Mäßigung, Großzügigkeit oder Milde veranschaulichen sollen. Das Schema muss allerdings keinesfalls vollständig angewandt werden – es gab eine Lizenz, die den Verfassern von Panegyriken viel Raum für eigene Gestaltungen ließ. So folgten einige Redner ihm in vollem Maße ohne Abweichungen, während andere nur auf bestimmte Elemente zurückgriffen.

Der Inhalt einer Lobrede wird im Wesentlichen durch den Werdegang des jeweiligen Herrschers und seine Taten bedingt. Die rhetorischen Mittel dienen hingegen dazu, das Thema so zu gestalten, dass es dem Publikum ein intellektuelles und ästhetisches Vergnügen bereitet. Das Wesen des Lobes liegt in der Vergrößerung (*amplificatio*, *auxesis*) und Ausschmückung der zu preisenden Person bzw. des zu preisenden Gegenstandes (vgl. Quint. Inst. Orat. 3,7,6; Men. Rhet. 368,3-5). Die Amplifikation ist ein rhetorisches Mittel, Taten oder persönliche Eigenschaften über ihre wirkliche Größe hinaus zu steigern.[175] Selbst diese Definition bezeugt, dass die Anwendung einer solchen Technik zu einer Entstellung der Wahrheit führen muss. Diesen rhetorischen Prinzipien gemäß soll der Lobredner die Vor-

[175] PLÖBST 1911, 3, LAUSBERG 1990, 220-227.

züge des Herrschers steigern. Schon Menander Rhetor weiß, dass die Amplifikation es dem Redner erlaubt, zum einen dem Herrscher zu schmeicheln und zum anderen die Aufmerksamkeit und das Interesse des Publikums zu gewinnen (vgl. Men. Rhet. 372, 19-20).

Prokop entkommt jedoch der Schablonenhaftigkeit und schafft keinen typischen Panegyrikus, sondern unter voller Ausnutzung der künstlerischen und gedanklichen Möglichkeiten der panegyrischen Tradition etwas Neues und Andersartiges, das innerhalb des allgemeinen Gattungsrahmens bleibt.[176] Die Bauwerke als literarisches Thema, als Gegenstand eines Lobes waren in der Kaiserpanegyrik präsent, weil ihr Bau oder ihre Renovierung die Großzügigkeit bzw. Freigebigkeit des Herrschers zum Ausdruck bringen konnten.[177] Auch bei der Verherrlichung einer Stadt spielten diese Motive eine wichtige Rolle. Das erste Buch von *De aedificiis* erinnert in gewissem Maße auch an das Lob der Stadt, d.h. Konstantinopels, indem es dessen Gebäude und Lage an der Küste preist.[178] Möglicherweise hat sich Prokop in gewissem Grade von der mustergültigen Lobrede auf einen christlichen Herrscher inspirieren lassen, nämlich von der *Vita Constantini* des Eusebius von Caesarea, die das Leben des Konstantin in panegyrischer Weise skizziert und auch seiner Bautätigkeit, die die Frömmigkeit und Großzügigkeit des Kaisers zu bezeugen hat, breiten Raum widmet (Euseb. VC 3,31-41; 48; 50; 4,58-60).[179] Prokop geht jedoch seinen eigenen Weg; er schreibt nicht wie Eusebius eine panegyrische Biografie, sondern behandelt „Die Bauten“ als Ergänzung zu seinen früheren Büchern (Aed. 1,1,12) – gemeint sind natürlich die Bücher über die Kriege (d.h. die *Bella*). In diesem Sinne wird das Werk als „Geschichte“ bezeichnet. (Aed. 1,1,1). Es setzt in einer für die historischen Werke typischen Weise ein, indem es den Nutzen der Geschichte hervorhebt und betont, dass die Bewahrung der Erinnerung an die guten Taten der Herrscher ihre Nachfolger zur Nachahmung ihrer Vorgänger veranlassen könne (Aed.1.1-5). Das protreptische Element, d.h. die Werbung für die Nachahmung guter Taten, ist hier also sehr stark ausgeprägt. Dies ist ein wichtiges Merkmal der kaiserlichen Panegyrik, das zum Beispiel Plinius der Jüngere in seinem Panegyrikus auf Trajan stark betont, indem er sein Publikum begeistern und dazu bewegen will, die Tugenden und Taten Trajans nachzuahmen (vgl. Plin. Paneg. 4,1).

---

[176] WHITBY MA. 2000, 45, ELSNER 2007, 34, 49, ROQUES 2011, 36-38. Vgl. auch TURQUOIS 2015, 219.
[177] Vgl. dazu MAUSE 1994, 164-169.
[178] Vgl. ELSNER 2007, 36.
[179] WHITBY MA. 2000, 46, ELSNER 2007, 49.

Anschließend werden die Leistungen Justinians gepriesen (Aed. 1,1,6-11), die in der Praxis belegen sollten, dass er alle Kardinaltugenden besitzt. Es gibt auch einen Vergleich mit dem Perserkönig Cyrus, der seit dem 4. Jahrhundert v. Chr., d.h. seit Xenophons Schrift *Kyrupädie* („Erziehung des Cyrus“) als Modellbeispiel eines idealen Herrschers galt (Aed. 1,1,12-19). Als eigentliches Thema der Schrift wird Justinians Tätigkeit als Bauherr genannt (Aed. 1,1,12): „jetzt soll in dem vorliegenden Band alles zur Darstellung kommen, was er als Bauherr an guten Werken vollbracht hat“ (Übersetzung Veh). Das gesamte Proömium betont also den lobenden Charakter des Projekts, wobei das Lob in zwei Richtungen geht: Einerseits wird der segensreiche und nutzbringende Aspekt von Justinians Tätigkeit betont (Aed. 1,1,12), andererseits das außergewöhnliche Ausmaß seiner Unternehmungen: Justinians Bauten seien so zahlreich und so gewaltig, dass man kaum glauben könne, dass sie das Werk eines einzigen Menschen seien (Aed. 1,1,19). Weil das zentrale Thema die Bauten, also architektonische Objekte, sind, fungiert die *Ekphrasis*, die Schilderung, als eines der wichtigsten rhetorischen Mittel, die Prokop hier benutzt. Unter Ekphrasis versteht man eine rhetorische Form, durch welche ein Gegenstand anschaulich und bildlich beschrieben wird: Eine solche Beschreibung geht über die technischen Details hinaus und lenkt die Aufmerksamkeit auf den Eindruck und die Emotion, die das Kunstwerk beim Redner und den Zuhörern hervorruft.[180] Allerdings stellt Prokop nicht jedes Bauwerk in ähnlicher Weise dar – das Merkmal seines Werkes ist eine rhetorische *Variatio*. Neben den ausführlichen Schilderungen der Hagia Sophia, des Reiterstandbildes Justinians auf dem Augustaion oder der Mosaiken in Chalke kommen relativ trockene Schilderungen einiger Befestigungsanlagen oder bloße Verzeichnisse von Bauwerken vor, die den Rezipienten mit einer Vielzahl von Namen konfrontieren und auf diese Art und Weise das Ausmaß der Leistungen des Herrschers demonstrieren sollen.[181] „Die Bauten“ müssen daher als innovative Kaiserpanegyrik erachtet werden, die den Rahmen des typischen Lobpreises sprengt und Elemente anderer literarischer Gattungen – wie Ekphrasis, Paränesis (Mahnrede), Protreptikos, Historiografie, Periegesis – mit einbezieht.[182] Prokop ist bestrebt, anstatt die Auflistung abstrakter und

---

[180] Grundlegend für die antike Ekphrase Webb 2009. Zur Ekphrase bei Prokop vgl. Webb 2000, Schibille 2014, 14-31.

[181] Die Kataloge sind charakteristisch für die Epik (z.B. der Schiffskatalog in der *Ilias*) und später für die poetische Panegyrik. Aus diesem Grund sind sie vielmehr als ein bewusst eingesetztes literarisches Mittel zu betrachten und müssen nicht unbedingt von einer fehlenden Endredaktion oder von der Nichtvollendung des Werkes zeugen.

[182] Elsner 2007, Roques 2011, 37.

wenig anschaulicher Qualitätskataloge zu liefern, die Tugenden mithilfe konkreter Bauten zu veranschaulichen. So ist er imstande, den Kaiser auf brillante und originelle Weise als einen idealen christlichen Monarchen zu loben, indem er durch die Veranschaulichung der Bautätigkeit Justinians ein eindrucksvolles Bild seiner Kriegs- und Friedensleistungen zeichnet.[183]

Es ist nicht bekannt, was Prokop dazu veranlasste, ein solches Werk zu schreiben. Die Kaiserpanegyriken wurden aus verschiedenen Gründen verfasst – sie konnten eine Danksagung oder eine Bitte ausdrücken oder ein bestimmtes Ereignis feiern. Einige wurden auf die Initiative des Herrschers oder seines Gefolges verfasst, während andere von den persönlichen Motiven des Redners inspiriert waren. In den „Bauten“ gibt es keinen direkten Hinweis darauf, warum das Werk geschaffen wurde. Nichts deutet darauf hin, dass es sich bei diesem Panegyrikus um eine Auftragsarbeit handelt – einige Forscher gehen davon aus, dass Justinian den Historiker mit der Verfassung eines Panegyrikus beauftragt habe und Prokop keine andere Wahl gehabt habe, als ihn gegen seine innere Überzeugung zu schreiben.[184] Dies ist natürlich eine reine Spekulation, die sich nicht auf Fakten stützt und die darauf abzielt, die „paradoxe“ Tatsache zu rechtfertigen, dass der Autor der Schmähschrift (der *Anekdota*) gegen Justinian einige Jahre später ein Lob auf den „verhassten“ Herrscher schrieb. Unter den Stellen, die auf einen kaiserlichen Auftrag hindeuten sollen, wird Aed. 1,3,1 genannt: „Ich will nun mit den Kirchen der Gottesmutter Maria beginnen. Wir wissen ja, dass dies auch dem kaiserlichen Wunsch selbst entspricht“ (Übersetzung Veh mit Korrekturen). Diese Aussage impliziert jedoch nicht unbedingt einen kaiserlichen Auftrag.[185] Als Prokop sein Werk verfasste, musste er

---

[183] Ähnlich verhält es sich mit dem Verfasser einer kurzen Lobrede zu Ehren des Narses (CIL 1199), der neben einem allgemeinen Lob des Generals und seiner Siege die Brücke über den Fluss Anio zum Thema macht – die kurze Ekphrasis wird durch die Betonung des Sieges des Narses über die Natur und die Erwähnung der Nutznießer des Baus begleitet (vgl. BRODKA 2018a, 216-217).

[184] DOWNEY 1947, 181-183. Vgl. auch EVANS 1972, 77, EVANS 1974, KALDELLIS 2004,3. Laut MONTINARO 2015, 203 habe Justinian den Historiker mit der Fertigstellung eines Panegyrikus beauftragt, aber die erste, kürzere Version sei nicht gut aufgenommen worden, was meiner Meinung nach eine zu weit gehende Hypothese ist. Die endgültige Fassung einer epideiktischen Rede, die mit dem Redegegenstand lobend oder tadelnd auf das „genießende“ Publikum zielte, wie dies z.B. Plinius' Panegyrik auf Trajan belegt, wich in der Regel erheblich von der ursprünglich dargelegten Version ab. Plinius selbst vermerkt, dass die von ihm selbst verschriftlichte Fassung deutliche Erweiterungen erfahren habe (Plin. Ep. 3,18,1-2).

[185] Vgl. in diesem Sinne HOWARD-JOHNSTON 2000, 25 Anm. 29. Sehr vorsichtig hingegen WHITBY 2022, 139: Die Anspielung auf Justinians Wunsch, dass die

gesichertes Wissen über die kaiserlichen Erwartungen besitzen – das ist nichts Ungewöhnliches, denn die spätantiken Panegyriker wissen in der Regel, welche Erwartungen und Vorstellungen ihr Publikum hat und wie bestimmte Fakten zu deuten sind. Die oben herangezogene Stelle scheint also gerade darauf hinzudeuten, dass Prokop zumindest ansatzweise die Erwartungen seines kaiserlichen Adressaten kannte und wusste, welche Aspekte seiner Tätigkeit nach Justinians Wunsch in seinem Lobpreis besonders hervorzuheben seien, bzw. was der Kaiser als seine besondere Leistung ansah.

Man muss daher zu dem Schluss kommen, dass Prokop „Die Bauten" höchstwahrscheinlich aus eigener Initiative verfasst hat, in der Hoffnung auf einen nicht näher bestimmten Nutzen. Aufschlussreich scheint in dieser Hinsicht die Aussage in Aed. 1,1,4 zu sein, die sich auf die Dankbarkeit der Untertanen für die Wohltaten bezieht, die ihnen von den Herrschenden erwiesen worden sind. Sie lässt darauf schließen, dass der Historiker eine Art Gunst sucht und auf eine Belohnung hofft. Weil diese Textstelle recht vage ist, ist es eher wenig plausibel, dass es sich hier um eine Danksagung für eine bereits erhaltene Wohltat handelt. Es ist also davon auszugehen, dass es private Motive waren, die Prokop Anlass dazu gaben, den Panegyrikus zu verfassen, und er will sich, unter Bezug auf seine schon bekannten „Kriege", bei dem Kaiser in Erinnerung rufen, indem er ihn auf sehr originelle Weise rühmt.[186] Es hat keinen Sinn, in diesem Zusammenhang von Aufrichtigkeit zu sprechen – es geht um eine Panegyrik und folglich um eine spezifische Konvention, deren Regeln jeder kannte.

Es stellt sich also die Frage, wie die Tatsache zu erklären ist, dass ein und derselbe Autor zwei so widersprüchliche Werke verfasst hat – die *Anekdota*, eine Schmähschrift gegen Justinian, und *De aedificiis*, den Panegyrikus auf denselben Kaiser? Av. Cameron erklärte in ihrer 1985 veröffentlichten und 1996 neu herausgegebenen Monografie die Unterschiede zwischen beiden Schriften in erster Linie durch die Verschiedenheit der Gattungen, aber sie selbst begann an dieser Erklärung zu zweifeln.[187] Generell geht, wie bereits erwähnt, ein großer Teil der Forscher davon aus, dass Prokop Justinian feindlich gesinnt gewesen sei und seine wahren An-

Kirchen der Jungfrau Maria zuerst erwähnt würden (Aed. 1.3.1), könnte die These einer kaiserlichen Einladung stützen, sei aber kein Beweis dafür.

[186] Laut HOWARD-JOHNSTON 2000 habe Prokop *De aedificiis* deswegen geschrieben, weil er sich als Ingenieur beruflich für die Bautechnik interessiert habe. Die Argumente von Howard-Johnston, dass Prokop Ingenieur und nicht Jurist gewesen sei, sind aber nicht überzeugend.

[187] CAMERON 2000, 178.

sichten in den *Anekdota* zum Ausdruck gebracht habe, während er zum Verfassen von *De aedificiis* gezwungen worden sei und dieses Werk gegen seine innere Überzeugung geschrieben habe.[188] Die Befürworter dieser Theorie möchten auch Spuren von Feindseligkeit gegenüber Justinian in *De aedificiis* feststellen, die sich an verschiedenen Stellen in der Ironie oder in den versteckten kritischen oder böswilligen Anspielungen zeigen sollen. Ph. Rousseau vertritt die Meinung, dass sich die Anzeichen der Feindschaft gegenüber Justinian im Sprachgebrauch von *De aedificiis* finden lassen. Die Leistungen Justinians würden so überspitzt dargestellt, dass sie die Hybris des Kaisers thematisieren, der Anspruch darauf erhebe, übermenschliche Leistungen zu vollbringen.[189] Diese Interpretation der Methoden und der Art und Weise, wie das Lob in der kaiserlichen Panegyrik gestaltet wird, beruht jedoch auf einem Missverständnis der Prinzipien dieser antiken Literaturgattung. M. Whitby zeigt die Schwäche derartiger Argumente klar auf, indem er darauf hinweist, dass die Übertreibung, die *Hyperbole*, man könnte auch sagen die *Vergrößerung*, das Wesen der kaiserlichen Panegyrik ausmacht. Es ist daher nicht mehr nötig, die Diskussion hier zu wiederholen, die Whitby bereits entschieden hat.[190] Demgegenüber glaubt A. Kaldellis, der Prokop fast wie einen heutigen liberalen Denker behandelt, dass man in *De aedificiis* verschiedene kritische Anspielungen erkennen dürfe, die eine echte feindliche Einstellung zu Justinian zum Ausdruck brächten. Nach Kaldellis finde sich im Text von *De aedificiis* eine versteckte Ironie, die in den auf den ersten Blick lobend erscheinenden Teilzitaten antiker Autoren enthalten sei, und nur wenn sie in ihren ursprünglichen Kontext gestellt würden, könne die „wahre" antijustinianische Botschaft von einer Gruppe aufgeklärter Menschen entdeckt werden.[191] Dieser Ansatz ist höchst subjektiv und zielt darauf ab, die *a priori* als gültig angenommene These zu beweisen, dass Prokop ein Feind des Regimes gewesen sei und eine geheime Botschaft für eine Gruppe von Dissidenten geschrieben habe. Einige der von Kaldellis angeführten Beispiele, wie die angeblichen Anspielungen auf das Barbarentum oder die niedrige Herkunft Justinians, die in den Vergleich mit Themistokles oder Cyrus einbezogen werden sollten, sind nichts anderes als eine bloße Überinterpretation der Tatsachen oder sogar eine Erfindung, die nicht angefochten werden

---

188 Vgl. insbesondere DOWNEY 1947. Derzeit wird diese Theorie vor allem von A. Kaldellis vertreten (vgl. KALDELLIS 2004, 51-55, KALDELLIS 2010, XXV).

189 ROUSSEAU 1998.

190 WHITBY 2000. Im ähnlichen Sinn auch ROQUES 2011, 36-37.

191 KALDELLIS 2004, 53-55.

kann.[192] Auch bei anderen Zitaten, wie z.B. denjenigen aus Homer, sollte die Bedeutung solcher scheinbaren Anspielungen nicht überschätzt werden, da es keineswegs sicher ist, dass die Rezipienten Prokops und Prokop selbst den ursprünglichen Kontext dieser Entlehnungen tatsächlich beachtet haben. Die Übernahme von Wörtern, Phrasen, Szenen, Sätzen, die Nachahmung des Stils früherer Autoren war eine übliche rhetorische Praxis. Der Originalkontext einer bestimmten Phrase war in der Regel irrelevant, weil diese Muster in vielen Fällen aus verschiedenen Auszügen, Florilegien, Sprichwortsammlungen usw. entnommen wurden, und selbst die bloße Existenz derartiger Sammlungen zeigt, wie wenig der Kontext des Originals bedeutete.[193] Die Suche nach verborgenen Inhalten in antiken rhetorischen Texten kann daher irreführend sein.[194]

In diesem Zusammenhang ist somit nochmals zu betonen, dass es methodisch falsch ist, wie H. Börm treffend argumentiert, davon auszugehen, dass Prokops Angriffe auf Justinian in den *Anekdota* echt seien und seine wahre Meinung über den Kaiser ausdrückten, während die Lobpreisungen Justinians in *De aedificiis* unaufrichtig seien.[195] Um zu erfahren, was Prokop tatsächlich über den Kaiser dachte, und um zu beantworten, warum er zunächst eine Schmähschrift gegen Justinian und sein Gefolge und einige Jahre später einen Panegyrikus auf denselben Kaiser schrieb, ist man allerdings weitgehend auf Spekulationen angewiesen, die lediglich am Grad ihrer Plausibilität und inneren Kohärenz beurteilt werden können. Die Annahme, Prokop sei ein erbitterter und konsequenter Gegner Justinians gewesen, ist nur schwer zu halten. Das Zeugnis des Suda-Lexikons scheint zu beweisen, dass Justinian den Historiker hoch schätzte und ihm den

---

[192] Gegen KALDELLIS muss man betonen, dass Justinian weder direkt noch indirekt mit Neokles, dem Vater des Themistokles, verglichen wird (vgl. Aed. 1,1,7). Abzulehnen ist ebenfalls die Annahme, dass es im Vergleich zum Archetypen des idealen Herrschers, der der Perserkönig Cyrus in der griechischen Tradition war, eine implizite Kritik gäbe, weil darauf hingewiesen werde, dass Letzterer ein Perser gewesen sei. Viele Autoren verfahren ähnlich, wenn sie die ethnische Zugehörigkeit von Cyrus angeben – (vgl. z.B. Cicero: „Cyrus, ille Perses iustissimus fuit sapientissimusque rex“; Cic. Rep. 1,43). Das Ethnonym „Perser“ wird in diesem Zusammenhang nicht als Schimpfwort verwendet, sondern ist inhaltlich neutral.

[193] Schon WHITBY 2000, 64 Anm. 34 hat darauf hingewiesen.

[194] Der Vergleich der Staaten mit dem Kinderspiel, der sowohl in der „Geheimgeschichte“ als auch in den „Bauten“ vorkommt, in der „Geheimgeschichte“ kritisch, in den „Bauten“ lobend, zeigt wiederum, welch geschickter Rhetor Prokop war, der die gleichen Bilder je nach Bedarf für unterschiedliche Zwecke verwendete. Ein guter Rhetor war in der Lage, den gleichen Redegenstand zu loben und zu tadeln.

[195] BÖRM 2015, 329.

Illustris-Titel verlieh. Die Mutmaßung, dass die *Anekdota* eine Reaktion auf einen möglichen Machtwechsel und den zu erwartenden Tod Justinians gewesen sein könnten, erscheint plausibel, und so ist es nicht verwunderlich, dass der hoch angesehene Historiker in der zweiten Hälfte der 550er-Jahre nach Fertigstellung des 8. Buches der „Kriege“ aus eigener Initiative einen neuartigen Panegyrikus auf den Kaiser vorlegte, der möglicherweise bald zu seinem (weiteren) sozialen und politischen Aufstieg beitrug.[196]

4.4. „Gott stehe unserem Kaiser in allen Unternehmungen bei“ (Aed. 5,3,10): Justinian – der christliche Kaiser

„Die Bauten“ bilden eine literarische Metapher, die dazu dient, bestimmte Tugenden Justinians zu veranschaulichen, die sich in seinem Handeln manifestieren.[197] Die religiösen Tugenden stehen absolut im Vordergrund, darunter im Wesentlichen die Frömmigkeit, die sich vor allem im Bau von Kirchen niederschlägt. Die archetypische Funktion kommt natürlich in dieser Hinsicht der Hagia Sophia zu (Aed. 1,1,20-78), deren Beschreibung alle zentralen Elemente des Bildes von Justinian als christlichem Herrscher enthält, der dank seiner Frömmigkeit in der Lage ist, die für die Sterblichen gesetzten Grenzen zu überschreiten und spektakuläre Werke zu schaffen. Äußerst charakteristisch ist hier die Phraseologie, die ein Ausdruck rhetorischer Amplifikation ist und die Unmöglichkeit ausdrückt, etwas zu tun (*amechania*, *aporia*), wodurch immer wieder betont wird, dass der Kaiser die üblichen menschlichen Grenzen übersteigt und das Unmögliche und Außergewöhnliche vollbringt. Dies ist natürlich eine für Lobpreisungen charakteristische Terminologie, und die Beispiele dafür finden sich auch in anderen Kaiserpanegyriken.[198] So können diejenigen, die die Hagia Sophia eingehend betrachten, nicht begreifen, wie etwas so Großartiges gebaut wurde (Aed. 1,1,49), während der Redner es für unmöglich hält, die vielen verwendeten Ideen und Lösungen zu verstehen und zu beschreiben (Aed. 1,1,50).[199] Die Schönheit des Gebäudes ist jedoch kein Selbstzweck, sondern ein Mittel, die Gläubigen zu Gott zu führen:

---

[196] Natürlich kann man auch die einfachste Erklärung nicht völlig ausschließen: Prokop hätte um 553/554 in Konflikt mit Belisar und dem Kaiser geraten können, später aber hätte er sich mit dem Herrscher versöhnt, was zur Abfassung eines Panegyrikus hätte führen können (so z.B. ANGOLD 1996).

[197] ELSNER 2007, 43.

[198] WHITBY 2000; zu *aporia* und *amechania* vgl. auch ROUSSEAU 1998.

[199] Das Thema der „Unmöglichkeit“, Justinians Bauleistungen zu beschreiben, taucht auch an anderen Stellen auf vgl. z.B. Aed. 1,9,17.

> „Wenn einer das Heiligtum zum Beten betritt, so wird ihm alsbald bewusst, daß nicht menschliche Kraft oder Kunst, sondern Gottes Hilfe dieses Werk gestaltet hat; sein Sinn aber erhebt sich zu Gott und wandelt in der Höhe und glaubt daran, dass der Herr nicht ferne ist, sondern am liebsten in den Räumen weilt, die er sich selbst ausgewählt hat” (Aed. 1,1,61; Übersetzung Veh).

Die Rolle Gottes bei der Erschaffung der Hagia Sophia und die des Kaisers wurden an anderer Stelle erläutert. Gott ließ die Zerstörung des alten Heiligtums zu, um Platz für den Bau einer neuen und prächtigeren Kirche zu schaffen (Aed. 1,1,21). Die Hauptverantwortung für den Bau lag aber beim Kaiser, der große finanzielle Mittel, die Kraft seines Verstandes und die Qualitäten seines Geistes einsetzte (Aed. 1,1,67; 1,22-23). Zum Bau der Hagia Sophia holte Justinian die besten Ingenieure Anthemios von Tralleis und Isidoros von Milet. Gerade diese Tatsache verdeutlicht die Zusammenarbeit zwischen dem Kaiser und Gott: Gott schenkte dem Kaiser Gnade, damit er die bestmöglichen Leute für die Aufgabe auswählen konnte – dank der göttlichen Weisung war der Herrscher also in der Lage, die richtige Wahl zu treffen (Aed. 1,1,25-26). Genau das macht den archetypischen Charakter der Schilderung der Hagia Sophia aus: Justinian war ein großzügiger und kompetenter Herrscher, der keine Mühe scheute, Werke zur Ehre Gottes zu vollbringen. Dank seiner Intelligenz, Weisheit und Geistesstärke war er imstande, die Herausforderungen anzunehmen, die für die gewöhnlichen Menschen unmöglich sind. Bei diesen Aufgaben wurde er von Gott unterstützt. Nach der spätantiken Mentalität, die besonders deutlich durch die Kaiserpanegyriken, aber auch durch die offizielle Terminologie gefördert wird, nach der fast alles, was mit dem Kaiser verbunden ist, heilig ist, bleibt der Kaiser in einer besonderen Nähe zu Gott, und dank dieser Nähe und dank göttlicher Unterstützung und Inspiration ist er imstande, die üblichen menschlichen Beschränkungen zu überwinden. Auf diese Art und Weise wird der Kaiser als weltlicher Mitarbeiter Gottes konzipiert, und deswegen wird der göttliche Wille zum wichtigsten Faktor, der seine Macht legitimiert: Gott, der über die Sicherheit des Römischen Reiches wacht, hat ihm die Autorität über das Reich anvertraut, damit er für alles sorgt und es erneuert (Aed 2,6.6; 2,9.11). Allerdings schließt dieser Gedanke die menschliche Mühe nicht aus – ganz im Gegenteil, der Mensch muss sich den Herausforderungen stellen und versuchen, sie aus eigener Kraft zu lösen, und Gott kann ihn dabei unterstützen– muss es aber nicht. So betont Prokop einerseits stark die menschliche Verantwortung und den persönlichen Beitrag Justinians, andererseits entwickelt er aber konsequent die Idee der Zusammenarbeit mit Gott, wofür ein besonderes Beispiel darin besteht, dass der Kaiser selbst entschied, wie er eines der auftretenden technischen Probleme lösen wollte, wobei er, wie Prokop hinzufügt, wahrscheinlich unter der Inspiration Gottes handelte. Dadurch wurde Justinian zu einem Ingenieur wie Anthemios oder Isidoros, obwohl er eigentlich keiner war (Aed. 1,1,71-73). So deutet Prokop wiederholt an, dass Gott Justinian in all seinen Vorhaben zur Seite stand (z.B. Aed. 5,3,10; 2,3,13). Manchmal können diese Eingriffe wundersamer Natur sein, wie im Fall des Baus der Kirche der Gottesmutter in Jerusalem. Als ein Problem mit der Lieferung von Material für den Bau auftrat und nicht gelöst werden konnte, offenbarte Gott ein Steinvorkommen in den nahe gelegenen Bergen. Prokop lässt die Frage offen, ob es zuvor schon dort verborgen lag oder sich zu diesem Zeitpunkt erst bildete (Aed. 5,6, 16-21).[200] Wenn also die eigene menschliche Kraft versagt, erweist Gott seinen Gläubigen Gnade und kommt ihnen auf wundersame Weise zu Hilfe (vgl. auch Aed. 2,2,9).

Justinians Frömmigkeit äußert sich nicht nur im Bau von Kirchen, sondern auch in der Verehrung der Reliquien von Heiligen, im Fasten und in der Askese. Hagiografische Themen und typologische Darstellungen von Wundern sind daher ein wichtiges Element des Lobpreises, und auf diese Art und Weise setzt Prokop die von Eusebius von Caesarea und seinem Lob auf Konstantin den Großen eingeschlagene Richtung fort. In *De aedificiis* lassen sich die umfangreichen Berichte über das Auffinden der Reliquien von Heiligen und wundersame Heilungen finden. Im Buch I wird der Fund von Reliquien der heiligen Apostel Andreas, Lukas und Timotheus in Konstantinopel erwähnt (Aed. 1,4,17-21). Diese Tatsache soll eine Bestätigung für die Frömmigkeit und Rechtgläubigkeit des Herrschers bieten: Den Aposteln gefiel die Ehrfurcht, die der Kaiser ihnen entgegenbrachte, sie erlaubten es ihm, sich ihnen zu nähern und sie zu berühren, und so konnte er sein ganzes Leben hindurch ihre Unterstützung erfahren (1,4,17-18). Diese Geschichte wird durch einen allgemeineren Kommentar ergänzt: Wenn der Kaiser fromm sei, bleibe die göttliche Vorsehung dem Volk nahe und mische sich gerne in seine Angelegenheiten ein (Aed. 1,4,24). Noch suggestiver sind die Beschreibungen von Wunderheilungen. Als Justinian schwer erkrankt war, besuchten ihn die Heiligen Kosmas und Damian im Traum und heilten ihn auf wundersame Weise. Aus Dankbarkeit baute der Kaiser ihre Kirche aus und verschönerte sie (Aed. 1,6,5-8). Ähnliche Geschichten finden sich auch in den erhaltenen *Miracula Sanctorum Cosmae*

[200] Diese Art der wundersamen Entdeckung der benötigten Materialien wird in den Schilderungen des Kirchenbaus in der mittelalterlichen Literatur erscheinen.

et Damiani. Noch spektakulärer war die Heilung des Kaisers, der an Knieschmerzen litt, dank der frisch gefundenen Gebeine der 40 Märtyrer von Sebaste. Als Justinian eine prächtige Kirche für die heilige Irene errichtete, ließ Gott ihn die Überreste der 40 Märtyrer finden, um zu zeigen, dass ihm die Frömmigkeit des Herrschers gefiel, und belohnte ihn bald darauf auf wundersame Weise (Aed. 1,7,5). Weil Justinian während der Osterzeit fastete und wenig schlief, verschlimmerten sich seine Beschwerden und wurden von seinen Ärzten nicht mehr kontrolliert.[201] Justinian suchte daraufhin sein Heil in der Kraft der Reliquie: Als die Reliquie auf seinen Schoß gelegt wurde, ließen die Schmerzen sofort nach, und das Öl floss aus der Reliquie auf die Füße des Kaisers und seine Gewänder.[202] Der mit diesem Öl getränkte Chiton wurde im Palast als Andenken, aber auch als eine Art neue Reliquie aufbewahrt, die als ein neues Heilmittel für diejenigen Menschen fungieren sollte, die in Zukunft hoffnungslosen Krankheiten verfielen (Aed. 1,7,3-16). Zahlreiche Hinweise auf die Renovierung, den Ausbau oder die Gründung von Hospitälern und Armenhäusern zeugen wiederum von der Barmherzigkeit des Herrschers (Aed. 1,2,13-17; 1,6,6-8; 1,9,12-13; 2,10,25; 5,625; 5,9,27; 5,9,34-38),[203] während sich die traditionelle Tugend der *clementia* (Milde) – eine der wichtigsten Eigenschaften eines idealen Herrschers – in der Vergebung der Schuld der Verschwörer offenbart (Aed.1.1.10; 1,1,16).

Es war für einen Lobredner nicht angeraten, den gepriesenen Kaiser ausschließlich als Wohltäter in Friedenszeiten darzustellen, wie dies z.B. Menander Rhetor innerhalb seiner Anweisungen für den *basilikos logos* hervorhebt (vgl. z.B. Men. Rh. 372,25-27). Dementsprechend halten es die Panegyriker immer für notwendig, auch die kriegerischen Aktivitäten des zu lobenden Herrschers zu thematisieren. Das gilt auch für Prokop – um dem Genus des Panegyrikus gerecht zu werden, stellt er zum einen die großen Siege Justinians anhand seiner Bauwerke dar, zum anderen macht er die militärischen Bauanlagen und folglich den Schutz und die Sicherheit des Reiches, neben den religiösen Stiftungen, zum Hauptthema seines Werkes. Bereits in dem Proömium werden große militärische Erfolge gefeiert, indem auf die Sicherung der Grenzen und die beträchtliche Erweiterung des Staatsgebietes hingewiesen wird (Aed. 1,1,11; 1,1,16). Die mili-

---

[201] Während in *De aedificiis* asketische Praktiken ein Beweis für Justinians Frömmigkeit sind, sind sie in den *Anekdota* ein Beweis für seine unmenschliche, d.h. dämonische Natur.

[202] Solche Wunder wurden besonders mit dem Heiligen Nikolaus und dem Heiligen Demetrius in Zusammenhang gebracht.

[203] Vgl. dazu ROQUES 2011, 32.

tärischen Inhalte tauchen auch im Hauptteil des Panegyrikus auf. Schon im 1, Buch wirft das Reiterstandbild des Kaisers auf dem Augustaion zentrale Themen für die kaiserliche Panegyrik auf (Aed. 1,2,5-12) und wird zum Ausgangspunkt für die Darstellung des Herrschers im Sinne der traditionellen, aber christianisierten Kaiserideologie, [204] in der der Kaiser als Herrscher der Welt (*dominus orbis*, *kosmokrator*) und Bezwinger der Feinde (*pacator orbis*) präsentiert wird, wobei die Quelle seiner Sieghaftigkeit nicht das Schwert, sondern das Kreuz und der christliche Glaube sind (Aed. 1,2,11). Die Herrschaft über die Welt aufgrund des Willens Gottes wird durch die Weltkugel und das darauf stehende Kreuz symbolisiert. Das Pathos dieses erhabenen Lobes wird durch den Umstand verstärkt, dass es teilweise in der homerischen Tradition verankert wird. Die Umsetzung des typischen panegyrischen Themas von Furcht und Schrecken, die der Kaiser bei den Feinden auslöst, knüpft an die Epen Homers an: Der Kaiser wird als Achilles dargestellt und bedrohte wie Achilles seine Feinde, denen er befahl, ruhig zu bleiben.[205] Weil Justinian nach Osten blickte, richteten sich die Drohungen gegen die Perser, was übrigens gut zu dem Vergleich mit Achilles passt, der eine Gefahr für die Bewohner des Ostens (Asiens), d.h. für die Trojaner, bildete. Die militärischen Themen und die Siege Justinians stehen auch bei den Mosaiken, die die sogenannte Chalke schmückten, im Vordergrund (Aed. 1,10,15-20). Sie zeigen eine prächtige Feier der Triumphe, die der Kaiser durch seinen Feldherrn Belisar in Afrika und Italien erzielt hatte. In der Mitte sind Justinian und Theodora abgebildet, während die besiegten Könige der Vandalen und Goten auf sie zugehen. Der Triumph wird auch vom Senat gefeiert, der dem Herrscher aufgrund seiner Leistungen

---

[204] Zur spätantiken imperialen Ideologie vgl. BRODKA 1998.

[205] Der Vergleich Justinians mit dem „Stern des Spätsommers", d.h. mit dem Sirius (Aed. 1,2,10), ist, wie Prokop selbst andeutet, Homer entnommen (vgl. Il. 22,25-31). So erschien Achilles dort dem Priamos, dem König von Troja, und kündigte ihm ein Unglück an, nämlich den Tod Hektors. Gegen GANTAR 1962 braucht man in diesem Vergleich keine Ironie oder Anspielung auf die Pest zu sehen, die Justinian heraufbeschwören sollte, obwohl Sirius in der Antike tatsächlich manchmal als ein Vorbote von Pest und Dürre galt, sondern eine kunstvolle und raffinierte Einfügung eines für die kaiserliche Panegyrik wichtigen Motivs: Der römische Kaiser erregt Schrecken bei seinen Gegnern (*terror nominis*), die dadurch ruhig bleiben und keinen Aufruhr verursachen (vgl. z.B. Pacatus (Pan. Lat. II (XII) 22,1). EVANS 1974 lehnt zwar Gantars Deutung ab, weist aber auch darauf hin, dass nicht Justinian selbst, sondern der Glanz seines Helms mit Sirius verglichen wird.

die gleiche Verehrung zuteil werden lässt wie Gott (Aed.1.10,20).[206] So wird der unbesiegbare Herrscher auf eine für den spätantiken Kaiserpanegyrikus typische Weise über die menschliche Sphäre emporgehoben und sein Kaisertum ins Übermenschliche entrückt, was in der Art der Verehrung zum Ausdruck kommt, die ihm der Senat entgegenbringt.[207]

Ein äußerst wichtiges Thema der „Bauten", neben dem Bau oder der Restaurierung von Kirchen, sind die militärischen Bauanlagen, mit denen der Kaiser die Grenzen des Römischen Reiches sicherte. Es wird im Buch II angekündigt (vgl. Aed.2,1,1). Ähnlich wie die Hagia Sophia als der Archetyp des Sakralbaus gilt, so erfüllt die im 2. Buch ausführlich geschilderte Festung von Dara dieselbe Funktion für die militärischen Bauanlagen (Aed. 2,1,4-2,3,26). Es ist hervorzuheben, dass die von Prokop gelieferten technischen Details in vielen Fällen recht zuverlässig sind.[208] In erster Linie erfüllen sie aber eine wichtige rhetorische Funktion, indem sie ihm einen Anlass bieten, wichtige Probleme aufzuwerfen. Die Verteidigungsanlagen brachten den Provinzen Sicherheit, und ihre Errichtung war ein Zeichen für die Weitsicht und Sorge des Herrschers um das Wohlergehen seiner Untertanen (Aed. 2,2,3; 2,2,21; vgl. auch Aed. 2,6,6) und seine Intelligenz (Aed. 2,3,23-25).[209] Auch die Wirksamkeit der Befestigungen wird bestätigt, wie dies der Perserkönig Chosroes erfahren hat (Aed. 2,2,20-21). Bei ihrem Bau traten zahlreiche natürliche Schwierigkeiten auf, die den Bauherrn manchmal vor Herausforderungen stellten, die er nicht lösen konnte. Aber das „Unmögliche" wurde auf ähnliche Weise bewältigt wie im Fall der Kirchenschöpfungen: Die Außergewöhnlichkeit des Kaisers meisterte die Hindernisse recht schnell, denn Gott unterstützte ihn, und wenn menschliche Fähigkeiten versagen, reagiert Gott selbst direkt und bietet die Lösungen

---

[206] Dies ist eine Anspielung auf das im Kaiserpanegyrikus bedeutende Thema der Liebe und Zuneigung, die die verschiedenen sozialen Gruppen (vor allem die Soldaten) gegenüber dem Kaiser empfinden.

[207] Man braucht hier nicht nach Ironie zu suchen, wie dies ROUSSEAU 1998, 126 oder KALDELLIS 2004, 59 tun. Es ist üblich für die panegyrische Konvention, den Kaiser ins Übermenschliche zu erheben und in unmittelbare Nähe zu Gott zu rücken (vgl. dazu MAUSE 1994, 220). Deswegen gibt es keinen Grund dafür, die Formel „gottgleich" (*isotheos*) in einer Periode zu überbewerten, in der alles, was mit dem Herrscher verbunden war, als „heilig" oder „göttlich" bezeichnet wurde. Die Rezipienten der Panegyrik waren mit dieser Art von pathetischem Lob gut vertraut (vgl. dazu WHITBY 2000, 64). Das ändert freilich nichts an der Tatsache, dass der Historiker gut wusste, dass einige Höflinge die Frömmigkeit Justinians übertrieben lobten, was Tribonian böswillig kommentierte (An. 13,12).

[208] Vgl. vor allem WHITBY 1986b.

[209] ELSNER 2007, 45-46.

für alle Probleme an – daher besteht ein großer Teil des der Stadt Dara gewidmeten Abschnitts aus dem Bericht über die wundersamen Visionen, die sowohl Justinian als auch sein Architekt Chryses erlebten und durch die es Justinian gelang, die Stadt vor den Hochwassern zu schützen (Aed. 2,3,1-15).

Es gelingt Prokop in seinem umfangreichen Werk zwecks der möglichst großen Lobentfaltung auf Justinian, die Bautätigkeit auf ihn zu zentralisieren und zu fokussieren. Damit kann er deutlich machen, dass der Kaiser in den meisten Fällen nicht nur finanzierte, was ein Beweis für seine *liberalitas* ist, sondern selbst die Bauten entwarf und errichtete, und nur selten werden seine Mitarbeiter erwähnt. Prokop behandelt ihn in seinem Panegyrikus als einen Mann, der einen eminenten Posten bekleidete, weil Gott ihn dazu auserwählt hatte. Dementsprechend lag der Schwerpunkt der hier vorgestellten Aktivitäten des Herrschers auf der Verteidigung des wahren Glaubens und der Gewährleistung der Sicherheit des Staates (vgl. Aed. 6,2,20). Justinians wichtigste Tugend war also die Frömmigkeit, die sich in den religiösen Bauten manifestierte. Indem der Herrscher Gott, der Gottesmutter und den Heiligen seine Achtung erwies, erhielt er dafür als Gegenleistung das Wohlwollen Gottes und der Heiligen. Die besondere Beziehung zu Gott, der an den Handlungen des Kaisers Gefallen fand, wird dadurch unterstrichen, dass Gott zum Mitarbeiter des Kaisers bei der Errichtung sowohl der Kirchen als auch der militärischen Anlagen stilisiert wird. Prokop steigert darüber hinaus den Gedanken göttlichen Beistandes, indem er Wunder berichtet – seien es Heilungen, Traumvisionen oder die Entdeckung der benötigten Stoffe. Es fällt schwer, daran zu glauben, dass sein Auditorium alle Beispiele außergewöhnlicher Leistungen für real hielt. Demgegenüber spricht es für das Geschick und Können Prokops, derartige Szenen zu erfinden, in denen z.B. Justinian die technischen Probleme beim Bau der Hagia Sophia löst oder einen Plan zum Schutz von Dara vor Überschwemmungen entwirft, um dem Unterhaltungswert des Panegyrikus gerecht zu werden. Dabei wird sein Publikum offensichtlich nicht danach gefragt, welche Geschichten, Szenen oder Bilder topischen Charakter haben, oder welche der Wirklichkeit näher kommen. Das Publikum hatte das vorrangige Interesse, in einem so innovativem Werk Justinian als allerfrömmsten Kaiser, unbesiegbaren Triumphator und Beschützer des Römischen Reiches erkennen und verehren zu können.

5. Der Historiker

5.1. „Ferner war sich der Verfasser bewusst, für den folgenden Bericht die allerbesten Voraussetzungen mitzubringen" (Bell.1.1.3) – Zum Wahrheitsanspruch Prokops

Die antiken Historiker lassen sich im Wesentlichen von einer Reihe fester Grundsätze leiten, auf die sich die meisten von ihnen stützen.[210] Sowohl die direkten Aussagen einzelner Autoren als auch die theoretischen Ausführungen von Lukian von Samosata, Autor des Traktats „Wie man Geschichte schreiben soll", bieten uns Einsicht in diese Prinzipien. „Der Geschichtsschreiber hat nur eine Aufgabe: nämlich zu melden, wie ein Ereignis verlaufen ist" (Luc. De hist. conscr. 39, Übersetzung Homeyer). Einen noch nachdrücklicheren Standpunkt vertritt Polybios in dieser Frage, indem er feststellt, dass der Begriff *Geschichte* nur auf ein Werk angewandt werden könne, das eine wahrheitsgemäße Faktendarstellung biete – ein Werk, das von der Wahrheit abweiche, könne nicht *Geschichte* genannt werden (Polyb. 12,11-12). Das Grundprinzip ist also die Wahrheit, und auch Prokop verweist auf dieses Leitprinzip: „Er vertrat dabei die Auffassung, dass für Redekunst kraftvolle Sprache, für Dichtkunst Erfindungsgabe, für Geschichtsschreibung aber Wahrheit angemessen sei" (Bell.1,1,3, Übersetzung Veh). Allerdings muss der antike Historiker sein Publikum davon überzeugen, dass sein Bericht tatsächlich verlässlich ist und es verdient, dass ihm geglaubt wird. Aus diesem Grund bemühen sich die antiken Geschichtsschreiber, von Thukydides angefangen, in ihren Werken, ihre eigene Person auf angemessene Weise zu gestalten, um sich als jemand zu präsentieren, der geeignet ist, eine bestimmte Geschichte darzustellen, und der deren Wahrhaftigkeit garantiert.[211] Weil die Historiografie vor allem den Krieg und die Politik thematisiert, erwartet man von den Historikern, dass sie insbesondere in diesen Bereichen Erfahrung besitzen. Laut Polybios sei ein Historiker nicht in der Lage, ohne eigene Kriegserfahrung den Ablauf von Schlachten in angemessener Weise zu erfassen und zu schildern. Dasselbe gilt für die politischen Ereignisse: Es sei für den Historiker unmöglich, politische Mechanismen ohne persönliche politische Aktivität nachzuvollziehen (Polyb. 12,25g). Erst dann könne ein Geschichtswerk praktischen Wert besitzen, denn der Politiker sei imstande, daraus Nutzen zu ziehen. Obwohl Lukian, der bereits in einem anderen politischen Sys-

---

[210] Grundlegend dazu MARINCOLA 1997.
[211] MARINCOLA 1997, 128.

tem, nämlich einer Monarchie, lebt, nicht so radikal in seinen Anforderungen ist, sind sie in der Praxis ähnlich. Während letztlich allein der praktische Staatsmann der ideale Historiker für Polybios ist (Polyb. 12,28), denn Bücher können politische Kenntnisse nur in unzureichender Weise vermitteln, sollte der gute Historiker, laut Lukian, nur zwei Haupteigenschaften aufweisen: das Verständnis für politisches Geschehen und die Fähigkeit, dieses darzustellen (Luc. De hist. conscr 34). Lukian fordert zwar keine politische Erfahrung, aber ähnlich wie Polybios verlangt er die Kriegserfahrung:

> „So möge also auch uns ein solcher Schüler anvertraut werden, dem es nicht an Auffassungsgabe und der Fähigkeit sich auszudrücken mangelt und der sich durch einen scharfen Blick auszeichnet – einer, der sich bewährt, wenn er mit der Erledigung öffentlicher Angelegenheiten betraut wird, und der militärische Fähigkeiten besitzt – der als Staatsmann und Feldherr praktische Erfahrungen gesammelt hat und – beim Zeus – sich auch einmal im Lager aufgehalten und mit eigenen Augen Soldaten beim Exerzieren und in der Schlachtordnung beobachtet hat, Waffen und Kriegsmaschinen kennt und weiß, was »auf der Flanke« und »frontal« heißt, wie die Infanterie und wie die Reiterei operiert und warum, was »nachsetzen« und was »einkreisen« bedeutet – kurz, er darf kein Stubenhocker sein, einer, der sich nur auf Berichte anderer verlässt" (Luc., De hist conscr. 37, Übersetzung Homeyer).

Im Prinzip ist es wünschenswert, dass der Historiker zumindest bei einigen der dargestellten Ereignisse Augenzeuge gewesen ist (Luc. De hist. conscr. 47) und auch die geografischen Verhältnisse möglichst aus eigener Anschauung schildert (Autopsie) (Polyb.12,25e;12,25g). Prokop behauptet im Proömium zu den *Bella* in einem intertextuellen Dialog mit Lukian und Polybios, dass er über diese Art von Kompetenz verfügt, indem er ausdrücklich von seiner Veranlagung spricht, die Geschichte zu betreiben: „Ferner war sich der Verfasser bewusst, für den folgenden Bericht die allerbesten Voraussetzungen mitzubringen, und zwar gerade aus dem Grunde, weil er zum juristischen Beirat bestellt, zusammen mit dem Feldherrn Belisar an fast allen Ereignissen persönlich teilnahm" (Bell.1,1,3, Übersetzung Veh). Er argumentiert somit, dass er ein kompetenter Mann ist, die Zeitgeschichte niederzuschreiben, da er über das entsprechende Wissen verfügt. Er ist der Rechtsberater des Feldherrn Belisar und ein direkter Teilnehmer und Augenzeuge vieler zu berichtender Ereignisse gewesen (Bell. 1,1,3). Er verfügt daher nicht nur über eine gute Kenntnis der

Fakten, sondern hat als Mitglied des engsten Kreises eines der Hauptakteure des militärischen Geschehens auch Einblick in den Prozess der wichtigen politisch-militärischen Entscheidungen und kennt die Bedingungen, unter denen diese Entscheidungen getroffen wurden. Das bedeutet, dass Prokop wie die größten Historiker der Antike, Thukydides oder Polybios, über gewisse politische und militärische Sachkenntnis verfügt. An vielen Stellen seiner Werke kann man tatsächlich eine militärische Fachkenntnis erkennen,[212] auch wenn er aus rein literarischen Gründen oft wichtige Aspekte der dargestellten Ereignisse vereinfacht oder auslässt. Die Autopsie hat sich zweifellos auf die Art und Weise ausgewirkt, wie er die Ereignisse in ihrer Veränderlichkeit und Dynamik deutet und berichtet. So kann er den Anspruch auf Genauigkeit seines Berichtes (*akribologia*) erheben (Bell. 1,1,5), und mit diesem Anspruch scheint er sich an Thukydides und seiner *akribeia* zu orientieren (vgl. Thuc. 1,22,2) und möglicherweise auch an Polybios (vgl. Polyb. 12,26d). Im Gegensatz zu Thukydides spricht Prokop jedoch nicht vom Forschungsprozess selbst, der das Wissen des Historikers ergänzt, sondern beschränkt sich auf die Schlussfolgerungen, die sich aus seiner Position als Augenzeuge ergeben: Die Autopsie verschafft ihm ausreichende Kenntnisse über die Ereignisse, über das, was tatsächlich geschehen ist.[213]

Prokop bürgt mit seinem Namen nicht nur für die Exaktheit, sondern auch für aufrichtiges Bemühen, indem er auf die größten Bedrohungen für die Wahrheit hinweist: das Verschweigen von Fakten und die parteiliche Berichterstattung: „So hat er selbst bei nächsten Freunden keine Missetaten verschwiegen, sondern mit aller Genauigkeit ihre sämtlichen Einzelschicksale dargestellt, mochte ihr Handeln gut oder andersgeartet gewesen sein." (Bell. 1,1,3-5, Übersetzung Veh mit Korrekturen). Während die Wahrheit in den *Bella* dadurch entstellt werden könnte, dass ein Historiker für seine Freunde Partei nimmt, wird in den *Anekdota* ein anderer Faktor hervorgehoben – nämlich die Angst, die einen Berichterstatter ebenfalls daran hindert, die Tatsachen in gebührender Art und Weise zu schildern, was dazu führt, dass vieles verschwiegen wird (An. 1, 2-3). Prokop ist mit diesen Erklärungen offensichtlich nicht originell – in diesem Sinne betonen viele Historiker immer wieder, dass sie, wie Tacitus nachdrücklich feststellt,

[212] Vgl. KAEGI 1990, WHATELY 2016. Es ist allerdings offensichtlich, dass die Werke Prokops ein höchst selektives Bild der spätantiken römischen Armee zeichnen und zahlreiche wichtige, insbesondere strukturelle Aspekte nicht beachten – dazu WHATELY 2021.

[213] Die Autopsie ist laut Prokop die beste Quelle des Wissens (vgl. Bell. 8, 6, 11).

„sine ira et studio“ schreiben, obwohl sehr oft Erklärungen dieser Art rein theoretisch sind und sowohl *ira* als auch *studium* in ihre Darstellungen einbezogen werden. Dieses Prinzip wird auch von Lukian aus theoretischer Sicht analysiert:

> „Vor allem aber muss er (d.h. der Historiker) innerlich unabhängig sein, niemanden fürchten und auf nichts seine Hoffnung setzen, (...) Auch wenn er den oder jenen hasst, wird er doch stets das Interesse der Allgemeinheit für wichtiger halten und die Wahrheit über seine persönliche Feindschaft stellen, ebenso wie er die Fehler eines Freundes nicht verschweigen wird“ (Luc. De hist. conscr. 38-39, Übersetzung Homeyer).

Angesichts der Gattungsvielfalt seiner einzelnen Werke ist es nicht verwunderlich, dass Prokop in seinen theoretischen Deklarationen nicht konsequent ist. Im Proömium zu den *Bella* verkündet er, dass er die Fehler und Missetaten selbst seiner engsten Freunde nicht verschwiegen habe (Bell. 1.1.5). In den *Anekdota* entkräftet er jedoch diese Aussage, indem er behauptet, dass er aus Angst über viele der Verbrechen der Hauptfiguren und über die Gründe für wichtige Tatsachen geschwiegen habe (An. 1-3). Im Grunde genommen haben wir es mit zwei widersprüchlichen Erklärungen zu tun. Es gibt jedoch keinen Grund, von vornherein anzunehmen, dass die eine aufrichtig ist und die andere nicht. Entgegen dem, was Prokop in der Einführung zu den *Anekdota* schreibt, bringt dieses Werk nicht viele Korrekturen der in den *Bella* geschilderten Tatsachen. Selbst wenn man die Aufrichtigkeit dieser Erklärung voraussetzt, stellt sich heraus, dass es in den kriegerischen und politischen Ereignissen, über die er in den *Bella* berichtet, relativ wenig gibt, über das er nicht „schweigen“ sollte. Die *Anekdota* liefern im Wesentlichen neue Fakten, die nicht so sehr ein neues Licht auf die in den *Bella* dargestellten Kriegsereignisse werfen, sondern vielmehr Justinian und sein Gefolge in ein negatives Licht rücken, ohne dass sie in einem engen Zusammenhang mit den Kriegen stehen. Dort, wo wir die parallelen Berichte haben und Prokops Darstellung überprüfen können, wie beispielsweise bei den Gründen für die Entlassung von Belisar nach der Niederlage von Callinicum oder bei dem Nika-Aufstand, nehmen die *Anekdota* keinerlei Korrekturen vor, obwohl zu erkennen ist, dass Prokop viele wichtige Fakten und Umstände ausgelassen hat. Der Historiker selbst sah daher nicht die Notwendigkeit, zahlreiche Aspekte seines Kriegsberichts zu korrigieren. Die Tatsache, dass die *Anekdota* nicht veröffentlicht wurden, verleiht ihnen keinerlei Glaubwürdigkeit. Wie wir bereits erwähnt haben, sind seine Motive für das Verfassen der *Anekdota* nicht ganz klar, aber, wie oben gesagt, vieles deutet darauf hin, dass das Werk rein politisch motiviert ist und mit einer bestimmten, ephemeren politischen Konstellation in Verbindung steht. Man darf also nicht vergessen, dass Prokop tief in das politische Leben des 6. Jahrhunderts verstrickt gewesen ist, seine Sympathien und Antipathien hatte und trotz der „Angst" und der angeblichen totalen Überwachung, die die Qualität seines literarischen Hauptwerkes, d.h. der „Kriege", beeinträchtigen sollen, große literarische Erfolge damit erzielte (vgl. Bell. 8,1,1).

In diesem Zusammenhang ist es von Bedeutung, dass seine soziale Stellung, seine Zugehörigkeit zur provinzialen Elite und seine Bildung in hohem Maße seine Weltanschauung bestimmen, deren wesentliches Merkmal der Konservatismus ist, eine Abneigung gegen Veränderungen der bestehenden Ordnung.[214] Daher ist sowohl in den *Bella* als auch in den *Anekdota* die „bestehende Ordnung" häufig der allgemeine Bezugspunkt für die Bewertung verschiedener Ereignisse oder Personen. Prokop ist ein Konservativer, in dessen Augen die Neuerungssucht eine der größten Sünden ist.[215] Aus diesem Grund äußert er sowohl in den *Bella* als auch in den *Anekdota* immer wieder seine Gegnerschaft zu den Reformen Justinians und zu jeder Veränderung der Gesellschaftsordnung, die er als unnötige oder gefährliche Störung des Bewährten ansieht. Es ist natürlich nicht verwunderlich, dass eine solche Sichtweise in der Panegyrik nicht gilt. Während er in den „Bauten" Justinian für die Erneuerung des Staates lobt, wirft er ihm in den *Anekdota* vor, die „alte Ordnung" zu zerstören und Chaos und Verwirrung in alle Lebensbereiche zu bringen. Der Vorwurf der „Neuerung" gehört zu den schwerwiegendsten, die Prokop erhebt (vgl. Bell. 2,2,6; 2,3,42-43; An. 6, 21; 8,4; 11, 1-2; 14, 1-15). Paradoxerweise erkennt Prokop damit den persönlichen Beitrag Justinians zu zahlreichen Reformen an, auch wenn dies in Form eines Tadels geschieht, dass sich Justinian in alles eingemischt habe (An. 14, 1-15). Aufgrund seiner Herkunft steht Prokop allen Aufsteigern aus den sozialen Unterschichten, die unter Justinian aufgrund ihrer persönlichen Talente zu Macht und Anerkennung gelangten, ablehnend gegenüber. Die besten Beispiele dafür sind Johannes der Kappadoker und Tribonian, die für Prokop zur Verkörperung aller Laster und Ungerechtigkeiten werden (vgl. Bell. 1, 24, 12-16). Aus diesem Grund sind die Äußerungen über die objektive Darstellung verschiedener Sachverhalte und Personen sowohl in den *Bella* als auch in den *Anekdota* mit erheblichem

[214] Brodka 2004, 15.
[215] Vgl. dazu Dahn 1865, 134-145, Stickler 2018, 143-144.

Abstand zu betrachten, wie an einigen weiteren Beispielen gezeigt werden soll. In diesen beiden Werken wählt Prokop absichtlich die darzustellenden Ereignisse aus und bildet sich ein Urteil, das oft nicht unparteiisch ist.

Trotz dieser Vorbehalte zeigt seine Berichterstattung ein hohes Maß an Unparteilichkeit bei der Darstellung der römischen Politik gegenüber den außenpolitischen Hauptgegnern. Prokop berichtet zwar über den politischen Konflikt, in dem er selbst Partei ergriffen hat, ist aber gleichwohl fähig, das Verhältnis zwischen den Römern und ihren Gegnern, vor allem den Goten, in differenzierter Form darzustellen. Sowohl der Historiker selbst in seinem Lob auf den König Theoderich, als auch die Protagonisten seines Werkes – sei es die anonymen gotischen Gesandten, die mit Belisar im Jahr 538 verhandeln, sei es der König Totila – betonen immer wieder die hohe Qualität der gotischen Herrschaft in Italien und die zahlreichen finanziellen, rechtlichen, wirtschaftlichen und politischen Vorteile, die die Italiker aus der gotischen Herrschaft ziehen konnten. Die Armenier betonen hingegen in ihrer Rede an Chosroes das gefährliche Potenzial für die politische Weltordnung, das eine allzu expansive Außenpolitik beinhalten kann. Auch wenn es hier um Aussagen geht, die den römischen Gegnern in den Mund gelegt werden, ist es bemerkenswert, dass Prokop ein Bild zu zeichnen vermag, das der komplexen politischen Situation im Mittelmeerraum entspricht und von der einseitigen römischen Parteinahme weit entfernt ist.

Prokop erklärt, dass seine Darstellung der zeitgenössischen Ereignisse wahrheitsgetreu ist. Die Wahrheit, wie er sie versteht, besteht zum einen in der Genauigkeit des Berichtes, zum anderen in der Unparteilichkeit, die wiederum daraus resultiert, dass er keine Fakten auslässt, die die Helden in ein schlechtes Licht rücken, aber auch Raum lässt, ihre positiven Taten zu loben.[216] Dass er bei der Darlegung der Fakten wiederholt Partei ergreift, wurde schon oben betont. Ungeachtet der Tatsache, dass er glaubt, besonders prädisponiert dafür zu sein, die Zeitgeschichte niederzuschreiben, verfährt er anders als Thukydides, aber ähnlich wie Herodot und viele andere Historiker, und vermerkt mehrmals, dass er nicht in der Lage gewesen sei, die Wahrheit zu finden und den wahren Sachverhalt zu ermitteln. Dementsprechend gibt es zahlreiche Stellen, an denen er alternative Versionen desselben Ereignisses anführt, ohne eine von ihnen ausdrücklich zu befürworten. Prokop stellt manchmal fest, dass er nicht imstande sei, sicheres Wissen zu erlangen (vgl. z.B. Bell. 1,17,2; 1, 18,3; 3,2,10). Der Historiker ist sich auch dessen bewusst, dass die Quellen überprüft werden müssen

[216] Zum Wahrheitsbegriff des Prokop BRODKA 2007.

(vgl. Bell. 6,15,8-10), aber er beschränkt sich oft darauf, verschiedene Überlieferungen zu erwähnen, oder er gibt sich damit zufrieden, sich von der betreffenden Nachricht zu distanzieren (z.B. Bell. 3.2.27), beziehungsweise stellt er lediglich fest, dass er über keine Information verfüge (z.B. Bell. 1.6.9; 3.1.10; 5.12.2; 8.5.32-33).

Auch die Kategorie der Wahrscheinlichkeit spielt im Diskurs von Prokop eine wichtige Rolle. Aufschlussreich sind in dieser Hinsicht die Ausführungen von Quintilian, die die Gründe für den Rückgriff auf dieses rhetorische Prinzip erklären: Die Ergänzung der Tatsachen um das Wahrscheinliche führe dazu, dass man hinzufüge, was im Allgemeinen in typischen Situationen geschieht (Quint., Inst.Orat. 8,3,70-71). Sie ermöglicht es Prokop, die Umstände einzelner Ereignisse zu rekonstruieren. Auf diese Weise versucht der Historiker, die Motive der Protagonisten, die Beweggründe für ihr Handeln, die Ziele und Pläne, die sie verfolgen wollten, aufzudecken, um Einblicke in den Entscheidungsprozess zu gewinnen, und zeigt, wie sie mögliche Entwicklungen gesehen haben (z.B. Bell. 1, 2,3; 1,11,8; 1,21,12; 2,3,53; 2,6,4; 3,2,17; 5,28,12; 6,11,7; 7,39,15). Darüber hinaus kann er durch den Rückgriff auf das Wahrscheinliche die allgemeinen Bedingungen des Geschehens schildern und typische Ereignisse unter bestimmten Umständen (z.B. Hungersnot, Verwirrung, Panik) wiedergeben (z.B. Bell. 2,19,21; 5,7,16; 6,20,20; 7, 24,13).[217]

5.2. Die Quellen

Prokops Bericht geht auf verschiedene Quellentypen zurück.[218] Er geht mit dem aus verschiedenen Vorlagen entnommenen Material immer auf ähnliche Weise um – er versucht es durch den Einsatz rhetorischer Mittel zu gestalten, vor allem um die Anschaulichkeit seiner Darstellung zu erreichen.[219] Er kennt viele der Fakten aus der Autopsie, d.h. er stützt sich auf seine eigenen Erfahrungen und persönlichen Erlebnisse an der Seite von Belisar. Prokop gehörte zwischen 527 und 540 als Berater zu Belisars Gefolge, sodass er nur für diesen Zeitraum ein Augenzeuge der dargestellten Ereignisse sein kann. Prokop nahm an den Kämpfen gegen die Perser in den Jahren 527-531 teil und blieb im Osten, bis Belisar von dort abberufen

---

[217] Brodka 2007, 474-5.

[218] Zu den Quellen Prokops vgl. im allgemeinen Dahn 1865, 58ff, Haury 1896, 21ff., Haury 1963, VII- XXII, Börm 2007, 52ff., Brodka 2016, Mecella 2022, Greatrex 2022b, 17-19.

[219] Brodka 2016, 109.

wurde. Zum Zeitpunkt des Nika-Aufstands hielt er sich wahrscheinlich nicht in Konstantinopel auf, und sein Bericht geht ausschließlich auf die Informationen zurück, die er von Belisar erhielt. In den Jahren 533/534 nahm er mit Belisar an dem Feldzug gegen die Vandalen teil. Es bleibt aber unklar, ob Prokop zusammen mit ihm Nordafrika im Jahr 534 verließ und dann noch einmal dorthin zurückkehrte, oder ob er sich in Nordafrika bis April 536 aufhielt, als er zusammen mit Solomon und fünf Gefolgsleuten vor den aufständischen Soldaten aus Karthago nach Syrakus floh. Schließlich nahm Prokop direkt am Krieg gegen die Ostgoten in Italien teil, wo er bis 540 blieb. Im Jahr 540 folgte er Belisar nach dessen Abberufung aus Italien nach Konstantinopel. Es gibt keinen Hinweis auf seinen späteren Aufenthalt in Italien. Es bleibt dahingestellt, ob er Belisar begleitete, als sich dieser im Jahr 541 erneut in den Osten begab.[220] Er erlebte die sogenannte Justinianische Pest in Konstantinopel, wo er sich im Frühjahr 542 befand. Vieles deutet darauf hin, dass er seinen Dienst für Belisar bereits 540 (nach dessen Abberufung aus Italien) beendete und fortan in Konstantinopel blieb, obwohl auch ein späteres Datum, wohl das Jahr 542 infrage kommt.[221] Beachtenswert ist die Erkundungsexpedition Prokops nach Syrakus im Jahr 533 (vgl. Bell. 3,14,3-13), in der er wichtige Auskünfte für den Fortgang der Kampagne gegen die Vandalen einholen sollte. Möglicherweise gehörte es auch zu Prokops Aufgaben, an anderen Fronten wichtige Informationen zu beschaffen bzw. zu sammeln und zusammenzustellen. Es liegt nahe, dass die oben erwähnte Expedition kein Einzellfall war.[222]

Weil Prokop mehrere Jahre zum Kreis der engsten Vertrauten Belisars gehörte, muss er viele Persönlichkeiten kennengelernt haben, die später wichtige Rollen in den militärischen und politischen Strukturen des Römischen Reiches spielten. In diesem Zusammenhang sind vor allem die Doryphoren (d.h. die buccellarii – private Leibgarden – höheren Ranges) Belisars zu nennen, aber auch diejenigen Solomons – in dieser Gruppe sind die potenziellen Informanten des Historikers vorrangig zu suchen. Einige Informanten können anhand von detaillierten Angaben identifiziert werden, die sich auf bestimmte Ereignisse beziehen, in deren Mittelpunkt laut dem Historiker bekannte Personen stehen. Aus diesen Daten lässt sich schließen, dass Prokop viel von Petros von Thrakien (doryphoros von Solomon), Marcellus (*comes excubitorum*), Georgios (Vertrauter Belisars), Paulus von Kilikien (Kavallerieoffizier, ehemaliger Haushaltsvorstand von

[220] Vgl. dazu. RUBIN 1954, 25-26.
[221] CAMERON 1996, 163f. vermutet, Prokop habe Belisar 542 in den Osten begleitet.
[222] Vgl. RUBIN 1954, 23.

Belisar), Sinnion (Anführer der Kutriguren) und Ortaias (maurischer Fürst) erfuhr.[223] In vielen Fällen könnte er die Informationen von den Kaufleuten erhalten haben, wie bei der oben erwähnten Mission in Syrakus, von den Pilgern oder von den Bewohnern der Gebiete, auf denen die Ereignisse stattfanden. Oft bezieht sich der Historiker auf eine bestehende lokale Tradition oder erwähnt, dass er eine bestimmte Nachricht von den Einwohnern eines bestimmten Ortes (z.B. in Rom) bekam. Prokop beherrschte die lateinische Sprache, sodass er keine Probleme hatte, sich in Italien oder Afrika zu verständigen. Im Osten wurde die Nachrichtenübermittlung durch die Übersetzer ermöglicht. Eine weitere Informationsquelle waren Kriegsgefangene und Flüchtige. Viele Informationen dürfte er von den Diplomaten und auch von den Ärzten wie Stephanos von Edessa oder Tribunos erhalten haben, deren Aufenthalt am Hof des Großkönigs er selbst bezeugt (vgl. Bell. 2,27,31; 2,28,8-9; 8,10,11-16), und schließlich von den Spionen, deren Tätigkeit er ebenfalls erwähnt (vgl. z.B. Bell. 1,21,11-15). Als Mitglied des Stabs von Belisar muss er bei vielen Anlässen alle möglichen Berichte und Rapporte gehört bzw. gelesen haben.

Neben den mündlichen Quellen spielen auch schriftliche Quellen wahrscheinlich eine wichtige Rolle in den *Bella*. Bei ihnen handelt es sich um sowohl literarische als auch nicht-literarische Texte. Zu den dokumentarischen Quellen, zu den Prokop aller Wahrscheinlichkeit nach Zugang hatte und die er hätte benutzen können, gehören solche Dokumente wie öffentliche Berichte über die Kriegshandlungen, Siegesbulletins, Briefe, Rapporte, militärische Verzeichnisse, Erlaubnisse, Totenlisten u.a. Im Laufe seines Dienstes für Belisar hatte er regelmäßig Zugang zu ihnen, und nachdem er sich in Konstantinopel niedergelassen hatte, muss er die Staatsarchive benutzt haben, wo diese Dokumente gesammelt wurden. Es ist sehr gut möglich, dass Prokop selbst solche Berichte, Briefe und andere Dokumente verfasste, als er für Belisar arbeitete. Es liegt also nahe, dass er für die zeitgenössischen Ereignisse auf offizielle Berichte der Spione, Generale und Diplomaten und ihre Korrespondenz zurückgriff, insbesondere wenn ihm keine mündlichen Mitteilungen zur Verfügung standen.[224] In der jüngsten Zeit bietet C. Whately eine gründliche Analyse dessen, was solche Dokumente enthalten könnten, und sucht dann nach ihren Elementen in den

---

223 Brodka 2016.

224 Colvin 2013 meint hingegen, dass Prokops Darstellung der zeitgeschichtlichen kriegerischen Auseinandersetzungen in großem Maße auf offizielle Militärberichte zurückgeht.

Werken Prokops. Er kommt zum überzeugenden Schluss, dass sich nur selten verstreute Spuren solcher Urkunden finden lassen.[225]

Für die weiter zurückliegenden Epochen, insbesondere für die Geschichte des 5. Jahrhunderts, und für zahlreiche Exkurse musste Prokop auf ältere Geschichtswerke zurückgreifen. Er war zweifelsohne ein sehr belesener Mann, was sich insbesondere in seiner guten Kenntnis des Thukydides zeigt.[226] Wie bei den antiken Historikern üblich, zitiert Prokop seine Quellen im Allgemeinen nicht, was dazu führt, dass wir sie häufig nicht identifizieren können. Es ist auch anzunehmen, dass er in vielen Fällen, insbesondere bei weniger bedeutenden Ereignissen, bestimmte Dinge aus dem Gedächtnis angibt, was Fehler verschiedenster Art nach sich zieht. In den *Bella* beruft er sich auf Herodot, Arrian, Strabon, Homer, Aristoteles und Aischylos. Allerdings konnte er deren Werke nur bei der Zusammenstellung der Exkurse verwenden. Für die Geschichte des Westens im 5. Jahrhundert, die er in den einleitenden Teilen der Bücher III und V darstellt, können wir bestenfalls erahnen, welche Vorlagen er benutzte. Hinzu kommt, dass diese potenziellen Quellen nicht bis in unsere Zeit erhalten geblieben sind. Es kann jedoch mit großer Sicherheit davon ausgegangen werden, dass Prokop über weite Strecken für die Jahre 432-472 auf das Geschichtswerk des Priskos von Panion direkt oder indirekt zurückgriff.[227] Deutliche Spuren von Priskos finden sich unter anderem in der Anekdote vom Wunderzeichen, das die Kaisermacht des Marcian ankündigt (Bell. 3,4,1,-11),[228] und in der Darstellung des Feldzugs des Basiliskos gegen die Vandalen im Jahr 468 (Bell. 3,6).[229] Wo sich Prokop auf Priskos stützte, wandte er die Methode des Exzerpierens an: Er kürzte dessen Darstellung und nahm eventuell einige Änderungen vor. Es ist auch klar, dass Priskos für ihn eine große Autorität war, da er versuchte, die Berichte anderer Autoren mit den Angaben des Priskos in Einklang zu bringen, was manchmal schwere Fehler und Vereinfachungen verursachte.[230] Die von ihm vorgenommene Auswahl und Veränderung des Quellenmaterials lässt die chronologische Perspektive manchmal verzerrt erscheinen. Mit an Sicherheit grenzender Wahrscheinlichkeit darf man auch annehmen, dass Prokop die

---

225 WHATELY 2021, 45-57.

226 Die große Gelehrsamkeit des Prokop wird auch von seinem Nachfolger Agathias von Myrina bezeugt (Agath.4,26,4).

227 Vgl. BRODKA 2013a.

228 Dazu vgl. BRODKA 2012.

229 Dazu vgl. BRODKA 2014.

230 BRODKA 2013a.

Chronike epitome des Eustathios von Epiphaneia benutzte,[231] die die Geschichte von biblischen und mythischen Zeiten bis zur Einnahme von Amida durch die Perser (11. Januar 503) abdecken sollte. Eustathios diente als Quelle für die Geschichte des 5. Jahrhunderts sowohl im Osten als auch im Westen. Vermutlich stützte sich Prokop auch auf östliche Überlieferungen: Er betont z.B., dass die Berichte der Perser widersprüchlich seien (vgl. Bell. 1,6,9), nimmt auch Bezug auf eine „Geschichte der Armenier" (Bell. 1,5,9). Früher wurde spekuliert, dass diese armenische Überlieferung mit den „Epischen Geschichten" des Faustus von Byzanz gleichzusetzen sei. Diese Hypothese wird jedoch heute wegen inhaltlicher Unterschiede verworfen. In jüngerer Zeit wird sie mit der sogenannten „Primären Geschichte der Vorfahren" in Verbindung gebracht.[232] Bei den östlichen Überlieferungen muss mit erheblichen Verzerrungen gerechnet werden, weil sich Prokop bei den literarischen Texten eher nicht auf die Originale, sondern auf ihre griechische Übersetzungen oder Auszüge stützte.

Im Fall der *Anekdota* muss er seine Informationen in erster Linie aus persönlicher Beobachtung und Autopsie gewonnen haben. Darüber hinaus kommen mündliche Mitteilungen von direkt oder indirekt Beteiligten und Nachrichten aus zweiter Hand, insbesondere die Gerüchte, die in Konstantinopel über das Kaiserpaar kursierten, infrage. Auch schriftliche Quellen müssen berücksichtigt werden: Es handelt sich in dieser Hinsicht um die vom Kaiser erlassenen Gesetze, die der Historiker später negativ kommentiert.

Die wichtigste Informationsquelle in den „Bauten" waren seine persönlichen Beobachtungen, die er auf seinen Reisen und in seinem Dienst für Belisar sowie während seines Aufenthalts in Konstantinopel machte (Aed. 6,7,18-19). Dies spiegelt sich in den ausführlichen Beschreibungen wider, in denen Prokop einen guten Sinn für Raum und Topografie beweist. Dazu gehören die Passagen über die Lage von Konstantinopel (Aed.1,5), Dara und die Rabdios-Hochebene (Aed.2,1-4) oder über die Gebiete in Afrika, insbesondere Caput Vada und Karthago (Aed. 6,5,1-11; 6,8-15).[233] Mutmaßlich nutzte er auch die Staatsarchive, aus denen er u.a. die Verzeichnisse der Städte am Donaulimes entnehmen konnte.[234] Es ist auch plausibel, dass er für die Schilderung der Balkanprovinzen das sogenannte *Itinerarium*

[231] Vgl. Greatrex 2010.
[232] Vgl. Börm 2007, 55-56, Traina 2001, Traina 2018.
[233] Vgl. Grotowski 2006, 67-68.
[234] Beseliev 1969, Perrin-Henry 1980, 101.

Antonini Augusti als seine Vorlage verwendete[235] – dabei handelt sich es um ein Routenbuch, in dem die wichtigsten Landwege des Römischen Reiches verzeichnet sind. Es gibt auch die einzelnen Wegstationen und die Entfernungen zwischen ihnen an. In der heute vorliegenden Form stammt es aus dem ausgehenden 3. Jh. n. Chr, jedoch zur Zeit Justinians war es schon sehr stark veraltet. Die unterschiedlichen Quellen, die Prokop zur Verfügung standen, schlagen sich in der Qualität seiner Beschreibungen der einzelnen Regionen nieder. Dieses Problem wird im Buch IV, d.h. auf dem Balkan, besonders deutlich. In den Ortslisten verliert sich Prokop fast im Material, was sich zum Beispiel in der Wiederholung derselben Orte zeigt. Die Schilderungen sind allgemein und schematisch, wie man an der Darstellung von Justiniana Prima, dem Geburtsort Justinians, sehen kann (Aed. 4,1,19-27). Prokop beschränkt sich hier auf die Aufzählung typischer Elemente der spätantiken Stadt, ohne Details über die Stadt selbst oder ihre Lage zu geben.[236] Im Gegensatz dazu enthalten seine Beschreibungen der Regionen, die er besuchte – Konstantinopel (Buch I), Syrien (Buch II), Libyen und Byzacena (Aed.6,2-6) – viel mehr Details.

5.3. Zur Glaubwürdigkeit und Methode

5.3.1. Die *Anekdota* als Korrektiv zu den *Bella*

Prokop hatte sich die ehrgeizige Aufgabe gestellt, die Wahrheit über die von ihm berichteten Ereignisse zu schreiben. Es gibt keinen Grund, daran zu zweifeln, dass er im Allgemeinen bestrebt war, sich an diesen Grundsatz zu halten. Dies ändert jedoch nichts an der Tatsache, dass der Historiker zuweilen von seinem eigenen Geschmack und seiner eigenen Meinung geleitet wurde und die Personen und Fakten subjektiv bewertete, entsprechend seiner Weltanschauung und seinen politischen Sympathien und Antipathien. Als ein Mann, der in die Politik eingebettet war, konnte er voreingenommen sein und absichtlich bestimmte Fakten auslassen. Es lohnt sich daher, einige Episoden aus den *Anekdota* und *Bella* einander gegenüberzustellen, um zu prüfen, inwieweit die Erklärungen in den *Bella* bezüglich der Wahrheitsberichterstattung von dem Historiker selbst entkräftet werden, weil die *Anekdota*, wie bereits erwähnt, die in den *Bella* dargestellten Tatsachen korrigieren sollten. Es ist daher notwendig, die Frage zu beantworten, inwieweit und wie Prokop die in den *Bella* erzählten

---

[235] PERRIN-HENRY 1980, 104.
[236] CAMERON 1996, 84.

Episoden in den *Anekdota* korrigiert. Wir lassen hier die allgemeinen Thesen der *Anekdota* beiseite – d.h. dass alle Missgeschicke und Probleme des Staates das Ergebnis der bewussten Handlungen von Justinian und Theodora waren – wir sind nur an konkreten Episoden in den *Bella* interessiert, die er dann in den *Anekdota* verändert und in ein anderes Licht gerückt hat.[237]

5.3.1.1. Die Kriegsführung durch Belisar

In Bell. 2,18-19 berichtet Prokop über die Offensive Belisars im Osten im Jahr 541: Während Chosroes in Lazika beschäftigt war, drang Belisar in das Gebiet des Perserreiches ein. Der Feldzug brachte keinen spektakulären Erfolg. Die Grenzgebiete wurden geplündert, und die Festung Sisauranon wurde eingenommen, woraufhin sich Belisar zurückzog und die weitere Offensive abbrach. In den *Bella* gibt sich Prokop Mühe, das vorsichtige Vorgehen Belisars im besten Licht darzustellen, indem er das Fehlen der Informationen vom Araberfürsten Arethas, der nach Assyrien geschickt worden war, sowie dessen Illoyalität und die Epidemie unter den Soldaten als Hauptgründe für den Rückzug herausstellt. In den *Anekdota* lässt Prokop die Motive Belisars in einem etwas anderen Licht erscheinen. Es handelte sich nicht nur um eine Vorsichtsmaßnahme oder militärische Erwägungen, sondern auch um eine private Angelegenheit: Belisar hatte die Nachricht erhalten, dass seine Frau in der Nähe war, und er wollte sie so schnell wie möglich treffen (An. 2,18-19). Es ist bemerkenswert, dass Prokop keineswegs bestreitet, dass Belisar bei der Einstellung der Offensive durch militärische Gründe motiviert war, wie dies in den *Bella* festgestellt wird, aber er fügt hinzu, um Belisar in ein schlechtes Licht zu rücken, dass es auch andere – private – Gründe gab, die Belisars Entscheidung beschleunigt haben sollen. Gleichzeitig wird die Strategie Belisars kritisiert: Die Offensivaktion war von begrenztem Charakter, da Belisar selbst nicht tief in den persischen Staat eindrang, sondern darauf achtete, nicht weiter als eine Tagesreise vom römischen Gebiet entfernt zu bleiben. Er schickte nur die Truppen von Arethas jenseits des Tigris. Hätte er dagegen mit seiner Hauptstreitmacht den Tigris überquert, wäre er nirgendwo auf persischen Widerstand gestoßen und hätte bis nach

[237] Oft bestätigen die *Anekdota* die Urteile, die in den *Bella* formuliert werden. In beiden Werken vertritt Prokop konsequent den Standpunkt, dass die Ursache für die massiven Zerstörungen und die lang andauernden Kriege in Afrika und Italien eine unangemessene Personal-, Steuer- und Finanzpolitik war (Bell. 7,1,23-24; 7,21, 13-15; An. 18,8-21).

Ktesiphon vordringen können (An.2,20-25). Es ist schwer zu beurteilen, wie realistisch derartige Einschätzungen der damaligen militärischen Situation sind, die Prokop in den *Anekdota* formuliert. Es sei jedoch daran erinnert, dass es den Römern nur in groß angelegten Operationen gelang, Ktesiphon zu erreichen, und zwar unter Einsatz enormer Kräfte und Ressourcen, die manchmal, wie im Fall des Kaisers Julian im Jahr 363, in einer Katastrophe endeten. In Wirklichkeit geht es hier nur um die Unterstellung, dass Belisar bewusst und absichtlich, aus egoistischen Gründen, die falsche Strategie gewählt und sich damit der Kritik ausgesetzt hat. Abgesehen von den Werturteilen und der Vermutung privater Zusatzmotive, was eine höchst subjektive Erklärung des Sachverhalts darstellt, ist Prokops Hinweis bemerkenswert, dass die vorsichtige Strategie Belisars damals auf Kritik stieß – wie wir sehen, waren die Erwartungen in Konstantinopel anders, aber nicht unbedingt realistisch. Daraus ergibt sich, dass große Hoffnungen in Belisar im Jahr 541 in Konstantinopel in einigen Kreisen, aber wahrscheinlich nicht am Hof selbst oder in der unmittelbaren Umgebung des Kaisers, gesetzt wurden: Man hoffte nämlich auf einen überzeugenden Sieg, obwohl diese Erwartungen offenbar völlig unrealistisch waren. All diese „neuen Informationen", die in den *Anekdota* zu finden sind, vervollständigen jedoch nur wenig das Bild der militärischen Situation im Osten im Jahr 541, wie es in den *Bella* entworfen wurde, und können kaum als sachliche und zuverlässige Revision des früheren Berichtes angesehen werden. Auch die Ausführungen über den Rückzug des Chosroes aus Lazika (An. 2, 25-37) bieten nichts Neues und können nur als reine Spekulation eingestuft werden. Belisar wird dafür beschuldigt, das Heer von Chosroes beim Rückzug aus Lazika im Jahr 541 nicht abgefangen zu haben. Prokop begnügt sich wieder mit bloßen Allgemeinheiten. Er gibt nicht an, ob Belisar über genügend Kräfte verfügte, um die Armee des Großkönigs anzugreifen. Um das Ausmaß des Versäumnisses zu verdeutlichen, beschränkt er sich stattdessen auf die vage und subjektive Aussage, dass die Perser einen Zusammenstoß mit den Römern befürchtet hätten, ohne zu erklären, was diese Angst ausgelöst haben könnte. Der gegen Belisar erhobene Vorwurf, er habe nicht versucht, Chosroes während seines Rückzugs anzugreifen, ist wertlos und unberechtigt – im Osten verfügten die Römer in den 540er-Jahren über keine nennenswerten Streitkräfte, die die starke Armee des Großkönigs wirklich hätten bedrohen können. Die gesamte Korrektur des Berichtes über die Ereignisse im Osten im Jahr 541 läuft also auf eine Kritik an der vorsichtigen Strategie des Belisar und auf die Unterstellung hinaus, er habe absichtlich, aus privaten Motiven heraus, schlechte Entscheidungen getroffen. Die Methode des Angriffs ist einfach: Belisar wird mit Anschuldigungen überschüttet, um den Eindruck zu erwecken, dass ursprünglich vieles stillschweigend übergangen worden war.

Zweifellos gab es jedoch in den 530er- und 540er-Jahren in den Militärkreisen eine lebhafte Diskussion über die Strategie, die in Italien oder im Osten verfolgt werden sollte. Dies wird nicht nur durch die *Anekdota*, sondern auch durch die *Bella* bezeugt, wo die Begründungen für bestimmte Entscheidungen durch die Reden einzelner Kommandeure und von Belisar selbst geliefert werden. In den *Bella* vermeidet Prokop in der Regel explizite Aussagen darüber, ob er einer bestimmten Strategie zustimmt oder nicht, obwohl z.B. zu erkennen ist, dass der Historiker im Verlauf des Streits zwischen Belisar und Narses keineswegs sicher war, wessen Ideen besser waren – die Belisars oder die des Narses.[238] In den *Anekdota* wird ausdrücklich festgestellt, dass Belisars Strategie im Allgemeinen nicht sinnvoll gewesen sei, obwohl sie erfolgreich war, aber auch hier finden wir keine Erklärung, warum sie so hart beurteilt werden muss (An. 2,21; 4,43).

Was den Einfall des Chosroes in das römische Gebiet im Jahr 542 betrifft, so finden wir in den *Anekdota* keine neuen Fakten. Hinzu kommt lediglich der Vorwurf, Belisar habe sich mit Feigheit befleckt, weil er den Perserkönig nicht in einer offenen Schlacht angegriffen habe (An. 3,31). Wie schwach dieser Vorwurf ist, weiß Prokop selbst, der sogar in einer solchen Schmähschrift hinzufügen muss, dass der Rückzug des Chosroes immerhin ein Erfolg für die römische Seite war (An. 3,31). Wertvolle neue Informationen sind hingegen in An. 4,1 enthalten, wo die Erzählung über die Gründe für die Abberufung des Belisar aus dem Osten erheblich verändert wird (Bell. 2,21,34). In den *Bella* behauptet Prokop, dass Justinian den Heermeister aus dem Osten zurückrief, um ihn nach Italien zu schicken. Er verschweigt jedoch, dass Belisar im Jahr 542 in Ungnade fiel, weil er sich den Zorn Theodoras zugezogen hatte. Denn als Justinian schwer erkrankte und man befürchtete, dass er bald sterben würde, drohten Belisar und mehrere andere Feldherren, den ohne ihre Zustimmung in Konstantinopel gewählten neuen Kaiser nicht zu akzeptieren. Theodora muss dies als einen Akt der Feindseligkeit gegen sich selbst und als eine Erklärung des Misstrauens gesehen haben, und wahrscheinlich als einen Versuch, ihre politische Position zu untergraben. Belisar und andere Befehlshaber fielen schweren Repressionen zum Opfer. Er wurde entlassen und aus dem Osten abberufen, wobei ihm ein Teil seines Vermögens und seine Buccellarier genommen wurden (An. 4,1-31). Erst im Jahr 544, nach einer Versöhnung mit Justinian, wurde Belisar erneut nach Italien geschickt.

---

[238] Vgl. BRODKA 2018a, 91-97.

Prokop kommentiert in den *Anekdota* auch diese Phase des Gotenkrieges, als Belisar zwischen 544 und 548 erfolglos danach strebte, die Situation unter Kontrolle zu bringen und Totila Widerstand zu leisten. Bemerkenswert ist die Notiz, dass der neuen Aufgabe eine Hochzeit vorausging – die Tochter Belisars heiratete den Neffen Theodoras, obwohl Belisar und Antonina gegen diese Ehe waren und versuchten, sie zu vereiteln (An.5,18-27). Prokop führt auch ein angebliches Gerücht an, wonach Belisar zuvor versprochen habe, den Kaiser während des Krieges nicht um Geld zu bitten, sondern alles selbst zu besorgen. Diese Information steht im krassen Widerspruch zu den *Bella*, wo Prokop sogar einen Brief Belisars heranzieht, in dem Letzterer den Kaiser um Unterstützung und Geld bittet (Bell. 7,12,3-10). Sowohl die *Bella* als auch die *Anekdota* bezeugen übereinstimmend, dass Belisar nicht über die nötigen Mittel verfügte und sie an Ort und Stelle erwerben musste. Dieses durch die Umstände erzwungene Verhalten wird vom Historiker in Gier umgewandelt und ist als solches ein Beitrag zur Kritik an Belisar. Die allgemeine Bewertung seiner Handlungen in Italien in den Jahren 544-548 und ihrer Auswirkungen fällt in An. 5,1 und Bell. 7, 35,1-2 ebenso negativ aus, wobei die *Anekdota* die Erfolglosigkeit Belisars offensichtlich aus seiner Feigheit erklären.

Es ist also festzustellen, dass die *Anekdota* bei näherer Betrachtung die Darstellung der Kriegsereignisse in den *Bella* nicht grundsätzlich bestreiten.[239] Abgesehen von den üblichen Vorwürfen gegen Belisar wegen Habgier, Feigheit und Dummheit und absichtlicher Unterlassungen bringen die *Anekdota* in meisten Fällen weder eine rationale Korrektur bzw. Ergänzung des Berichtes noch eine Neuinterpretation der Kriegsführung durch Belisar zustande. Es ist jedoch offensichtlich, dass Prokop den Konflikt zwischen Belisar und dem Kaiserpaar und dessen Ungnade im Jahr 542 absichtlich verschwiegen hat. Der Wert der *Anekdota* liegt also nicht in der Verbesserung des Kriegsberichtes, sondern in der Tatsache, dass sich daraus das Bild eines keineswegs einfachen Verhältnisses zwischen Belisar und dem Kaiserpaar ergibt. Die Anschuldigungen wegen der Veruntreuung von Beute, die Ungnade, in die Belisar fiel, und zahlreiche Demütigungen, die er erfuhr, sowie seine Abneigung, mit Theodora eine verwandtschaftliche Bindung einzugehen, sind die Fakten, die in den *Bella* nicht berücksichtigt werden.

---

[239] Man kann noch auf die Ermordung Konstantins durch Belisar hinweisen, die in Bell. 6,8,18 erwähnt wird; in den *Anekdota* ergänzt Prokop diese Geschichte, indem er behauptet, dass Belisar von seiner Frau Antonina, die Konstantin hasste, zum Mord überredet wurde (An. 1,24-30).

5.3.1.2. Johannes, der Neffe Vitalians, und Germanus

Im 6. Buch der *Bella* berichtet Prokop ausführlich über den Streit zwischen Belisar und Narses sowie seinem Freund Johannes, dem Neffen Vitalians (Bell. 6,16; 6,18).[240] Der Grund dafür war der Ungehorsam des Johannes, der entgegen dem Befehl Belisars einen riskanten Vorstoß tief in gotisches Gebiet unternahm und die Stadt Ariminum einnahm, wo er dann von den Goten abgeschnitten wurde. Belisar fühlte sich durch dessen Insubordination tief beleidigt. Obwohl Johannes in Ariminum belagert wurde, zögerte Belisar, ihm zu helfen, und erst auf Drängen des Narses, des Freundes von Johannes, entschloss er sich, nach Ariminum zum Entsatz herbeizueilen. Diese Ereignisse wurden zum Anlass für einen Konflikt zwischen Belisar auf der einen Seite und Johannes und Narses, der ihn unterstützte, auf der anderen. Die *Anekdota* vereinfachen und trivialisieren nur das Wesen dieses Streits: In An. 5,8-15 behauptet Prokop, Johannes habe es vorgezogen, sich von Belisar fernzuhalten, weil er die Tochter des Germanus geheiratet und sich damit dem Hass der Kaiserin Theodora ausgesetzt habe. Und da Antonina, die Frau Belisars, die Vertraute der Kaiserin war, fürchtete Johannes, dass er durch sie in Gefahr war. Während die Nachrichten über die Furcht vor Antonina als Grund für die mangelnde Zusammenarbeit zwischen den beiden Feldherren von eher geringem Wert sind, sind die Hinweise auf den Konflikt Theodoras mit Germanus interessant. In den *Bella* behandelt Prokop Germanus mit Bewunderung und lobt ihn wiederholt, erklärt aber nicht, warum er in den 540er-Jahren ins Abseits gedrängt wurde. Die *Anekdota* liefern eine allem Anschein nach überzeugende Erklärung: Die Ursache des Problems war die Feindseligkeit Theodoras gegenüber Germanus (An. 5.8). Vor diesem Hintergrund wird klar, warum Justinian erst 550, also nach dem Tod der Kaiserin, wieder auf ihn zurückgriff. Auch hier ist das in den *Anekdota* enthaltene Material qualitativ ungleichmäßig. Aufschlussreich sind die zusätzlichen Informationen über die Situation am Hof und nicht der Versuch, die bereits in den *Bella* erzählten Fakten neu zu interpretieren, denn dieser läuft auf bloße persönliche Unterstellungen hinaus oder beschränkt sich auf die ethische Bewertung des menschlichen Verhaltens.

[240] Dazu BRODKA 2018a, 79-107.

5.3.1.3. Kriegsursachen

In An. 11,12 und 18,28 bemüht sich Prokop, Justinian die Verantwortung für den Ausbruch des römisch-persischen Krieges anzulasten, und kritisiert sein Vorgehen im Osten scharf: „nur verschuldete er (d.h. Justinian) durch sein eigenwilliges, unüberlegtes Handeln ganz allein den Bruch des Vertrags“(An. 11,12, Übersetzung Veh). Es geht nämlich darum, dass Justinian versuchte, die persischen Verbündeten, den Araberfürsten Alamundaras und die Hunnen, auf seine Seite zu ziehen. Diese Vorwürfe, die im Übrigen kaum anders zu beurteilen sind als bloße diplomatische Bemühungen in sehr konfliktreichen Zeiten, stellen jedoch nichts Neues dar, da sie in den *Bella* ebenfalls erwähnt werden (Bell. 2,1,12-14), wobei Prokop selbst auf sein früheres Werk verweist. Während die *Bella* deutlich machen, dass Chosroes einen Vorwand für einen neuen Krieg suchte und diesen in Justinians Handeln fand, banalisieren die *Anekdota*, wie so oft, den Sachverhalt, indem sie eindeutig anerkennen, dass Justinian die volle Verantwortung für den Ausbruch des Krieges trug, weil er mit seiner Politik diese Vorwände lieferte (An. 11,12). Auf diese Art und Weise beweist Prokop, dass er in dieser Angelegenheit nichts Vernünftiges hinzuzufügen hat, und seine gesamte literarische Strategie läuft darauf hinaus, zu konstatieren, dass Justinians Vorgehen, seinen östlichen Rivalen durch diplomatische Mittel zu schwächen, sinnlos war, weil es dem Feind einen Vorwand für den Krieg lieferte. Es gibt aber keine ernsthaften Argumente für solche Äußerungen – denn aus dieser Sicht wäre die beste Politik absolute Passivität gewesen. Und da Justinian „etwas“ tat, ist es leicht, dies als Beweis für seine Dummheit und gezieltes Handeln zum Nachteil der Menschheit zu deuten.

Bei den Ursachen des Gotenkrieges liegt der Fall etwas anders. In den *Bella* zeigt Prokop, dass die innenpolitische langfristige Entwicklung im ostgotischen Reich nach dem Tod Theoderichs eine Verkettung von folgenschweren Ereignissen auslöste, die Justinian die Möglichkeit boten, sich in die Angelegenheiten Italiens einzumischen und seine weitreichenden Pläne umzusetzen, und schließlich nahm er die Ermordung der Königin Amalasuintha zum Vorwand, in Italien zu intervenieren. In einer angespannten und eskalierenden Situation gab es jedoch Raum für diplomatische Bemühungen, und im Namen des Kaisers verhandelte Petros Patrikios mit der gotischen Seite. Das Bild seiner diplomatischen Aktivitäten ist jedoch lückenhaft und vage, verschiedene Fakten überschneiden sich und die Chronologie ist verworren.

In den *Anekdota* ändert der Historiker nicht das allgemeine Bild des Geschehens, sondern er fügt neue Details über die Handlungen von Petros Patrikios hinzu (An. 16,1-5). Er stellt nämlich fest, dass Petros bestimmte Anweisungen von der Kaiserin Theodora erhalten hat, was durch die *Varia* des Cassiodorus und die dort erhaltene Korrespondenz des Gotenkönigs Theodahad und seiner Ehefrau Gudeliva mit Justinian und Theodora bestätigt wird. Dabei behauptet Prokop, in den *Bella* ein wichtiges Detail ausgelassen zu haben (An. 16,5): Petros Patrikios sollte auf Anweisung Theodoras Theodahad dazu veranlassen, Amalasuintha zu töten. Theodora sei eifersüchtig auf sie gewesen und habe sie als potenzielle Rivalin betrachtet, weshalb sie ihre Ankunft in Konstantinopel gefürchtet habe (An. 16,1). Die moderne Forschung schließt nicht aus, dass die Ermordung von Amalasuintha zu Justinians Vorteil war und er, oder vielmehr Theodora, Theodahad irgendwie provoziert haben könnte, sie zu beseitigen.[241] Darauf mögen die Worte von Gudeliva, der Frau Theodahads, hindeuten, die in einem Brief an Theodora eine rätselhafte Anspielung auf eine Sache macht, die ihr genehm sei (Cass., Var. 10,21,2). Es stellt sich also die Frage, ob Prokop wirklich Kenntnis von den geheimen Instruktionen Theodoras an Petros hatte. Die Antwort muss wohl „nein" lauten. Dass sich Petros nicht nur mit dem Kaiser, sondern auch mit der Kaiserin beriet, war wohl für niemanden ein Geheimnis. Der Inhalt dieser Konsultationen blieb allerdings geheim. Von der Kaiserin erhielt Prokop keine Informationen, es gibt auch keinen Hinweis auf eine direkte Bekanntschaft mit Petros Patrikios oder seinen Werken. Darüber hinaus ist es zweifelhaft, dass Petros Patrikios solch heikle und brisante Informationen in seine Memoiren aufgenommen hätte. Außerdem ist es kaum vorstellbar, dass jemand eine Intrige aufdecken würde, die darauf ausgerichtet war, die gotische Königin zu ermorden und damit einen Krieg zu provozieren. Es ist auffallend, dass Prokop Justinian vorwirft, durch seine ungeschickte Politik Chosroes einen Vorwand für einen Krieg geliefert zu haben, aber nicht den Vorwurf erhebt, einen gotischen Krieg provoziert zu haben – hätte der Historiker tatsächlich von einem geheimen Plan des Kaiserpaares und einem zynischen Spiel gewusst, das darauf abzielte, einen Krieg zu entfachen, hätte er dieses Wissen wahrscheinlich genutzt, um nicht nur Theodora, sondern auch Justinian anzugreifen und zu kompromittieren. Er tut dies jedoch nicht, weil er einfach über kein Wissen über solche Machenschaften verfügt. Aufschlussreich ist auch die Aussage: „Ich weiß nicht, was Petros benutzt hat, um Theodahad

---

[241] Vgl. schon SCHWARTZ 1939, 15-17. Jüngst dazu VITIELLO 2014, 97-98, 107-111, VITIELLO 2017, 162-168 mit weiterer Literatur.

zu überreden, Amalasuintha zu beseitigen.“ Dabei stellt er ausdrücklich fest, dass er keine Kenntnis von den geheimen Gesprächen zwischen Petros und Theodahad hat – daraus resultiert die Schlussfolgerung, dass die Information, Petros Patrikios habe den König Theodahad zum Mord an Amalasuintha ermutigt, keine zuverlässige Grundlage hat. Sie muss daher als bloße Spekulation betrachtet werden, für die es keine konkreten Beweise gibt. Wir wissen nicht, ob Prokop sie selbst erfunden hat oder ob solche Vermutungen vielleicht schon im Jahr 535 in Konstantinopel kursierten. Der Fall der Schilderung der Umstände von Amalasuinthas Tod warnt davor, den in den *Anekdota* vermittelten Inhalt vorschnell zu akzeptieren. Selbst wenn Prokop in den *Anekdota* sagt, er wisse mehr und verrate es erst jetzt, kann dies nicht *a priori* als verlässliche Zusicherung gewertet werden – oft handelt es sich nur um Spekulationen, Unterstellungen, Vermutungen, Verdächtigungen, und relativ selten berichten die *Anekdota* über neue realitätsnahe Fakten, die das Bild dessen, was in den *Kriegen* dargestellt wurde, wesentlich verändern würden.

Paradoxerweise konstruiert Prokop die Anschuldigungen in den *Anekdota* auf eine so geschickte Weise, dass sie seine Darstellung des Geschehens in den *Bella* nicht grundlegend widerlegen. Es ist deutlich, dass er sich keineswegs von ihnen distanzieren will. Die meisten der neuen Themen, die in den *Anekdota* behandelt werden, ergänzen zwar das Bild der Epoche, stehen aber nicht in direktem Zusammenhang mit dem Verlauf der Kriege. Seine Schilderung der Perser-, Vandalen- und Gotenkriege in den *Anekdota* ist daher sehr gut durchdacht, und nur gelegentlich fügt Prokop zusätzliche Fakten hinzu, die den früheren Bericht modifizieren.

5.3.2. Deutung der Tatsachen in den *Anekdota*

Bei der Lektüre der *Anekdota* muss man der Verlockung widerstehen, sie als den zuverlässigen Bericht über Justinians Herrschaft zu betrachten. Es handelt sich um eine heftige Schmähschrift, die nach den Regeln der rhetorischen Kunst darauf zielt, den Gegenstand – die Handlungen von Justinian und Theodora – in einem möglichst schlechten Licht darzustellen. Eine gute Invektive, ähnlich wie ein guter Panegyrikus, versucht daher im Allgemeinen, sich auf wirkliche, der Öffentlichkeit bekannte Tatsachen zu beziehen, aber so, dass sie ein schlechtes Zeugnis über den „Helden“ des Werkes ablegen. Prokop kann also dieselben Tatsachen verwenden, um eine Person zu tadeln oder zu loben. Ein und derselbe Sachverhalt kann, je nach Blickwinkel, aus dem er beurteilt wird, sowohl Anlass für Lob als auch für Kritik sein, und Prokop ist sich dessen voll bewusst (vgl. z.B. Bell.

2,2,12-15). Ein gutes Beispiel für diese Technik ist das Kloster von Metanoia, das für die ehemaligen Prostituierten gegründet wurde. In dem Panegyrikus *De aedificiis* wird diese Stiftung als Beispiel für die Frömmigkeit des Kaiserpaares angeführt, das den ehemaligen Prostituierten ein Auskommen verschafft (Aed. 1.9.5-10). In den *Anekdota*, also in der Invektive, spiegelt das Matanoia-Kloster die Bosheit Theodoras wider, die die Prostituierten gegen ihren Willen dazu zwingen wollte, ihr Leben zu ändern; als die Kaiserin sie in das Kloster sperrte, zogen einige von ihnen es jedoch vor, sich von der Höhe herabzustürzen, anstatt ihren Lebensstil zu wechseln (An. 17.5-6).

Viele der Geschichten, die in den *Anekdota* erscheinen, insbesondere diejenigen, die das Privatleben der Protagonisten thematisieren, sind unmöglich zu überprüfen. Es sei daran erinnert, dass der gesamte Bericht dazu dient, das Bild des Tyrannen zu schaffen. Die zahlreichen Beispiele für Korruption, Mord und Plünderung von Privateigentum durch Justinian, auch wenn sie auf den ersten Blick plausibel erscheinen, sollten sorgfältig geprüft werden, weil ihre Untersuchung zeigt, dass Prokop, obwohl sie einen Faktenkern besitzen, dennoch oft über wichtige Aspekte des betreffenden Falles schweigt.[242] Dies ist zum Beispiel bei einem gewissen Euangelos, einem Rhetor in Caesarea, vermutlich der Fall, den Prokop möglicherweise persönlich kannte, wie seine gute Kenntnis des Sachverhalts zeigt. Euangelos erwarb sich das Dorf Porphyreon für 3 Kentenarien Gold. Prokop behauptet, dass der Kaiser Justinian, als er davon erfuhr, Euangelos diesen Besitz abnahm und ihm nur einen kleinen Teil der gezahlten Summe zurückgab (An. 30, 17-20). Obwohl diese Geschichte gegen den Kaiser gerichtet ist und als großes Unrecht dargestellt wird, das Euangelos erlitten hat, wird darauf hingewiesen, dass es sich hier um einen unerlaubten Erwerb von Eigentum gehandelt und dass die Transaktion selbst gegen mehrere bestehende Gesetze verstoßen haben könnte. Der Historiker verschweigt jedoch absichtlich den gesamten formal-juristischen Aspekt des Falles.[243]

In der düsteren Geschichte von Photios und Antoninas Geliebtem Theodosius ist hingegen die Verteilung der Akzente bemerkenswert. Diese ganze Erzählung dient im Wesentlichen dazu, Belisar zu diskreditieren und Theodoras Schlechtigkeit hervorzuheben. Auch wenn es unmöglich ist zu sagen, wie viel Wahrheitsgehalt in der Geschichte der Affäre zwischen Antonina und Theodosius tatsächlich vorhanden ist, so ist es doch klar, dass

---

[242] Vgl. vor allem KARANTABIAS 2018.
[243] KARANTABIAS 2018,58.

es bei dem Konflikt zwischen Photios und Theodosius hauptsächlich um Geld ging und nicht um den guten Namen von Antonina oder Belisar. Photius, den Prokop zum unschuldigen Opfer der Treulosigkeit des Belisar und der Grausamkeit der Theodora stilisiert, beging in Wirklichkeit mehrere kriminelle Handlungen, indem er Kalligonos und Theodosius einsperrte und folterte und ihnen viel Geld abnahm (An. 3,1-20). Das Ganze kann also ganz anders gedeutet werden, als Prokop dies in den *Anekdota* tut.[244]

In den Berichten über Erbschaftsangelegenheiten wird ebenfalls viel verschwiegen, und es gibt zahlreiche einseitig verzerrte Interpretationen, während der Historiker gegen den Kaiser Partei einnimmt. In diesem Zusammenhang erhebt Prokop den Vorwurf, dass Justinian zivilrechtliche Gesetze nach Belieben umgestoßen habe, um an dringend benötigte Gelder zu gelangen. Die bewusste Auslassung wichtiger juristischer Details zeigt sich beispielsweise in der Geschichte der Tochter des Anatolius (An. 29.17-25) oder des Eunuchen Euphratas (An. 29, 13-16). Sie sollen verdeutlichen, dass Justinian häufig den Erben unrechtmäßig Eigentum entzog, verschweigen aber die wichtigen Aspekte des jeweiligen Falles. Zum Beispiel starb Euphratas ohne Testament und hinterließ einen Neffen. Der Fiskus trat in diesem Fall das Erbe an – alles deutet jedoch darauf hin, dass hier kein Gesetzesverstoß vorlag: Euphratas war aller Wahrscheinlichkeit nach ein Freigelassener, und wenn der Nachlass eines Freigelassenen auf mehr als 100 Aurei geschätzt wird, geht im Falle eines Todes die gesamte Erbschaft auf den Patron über, in diesem Fall vermutlich auf den Kaiser. Der Fall der Tochter des Anatolius, bei dem der Historiker die in der Geschichte erwähnten Personen wohl gut kannte, bezieht sich auf ein Gesetz über die Erbberechtigung von Dekurionenkindern (wohl Nov. 38). Prokop geht mit keinem Wort darauf ein, dass der Fiskus nach dem geltenden Gesetz handelte, das die Zahlungsfähigkeit der einzelnen städtischen Kurien sicherstellen und gleichzeitig verhindern sollte, dass sich die einen Kurien auf Kosten anderer bereicherten. Prokop verzichtet jedoch auf eine detaillierte Erläuterung der Rechtslage, die belegen würde, dass der Kaiser rechtmäßig handelte.[245] Klar ist dabei, dass die Angehörigen des Kurialenstandes den hartnäckigen Gesetzesdruck, der auf sie ausgeübt wurde, als entehrend und einengend empfanden.[246]

---

[244] Vgl. KARANTABIAS 2018, 61.
[245] KARANTABIAS 2018, 58-60, GIZEWSKI 1988, 96-98.
[246] GIZEWSKI 1988, 97-98.

Alles in allem muss man konstatieren, dass die *Anekdota* zahlreiche Auslassungen und Ungenauigkeiten enthalten, aber auch viele sehr wertvolle Informationen, die jedoch sehr einseitig und parteiisch dargestellt werden.

5.3.3. *Bella*: Prokops Darstellung im Lichte anderer Quellen

5.3.3.1. Die Schlacht von Callinicum

Viele wertvolle und lehrreiche Beobachtungen ergeben sich aus dem Vergleich Prokops mit parallelen Überlieferungen, der allerdings nur in wenigen Fällen möglich ist. Ein gutes Beispiel dafür ist die Schilderung der Niederlage der Römer in der Schlacht von Callinicum im Jahr 531 in Bell. 1,18.[247] Außer bei Prokop ist ein umfangreicher Bericht darüber in der Chronik des Johannes Malalas erhalten.[248]

Im Frühjahr 531 griff das persische Heer erneut das Römische Reich an und plante, Syrien zu plündern und Antiochia zu besetzen. Die Römer, die von der Richtung der Invasion überrascht wurden, waren zunächst nicht in der Lage, den Vormarsch der Perser aufzuhalten, sondern konnten erst zum Gegenangriff übergehen, nachdem es ihnen gelungen war, ihre verfügbaren Kräfte zu konzentrieren. Als Belisar, der damalige *magister militum per Orientem* und damit der ranghöchste Befehlshaber im Osten, von Dara aus mit den verfügbaren Truppen in das bedrohte Gebiet vorrückte, riskierten die Perser keinen Kampf gegen ihn, änderten schließlich ihre Pläne und gaben ihren Angriff auf Syrien auf. Aus dem Bericht von Johannes Malalas ist zu entnehmen, dass es im römischen Kommando einen Konflikt gab, als Sunikas, gegen den Befehl von Belisar handelnd, während einer Offensivaktion erfolgreich war. Uneinigkeit herrschte auch über die weitere Strategie: Belisar ging davon aus, dass die Römer ihr Hauptziel bereits erreicht hatten, indem sie die Straße nach Antiochia abgeschnitten und damit die persische Offensive vereitelt hatten. Einige Befehlshaber wollten die Perser angreifen, um sie in einer offenen Schlacht zu vernichten. Als die Perser den Rückzug antraten, folgte ihnen Belisars Heer, das sich jedoch in einiger Entfernung hielt. Unterdessen wuchs unter den römischen Soldaten und Offizieren die Unzufriedenheit darüber, dass die Perser ungestraft in römisches Gebiet eindrangen. Als sich beide Heere schließlich in der Nähe von Callinicum befanden, beschloss Belisar, anzugreifen und den Persern eine Schlacht zu liefern.

---

[247] Ausführlich dazu GREATREX 1998, 193-213, BRODKA 2011.
[248] Gewisse Einzelheiten liefert auch Zachariah Rhetor.

Prokop, der ein Augenzeuge dieser Ereignisse war, schildert das gesamte Geschehen aus der Sicht des Stabs von Belisar, dem er persönlich angehörte, und konzentriert sich daher in seiner Darstellung auf Belisar selbst. Er ignoriert die Handlungen der anderen Befehlshaber, vor allem des Hermogenes und Sunikas. Prokop hebt vor allem die Verdienste von Belisar hervor und betont, dass dieser dank seiner schnellen Reaktion die persische Offensive aufhielt und ihren eigentlichen Zweck vereitelte (Bell. 1,18,4). Sein Bericht hat eine tendenziöse, höchst apologetische Einfärbung. Der Historiker argumentiert, dass Belisar unabhängig von der weiteren Entwicklung einen strategischen Erfolg erzielte und seine Aufgabe sehr gut erfüllte, indem er die Perser ohne Verluste besiegte und sie zum Rückzug zwang (Bell. 1,18,9; 1,18,18-19). Offensichtlich ergreift Prokop Partei für Belisar und beteiligt sich an Diskussionen über die Verantwortung des Feldherrn für die Niederlage von Callinicum. Er tut dies jedoch äußerst geschickt, indem er die Vorgeschichte der Schlacht darstellt und argumentiert, dass der militärische Misserfolg, den er noch schildern wird, in Wirklichkeit von geringer Bedeutung ist. Andere von Johannes Malalas erwähnte Fakten, wie z.B. die allmähliche Konzentration der römischen Truppen und die Streitigkeiten zwischen Belisar und Sunikas, werden ausgelassen, als ob sie belanglos wären. Prokop geht bei der Gestaltung seiner Darstellung sehr selektiv vor. Durch die entsprechende Verteilung der Akzente, die Fokussierung auf Belisar und die Auslassung der Handlungen anderer Befehlshaber will er das Publikum davon überzeugen, dass der Verzicht der Perser auf eine weitere Offensive ein großer Erfolg Belisars war.

So wird das ganze Geschehen nach dem Rückzug der Perser, darunter die Niederlage Belisars bei Callinicum, relativiert, denn das Wichtigste hatte schon früher stattgefunden und die spätere Schlacht, egal wie sie ausging, konnte daran nichts ändern. Eben deshalb verschweigt Prokop die Handlungen anderer römischer Generäle vor der Schlacht, denn es ist Belisar, der die Verteidigung konsolidierte und auf den Vorstoß der Perser reagierte.

Die mangelnde Einigkeit unter den Römern thematisiert Prokop nur im Zusammenhang mit der Entscheidung, die Perser bei Callinicum anzugreifen (Bell. 1,18,24-25). Aber auch hier ist er bemüht, Belisar in einem möglichst guten Licht darzustellen und ihn zumindest teilweise von der Schuld an der späteren Katastrophe freizusprechen. Denn es wird behauptet, dass Belisar ursprünglich nicht die Absicht hatte, die Perser anzugreifen, sondern erst von den Soldaten gezwungen wurde, den Kampf aufzunehmen. Im Vergleich zu Prokop enthält der Bericht des Johannes Malalas mehr

Details. Aber auch in seinem Fall haben wir mit einer vergleichbaren Parteinahme und tendenziösen Ausgestaltung des Berichtes diesmal für andere Generäle zu tun.

Johannes Malalas gibt Auskunft über die Aktionen von Hermogenes und Sunikas sowie den Erfolg des Letzteren und teilt mit, dass es zu einem Streit zwischen Belisar und Sunikas kam. Johannes Malalas hat hingegen keinen Sinn für die strategische Lage und kann die Bedeutung des Rückzugs der Perser nicht richtig einschätzen. Er weiß nichts von Belisars Weigerung, eine Schlacht zu schlagen. Aus seiner Sicht ist der Kampf auf eine Verkettung von Ereignissen zurückzuführen. Da Hermogenes und Sunikas und ihre Handlungen im Mittelpunkt seines Berichtes stehen, auch wenn er sie stellenweise nicht ganz klar und logisch darstellt oder erklärt, kann man davon ausgehen, dass sich Johannes Malalas hier auf einen offiziellen Untersuchungsbericht der Kommission des Constantiolus, der für Belisar ungünstig gewesen sein muss, und möglicherweise auch auf einen Rapport des Hermogenes, der gleich nach der Schlacht an Justinian geschickt wurde, bezieht. Diese Kommission wurde vom Kaiser damit beauftragt, die Frage der Verantwortung für die erlittene Niederlage zu untersuchen (vgl. Malal. 18,60).

In der Schlacht von Callinicum fügten die Perser den Römern eine schwere Niederlage zu. Laut Prokop wollte Belisar, ebenso wie Hermogenes, die Perser nicht angreifen, doch, wie oben gesagt, gab er seinen Soldaten nach, die einen Kampf forderten. Indem Prokop zeigt, dass Belisar wider seinen Willen die Schlacht geschlagen hatte, argumentiert er, dass dieser prinzipiell keine Schuld an dem katastrophalen Fortgang des Geschehens trug. Es liegt nahe, dass Prokop auf diese Weise gegen die alternative Version der Ereignisse polemisiert, die von Belisars Rivalen präsentiert und im Bericht der Constantiolus-Kommission niedergeschrieben wurde. Interessanterweise muss Belisars Unwillen, die Schlacht zu schlagen, aber keineswegs eine apologetische Erfindung Prokops sein, denn dies wird auch von dem Kirchenhistoriker Zachariah Rhetor bestätigt (Zach. HE 9,4). Die Schilderung der Schlacht selbst weist bei Prokop und Johannes Malalas erhebliche Unterschiede auf, wobei Prokop zweifellos in taktischen Details präziser ist und im Allgemeinen eine klare und logische Abfolge der Ereignisse darstellt, die zur römischen Niederlage führten. Er strebt danach, Belisar in ein positives Licht zu rücken: Ihm zufolge blieb Belisar bis zum Schluss auf dem Schlachtfeld und setzte sich heldenhaft dafür ein, das Ausmaß der Niederlage zu minimieren. Als die meisten Streitkräfte zerfielen oder aufgelöst wurden, organisierte er mit den auf dem Schlachtfeld verbliebenen Einheiten einen wirksamen Widerstand. Er ließ alle Reiter von ihren Pferden absteigen und kämpfte mit seiner Infanterie zu Fuß gegen die Perser weiter (Bell. 1,18,43). Die Perser probierten mehrmals, die römische Verteidigung zu durchbrechen, alle Angriffe wurden aber zurückgeschlagen und die Perser erlitten schwere Verluste. Die Schlacht endete bei Einbruch der Nacht: Die Perser kehrten in ihr Lager zurück, während Belisar mit einigen Männern mit dem Kahn auf eine nahe gelegenen Insel übersetzte, und die anderen Römer den Euphrat schwimmend überquerten (Bell. 1,18,49).

Johannes Malalas geht anders vor. Er berichtet, dass sich Belisar durch die Flucht relativ früh rettete. In einem solchen Szenario könnte seine Flucht als Rückzugssignal für das gesamte Heer gedeutet werden, weil der Rest des Heeres dem fliehenden General folgte. Laut Johannes Malalas war es nicht Belisar, der den Widerstand der Römer in der Endphase der Schlacht konsolidierte, sondern Sunikas, der mit Belisar im Konflikt stand. Johannes Malalas erwähnt auch die Heldentaten des Sunikas, der die Perser sogar noch am Abend verfolgte. Es ist klar, dass sich Johannes Malalas hier auf den Bericht von Belisars Feinden stützt. Besonders bemerkenswert ist dabei die Tatsache, dass in seiner Darstellung die Schlacht fast mit einem Sieg der Römer endet: Als Belisar nicht mehr auf dem Schlachtfeld war, kämpften die restlichen Römer weiter, bis der Abend und die Dämmerung den Kämpfen ein Ende setzten, dann versuchte Sunikas einen Gegenangriff und verfolgte die Perser zwei Meilen weit. Erst dann zogen sich Sunikas und Simmas in die Stadt Callinicum zurück. Am nächsten Tag überquerten sie mit dem römischen Heer und den Stadtbewohnern den Euphrat und erbeuteten die Leichen der Perser (Malal. 18,60). Obwohl Malalas zuvor berichtet hat, dass die meisten römischen Soldaten geflohen waren und die Römer große Verluste erlitten hatten, vermittelt der letzte Teil seines Berichts den Rezipienten den Eindruck eines nicht sehr katastrophalen oder gar siegreichen Ausgangs der gesamten Schlacht.

Bald nach der Niederlage berichtete der *magister officiorum* Hermogenes dem Kaiser über die Umstände der Niederlage. Als Justinian den Inhalt des Briefes erfuhr, beauftragte er den *magister militum praesentalis* Sittas, der sich in Armenien aufhielt, sich in den Osten zu begeben. Außerdem schickte er einen gewissen Constantiolus in den Osten, um eine Untersuchung durchzuführen, die die Frage nach den Ursachen des Desasters beantworten sollte (Malal. 18,60). Das von Constantiolus gefällte Urteil richtete sich gegen Belisar, der der Niederlage für schuldig erklärt wurde, und infolgedessen wurde er vom Kommando abgelöst (Malal. 18,61). Prokop verschweigt sowohl die Untersuchung selbst als auch den eigentlichen Grund für die Enthebung Belisars. Er spricht zwar von der Absetzung

Belisars, verbindet diese aber anachronistisch mit einer neuen Mission, nämlich dem Feldzug gegen die Vandalen (Bell. 1,21,2). Man muss bedenken, dass Belisar im Jahr 531 abgesetzt wurde, doch der Feldzug gegen die Vandalen fand zwei Jahre später, also erst im Jahr 533, statt.

Trotz all dieser Auslassungen und der parteiischen Färbung zugunsten Belisars ist jedoch Prokops Schilderung des Verlaufs der Schlacht von Callinicum viel klarer und logischer als diejenige in der Chronik von Johannes Malalas. Prokop beschreibt die Abfolge der Ereignisse und damit die wichtigsten Phasen der Schlacht genau und ist dadurch in der Lage, den kritischen Moment des gesamten Ereignisses zu bestimmen. Im Gegensatz zu Johannes Malalas, dessen Beschreibung eher chaotisch ist und sich nicht zu einem logischen Schluss entwickelt, will Prokop nicht verbergen, dass die Schlacht mit einer Niederlage endete. Während er Belisar rechtfertigt und für die Hervorhebung seiner persönlichen Tapferkeit und seines Engagements sorgt, attestiert er Belisars Versagen als General. Die Schwäche der Darstellung liegt vor allem in der verschwiegenen Tatsache, dass Constantiolus vom Kaiser mit der Klärung der Schuldfrage beauftragt und Belisar wegen des ungünstigen Urteils von Constantiolus' Kommission aus dem Osten zurückgerufen wurde.

5.3.3.2. Der Nika-Aufstand

Obwohl Prokops Darstellung des Nika-Aufstands umfangreich und eindrucksvoll ist, erweist sie sich bei näherer Betrachtung als detailarm.[249] Weitaus aufschlussreicher sind die historiografischen Überlieferungen der Weltchronik des Johannes Malalas, des Chronicon Paschale und der Chronik des Theophanes. Diese drei chronografischen Werke, die sogenannte Malalas-Tradition, gehen auf die ursprüngliche Fassung der Chronik von Johannes Malalas (Ur-Malalas) zurück, die nicht erhalten geblieben ist. Johannes Malalas muss sich einerseits auf ein offizielles Schreiben Justinians gestützt haben, in dem der Kaiser die Niederschlagung des Aufstandes bekannt gab (vgl. Malal. 18,71, S. 400, Chron. Pasch. 628), und andererseits auf mündliche Mitteilungen einer Person aus dem unmittelbaren Umfeld Justinians, die das Geschehen aus nächster Nähe beobachtete und über die

[249] Die folgenden Ausführungen beruhen auf BRODKA 2018a, 46-56. Zur literarischen Stilisierung des Nika-Aufstands durch Prokop vgl. auch EVANS 1984, MEIER 2004a, GREATREX 1997. Laut GREATREX 1995 hat Prokop seinen Bericht über den Nika-Aufstand um die Mitte der 540er-Jahre verfasst.

Situation im Palast informiert war.[250] Prokop hielt sich hingegen, wie schon oben gesagt, während des Aufstands nicht in Konstantinopel auf. Er berichtet daher nicht über die Vorfälle, die er selbst erlebt hat, sondern muss sich auf Auskünfte von anderen stützen. M. Meier hat deswegen recht, wenn er zu dem Schluss kommt, dass die Informationen, die Prokop zur Verfügung standen, direkt von Belisar stammen müssen, der ihn mit „gefiltertem" Material versorgte, das weder ihm noch dem Kaiser schaden konnte. [251]

Prokop beschränkt sich darauf, den Verlauf des Aufstandes während der ersten fünf Tage nur in groben Zügen zu skizzieren. Er sieht die Ursache für die Unruhen in der Rivalität der Zirkusparteien (Bell. 1,24,1–6). Bei der Schilderung des Ausbruchs der Revolte nennt er Fakten, die zwar wichtig, aber weithin bekannt gewesen sein müssen: Vereinigung der Demen, Sturm auf das Prätorium, Brandstiftungen und Zerstörung der Gebäude (Bell. 1,24,7–10). Er verschweigt jedoch die Umstände der gescheiterten Hinrichtung der Anführer der Straßenunruhen. Er berücksichtigt auch nicht die ersten Reaktionen Justinians auf die Krise: Der Kaiser erschien im Hippodrom und versuchte, die Situation zu beruhigen, was jedoch keine Wirkung zeigte, sodass die Lage schnell eskalierte. Er weiß auch nichts über die Beorderung von Militäreinheiten aus den umliegenden Garnisonen nach Konstantinopel. Alle diese Ereignisse werden hingegen von Johannes Malalas, Chronicon Paschale oder Theophanes berichtet. Zu den wenigen konkreten Einzelheiten, die er in dieser Phase des Aufstandes erwähnt, gehören die Mitteilungen über den Rücktritt von beim Volk verhassten Beamten – Johannes dem Kappadoker und Tribonian.

Der Bericht über die ersten fünf Tage des Aufstandes wird mit der Aussage zusammengefasst, dass der Kaiser, die Kaiserin und einige Senatoren sich im Palast einschlossen und passiv die weitere Entwicklung abwarteten (Bell. 1,24,10). Dadurch entsteht die sehr tendenziöse Botschaft, dass der Kaiser die Kontrolle über die Situation verlor, sich verängstigt im Palast einschloss und nicht wusste, welche Strategie er anwenden sollte.

Die Malalas-Tradition zeichnet ein anderes Bild von den ersten fünf Tagen des Aufstands und zeigt, dass Justinian auf unterschiedliche Weise versuchte, die Situation unter Kontrolle zu bringen, und sich auf verschiedene Szenarien vorbereitete, darunter auch eine radikale Lösung. Der Kaiser selbst trat im Hippodrom auf und setzte sich für eine Beruhigung der Lage ein, was ihm jedoch misslang. Die kaiserlichen Soldaten unternahmen

---

[250] Vieles deutet darauf hin, dass es sich bei diesem Informanten um einen Hofeunuchen handelt, der sich während des Nika-Aufstands in Konstantinopel aufhielt.

[251] MEIER 2004a, 89-93, vgl. auch GOLTZ 2011, 252.

daraufhin einen erfolglosen Versuch, die Aufständischen zu befrieden, brachen diesen aber nach heftigen Straßenkämpfen ab. Aus diesen Überlieferungen geht hervor, dass der Kaiser erkannte, dass seine Truppen in der Hauptstadt zu klein waren, und die Verstärkungen aus den umliegenden Garnisonen beorderte.

Der Höhepunkt des Berichtes von Prokop ist eine detaillierte und lebhafte Beschreibung der Niederschlagung des Aufstandes durch Belisar (am siebten Tag, d.h. am Sonntag) (Bell. 1,24,19-59). Doch wie schon bei der Schilderung der ersten fünf Tage trifft der Historiker auch jetzt eine offensichtliche Auswahl der zu berichtenden Begebenheiten. So lässt er den in der Malalas-Tradition erwähnten Auftritt Justinians im Hippodrom am Sonntag und die Bestechungsaktion des Narses, die zur Spaltung der Aufständischen führen sollte, aus. Was jedoch im Vordergrund steht, sind die wirkungsvollen Reden des Rebellen Origenes und vor allem der Kaiserin Theodora, die dem Ganzen jedoch einen sehr tendenziösen Ton verleihen und gleichzeitig für den dramatischen Effekt sorgen. Mithilfe der Reden teilt Prokop mit, dass Justinian während des Aufstandes lange Zeit keine aktiven Maßnahmen ergriff, sondern bereit war zu fliehen und erwog, Konstantinopel zu verlassen (Bell. 1,24,29–30). Die Parallelquellen (Johannes Malalas, Chronicon Paschale) vermitteln jedoch ein anderes Bild, denn sie berichten, dass der Kaiser eine politische Lösung der Krise anstrebte und sich erst nach dem Scheitern dieser Versuche zu einem radikalen Schritt entschloss – nämlich zu einer militärischen Option, die er bereits vorbereitet hatte.

All dies wird jedoch von Prokop absichtlich ausgelassen. Zweifelsohne hatte dieses Verhalten einen bestimmten Zweck. Prokop betont die Passivität und Hilflosigkeit des Kaisers, um einen geeigneten Hintergrund für die Gestaltung eines Helden zu schaffen, der im kritischen Moment zur Rettung kommt – nämlich Belisar. Diese literarische Strategie gibt ihm die Möglichkeit, verdeckte Kritik an Justinian zu üben.[252] Dies wiederum trägt dazu bei, seine eigene Autorität als Historiker zu begründen, der sich nicht scheut, seine eigene harte Bewertung der Haltung und der Handlungen des Herrschers zu formulieren. Bevor Belisar jedoch in Aktion trat und sich mit den Aufständischen auseinandersetzte, kam es zu einer spektakulären Wende: Als im Palast diskutiert wurde, was zu tun sei, und man ernsthaft über eine Flucht nachdachte, trat Theodora auf den Plan und hielt eine Rede, in der sie die Flucht als mögliche Option ablehnte und alle zu ent-

[252] Meier 2004a, 93.

schlossenem Handeln aufforderte (Bell. 1,24,32).[253] Prokop zeichnet hier meisterhaft ein beeindruckendes, dramatisches und ausdrucksstarkes Bild: Als Angst und Hilflosigkeit am Hof herrschten, als man an Flucht dachte, als die legitime Autorität unter der Bedrohung ins Wanken geriet, änderte Theodoras entschlossene, kompromisslose Haltung alles und inspirierte den Kaiser und seine treuen Anhänger mit einem neuen Geist. Die fiktive Rede der Theodora mit ihrer markanten Botschaft, dass die Kaiserherrschaft ein schönes Leichentuch sei, ist ein virtuoses literarisches Mittel, das eine Peripetie in das Drama des Nika-Aufstands bringt:[254] Erst dann verwarf der Kaiser die Passivität und beschloss zu handeln, um die Rebellion zu beenden. Der gesamte Bericht konzentriert sich nun jedoch auf Belisar, da er als derjenige dargestellt wird, der den Aufstand niederschlug und Justinians Macht rettete. Belisar führte einen Angriff auf das Hippodrom an, in dem sich die Rebellen versammelt hatten, und die ganze Aktion wird als ein Akt seines Heroismus bezeichnet. In diesem Zusammenhang überschwemmt der Historiker seine Zuhörer mit einer Fülle präziser Details, die es erlauben, die Handlungen Belisars genau zu rekonstruieren (Bell. 1,24,42–58). Interessanterweise trat der Kaiser an diesem kritischen Punkt, an dem das Schicksal seiner Herrschaft auf dem Spiel stand, aus dem Schatten und übernahm die tatsächliche Verantwortung, wodurch er den Verlauf der Ereignisse maßgeblich beeinflusste. Der Geschichtsschreiber selbst verwirft damit das Bild eines passiven Herrschers, das er zuvor verwendet hat, und bezeugt, dass Justinian nicht in Panik geriet, sondern schnelle Entscheidungen traf und die Probleme löste, sobald sie auftauchten. Als es nämlich Belisar nicht gelang, Hypatius, der von den Aufständischen zum Gegenkaiser ausgerufen worden war, direkt anzugreifen, und die Pläne geändert werden mussten, verlor Justinian nicht den Kopf, sondern gab Belisar sofort neue Anweisungen und reagierte flexibel auf die veränderten Umstände (Bell. 1,24,44-48).

Trotz der Fokussierung auf Belisar wird auch aus dem Bericht Prokops deutlich, dass Justinian einen entscheidenden Einfluss auf die Ereignisse hatte: Er blieb nicht passiv und war nicht auf Hilfe von außen angewiesen. Die Malalas-Tradition, die sich auf andere Quellen als Prokop stützt, sieht

---

[253] Die moderne Forschung übernimmt immer wieder die prokopische Darstellung der letzten Stunden des Nika-Aufstands und meint, dass wirklich eine Panikstimmung im Palast geherrscht und nur Theodora einen kühlen Kopf bewahrt habe (so z.B. EVANS 2005, 19).

[254] Vgl. dazu CAMERON 1996, 69, MEIER 2004a, 91 ff. BRODKA 2018a, 50-51.Vgl. auch GIZEWSKI 1998, 159 Anm. 229, ALLEN 1992, 94, GREATREX 1997, 78 Anm. 94.

hingegen die Niederschlagung des Nika-Aufstandes als Verdienst eines Kollektivs von loyalen Mitarbeitern Justinians. Während bei Prokop Belisar und Theodora im Fokus stehen und die ausschlaggebenden Impulse in kritischen Momenten des Geschehens von ihnen ausgehen, wird die Krise in der Malalas-Tradition überwunden, weil mehrere Personen darauf hinarbeiten.

Prokops Bericht über den Nika-Aufstand ist also keine genaue Wiedergabe aller relevanten Ereignisse, sondern eine selektive, manchmal glaubwürdige, manchmal fiktive oder stark parteiische literarische Konstruktion. Er versucht durch entsprechende Auswahl und Anordnung des Stoffes bestimmte, tendenzielle Verbindungslinien und Kausalzusammenhänge sowie anschauliche stimmungsgeladene Bilder herzustellen. Er kennt viele wichtige Aspekte der Ereignisse entweder nicht oder lässt sie absichtlich als unwesentlich aus. Die mangelnde Kenntnis ergänzt er, den Prinzipien der Rhetorik gemäß, um das „Wahrscheinliche", um das, was seiner Meinung nach im Kaiserpalast wahrscheinlich geschah oder hätte geschehen können. Dieses Vorgehen unterscheidet sich freilich nicht grundlegend von dem, was in der antiken Geschichtsschreibung üblich war. Es ist also klar, dass der Historiker das ihm zur Verfügung stehende Material nutzte, um einerseits Belisar als tapferen Feldherr zu stilisieren, der die Macht Justinians rettete, und andererseits seine Abneigung gegen Johannes den Kappadoker, Tribonian und die Zirkusparteien sowie eine gewisse Kritik an Justinian zum Ausdruck zu bringen.[255]

5.3.4. *De aedificiis*

Bei der Lektüre der „Bauten" ist es wichtig, sich daran zu erinnern, dass es sich nicht um ein rein historisches Werk handelt, sondern um einen Panegyrikus. Daher sind die vorgelegten Fakten mit Vorsicht zu behandeln[256] Dasselbe gilt übrigens für die *Anekdota*. „Die Bauten" geben kein vollständiges Bild von Justinians Bautätigkeit. Prokop selbst betont dies im Epilog des Werkes (Aed.6,7,19-20), sodass die Auslassungen nicht überraschen.[257] An einigen Stellen scheint sein Bericht auch schriftlichen Zeug-

---

[255] Zu Recht MEIER 2004a, 95: Die gesamte Schilderung des Nika-Aufstands sei eher als literarisches Kunstprodukt mit gezielten Tendenzen den einzelnen Akteuren gegenüber denn als authentische Beschreibung des tatsächlichen Ereignishergangs zu betrachten.

[256] Vgl. dazu GROTOWSKI 2006, 64-69.

[257] Prokop lässt zum Beispiel den Wiederaufbau des Aquädukts in Alexandria aus, der von Johannes Malalas erwähnt wird (Mal. 18,33).

nissen und archäologischen Daten zu widersprechen. Prokop sagt zum Beispiel wenig über die Zerstörungen durch Erdbeben in Antiochia, beschreibt aber die Leistungen Justinians beim Wiederaufbau der Stadt nach der persischen Invasion im Jahr 540, obwohl er einige Fakten auslässt, die für Justinian unbequem gewesen sein könnten.[258] Man muss auch darauf hinweisen, dass die Fakten in einzelnen Werken einander widersprechen. Z.B. heißt es in An. 26,33, Justinian habe Griechenland vernachlässigt und dort keine öffentlichen Bauten errichtet, während der Historiker in Aed. 4,2,2-15 und 4,2,27-28 die Befestigungen am Isthmus, an den Thermopylen und viele andere auflistet. Dies beweist natürlich die rhetorischen Fähigkeiten des Prokop: Ein guter Redner war in der Lage, sowohl Lob als auch Tadel zu demselben Thema auszusprechen. Die archäologischen Funde (insbesondere die Überreste von Befestigungsanlagen am Isthmus) bestätigen in diesem Fall die Zuverlässigkeit des Berichtes in *De aedificiis* und entkräften die in den *Anekdota* formulierten Einwände.[259] Dem Historiker wird auch oft vorgeworfen, Justinian die Leistungen seiner Vorgänger Anastasius und Justin I. zuzuschreiben.[260] Z.B. dürfte Prokop die Leistungen Justinians in Dara übertrieben haben, der in vielen Fällen nur kleinere Reparaturen von Befestigungen aus der Zeit seiner Vorgänger durchführte.[261] Es ist jedoch zu bedenken, dass das Wesen der Panegyrik darin besteht, tatsächliche oder vermeintliche Verdienste „herauszuarbeiten" oder zu „vergrößern". Andererseits beweist insbesondere M. Whitby, dass Prokops Bericht über die Befestigungen in Dara keineswegs so unzuverlässig ist, wie manchmal behauptet wird.[262] Whitby erklärt, dass Prokop zwar nicht immer genau und präzise ist, da sein Hauptzweck darin besteht, Justinian zu loben, aber das Bild von den Bemühungen des Kaisers, die Grenzen des Staates durch Befestigungen zu sichern, im Allgemeinen glaubwürdig ist.[263] Es ist auch zu beachten, dass die Unterschiede in der Technik der einzelnen Beschreibungen und deren Ausführlichkeit vielfach auf die von Prokop benutzten Quellen zurückzuführen sind. Seine eigenen Beobachtungen und persönlichen Erfahrungen spiegeln sich in präzisen Schilderungen wider, in denen Prokop ein gutes Raumgefühl und Kenntnisse der Topografie aufweist. Dazu gehören die Passagen über Konstantinopel, Dara und die Festungen auf der Rabdios-Hochebene sowie über das Gebiet von

---

[258] Vgl. dazu DOWNEY 1939, CAMERON 1996, 106.
[259] CAMERON 1996, 108-109.
[260] Dazu CROKE/CROWE 1983.
[261] CROKE/CROWE 1983, 159.
[262] WHITBY 1986a und 1986b.
[263] WHITBY 1984, 1986a. Im ähnlichen Sinn HOWARD-JOHNSTON 1989.

Caput Vada und Karthago.[264] Die Beschreibungen im Buch IV sind hingegen schematisch und allgemein, wie die Schilderung von Justiniana Prima bezeugt (Aed. 4,1,19-27), in der es an Einzelheiten oder Angaben zur Lage der Stadt mangelt. Dasselbe gilt für den Bericht über die Schöpfungen in Numidien in Aed. 6,7: Prokop hat große Probleme mit den Kastellverzeichnissen, was sich in Wiederholungen, veralteten Informationen, Fehlern und unklaren Kriterien für geografische Einteilungen niederschlägt.[265]

Insgesamt muss eingeräumt werden, dass „Die Bauten" reich an Fehlern und Ungenauigkeiten sind, aber sie enthalten auch viele sehr wertvolle und zuverlässige Informationen. Obwohl Prokop, wie es in dieser literarischen Gattung üblich ist, zahlreiche kaiserliche Errungenschaften überhöht, sind die Fehler und Ungenauigkeiten im Wesentlichen auf die Qualität der verfügbaren Quellen zurückzuführen und in den meisten Fällen nicht das Ergebnis einer absichtlichen Fälschung.[266]

---

[264] GROTOWSKI 2006, 67-68.

[265] CAMERON 1996, 180-184, 219-221, GROTOWSKI 2006, 67-68. Es lässt sich nicht feststellen, ob Prokop das Verzeichnis der Ortschaften aus Dokumenten in den Staatsarchiven entnommen hat (so z.B. BESELIEV 1969) oder ob er sich auf eine Reiseroute stützte, die für seine Zeit bereits veraltet war (vgl. PERRIN-HENRY, 1980).

[266] GROTOWSKI 2006, 69.

6. Das Geschichtsdenken

6.1. Das Christentum

Prokop war ein Christ.[267] Trotz seiner klassischen Bildung blieb er mit seinem Glauben, seinen Ideen und seinem Aberglauben ein typischer Mensch des 6. Jahrhunderts. Er glaubte an Wunder und die Macht der Reliquien, verehrte Heilige, erkannte Gottes Eingreifen in die menschliche Geschichte an, und gleichzeitig war er davon überzeugt, dass das menschliche Leben von bösen Dämonen beeinflusst werden konnte.[268] In seinem ganzen Werk lassen sich verstreute christliche Inhalte finden, die in ihrer Gesamtheit davon zeugen, dass er sich zur Orthodoxie bekannte. Dies gilt sowohl für positive Aussagen über das orthodoxe Christentum, wobei er sogar hagiografische Züge in seine Schilderung von Ereignissen einbaut, als auch für negative Äußerungen über andere religiöse Vorstellungen wie Heiden, Juden, Samaritaner oder Häretiker. Die Zeugnisse dafür sind so zahlreich, dass es den Rahmen dieses Buches bei weitem sprengen würde, sie aufzulisten. Deswegen beschränke ich mich hier nur auf die wichtigsten Beispiele.

Von besonderer Bedeutung sind die Berichte über die wunderbare Rettung der Städte Apameia (Bell. 2,11,14-30) und Edessa (Bell. 2,12,7-30) durch Gott. In Apameia gab es Reliquien des Heiligen Kreuzes, die von den Gläubigen sehr verehrt wurden. Man glaubte, dass sie die Sicherheit der Stadt und ihrer Bewohner gewährleisten könnten (Bell. 2,11,15). Als die Einwohner vom Anmarsch der persischen Armee hörten, wurden sie alarmiert. Während einer Prozession, bei der die Reliquien des Kreuzes öffentlich verehrt wurden, kam es jedoch zu einem ungewöhnlichen Ereignis: Als Bischof Thomas den Gläubigen die Reliquien zeigte, erschien eine Flamme über ihnen (Bell. 2,11,17-19). Dies wurde allgemein als ein Wunder angesehen, und folglich war jeder des Heils sicher (Bell. 2,17,19). Die Einwohner beschlossen, den Persern keinen militärischen Widerstand zu leisten, sondern stimmten zu, den Perserkönig Chosroes in die Stadt hineinzulassen. Er zog mit 200 Soldaten in die Stadt ein und verlangte die Herausgabe allen Goldes und Silbers, verzichtete aber darauf, das Heilige Kreuz zu plündern. Prokop kommentiert diese Ereignisse eindeutig, indem

---

[267] Grundlegend dazu CAMERON 1966, CAMERON 1996, 113-133, WHITBY 2007, BRODKA 2013b, STICKLER 2022.

[268] BRODKA 2004, BRODKA 2013b. Zum Christentum Prokops vgl. jüngst STICKLER 2022, der das Thema detailliert und systematisch behandelt.

er erklärt, dass Chosroes durch göttliche Kraft daran gehindert worden sei, die Stadt zu plündern (Bell. 2,11,25) und dass Gott damals Apameia gerettet habe (Bell. 2,11,28). Prokop zweifelt nicht an der Echtheit des Wunders, wie sein persönlicher Kommentar eindeutig beweist, und die gesamte Erzählung zeugt von seinem Glauben an die Möglichkeit eines göttlichen Eingreifens in die Geschichte.

Ähnliche Akzente lassen sich in den Berichten über Chosroes' Angriffe auf Edessa finden.[269] Der Perserkönig wollte sich mit der Meinung der Christen auseinandersetzen, die glaubten, dass die Stadt niemals in die Hände von Feinden fallen würde (Bell. 2,12,6-7). Dies soll Christus selbst in einem Brief an Abgar versichert haben. Obwohl Prokop selbst an der Authentizität des Briefes zweifelt, ist er dennoch überzeugt, dass Edessa unter dem besonderen Schutz Gottes stand (Bell. 2,12,30). Die Legende von Abgar wird von Prokop im 2. Buch der *Bella* im Zusammenhang mit dem ersten Angriff des Chosroes auf Edessa im Jahr 540 erzählt (Bell. 2,12,7-30). Prokop schildert ausführlich die beiden Belagerungen Edessas durch die Perser in den Jahren 540 und 544 (543?), bei denen Chosroes jeweils durch den seinen Stolz verletzenden Glauben der Christen an die Uneinnehmbarkeit der Stadt zum Angriff provoziert wurde (Bell. 2,12,7; 2,26,1-4). Die Erzählung von Abgar erklärt die Gründe für diesen Glauben. Sie berichtet über den Aufenthalt Abgars in Rom während der Regierungszeit des Kaisers Augustus (Bell. 2,12,8-19) und über den Briefwechsel Abgars mit Christus (Bell. 2,12,20-30). In diesem Zusammenhang gibt es eine eindeutige Erklärung, die als schlüssiger Beweis für das Christentum des Prokop angesehen werden darf.[270] Prokop gibt sich hier eindeutig als Christ zu erkennen und akzeptiert vorbehaltlos das Gottmenschentum Christi, indem er den Briefwechsel zwischen Christus und Abgar auf jene Zeit datiert, als Jesus, der Sohn Gottes in Menschengestalt, unter den Menschen in Palästina geweilt habe und durch seine völlige Sündlosigkeit und die von ihm vollbrachten Wunder bestätigt habe, dass er tatsächlich der Sohn Gottes gewesen sei. Darüber hinaus wird hier eine Liste seiner Wunder beigefügt (Bell. 2, 12,23).

Die kirchengeschichtlichen und hagiografischen Züge weisen auch andere Episoden auf, wie z.B. die Geschichte eines „gottgefälligen und gerechten Baradotus“, der durch Gebete stets erhielt, was er wollte (Bell. 2,13,8-15). Die Verfolgung der nordafrikanischen orthodoxen Christen durch die arianischen Vandalen wird durch die Beispiele mutiger Märtyrer

[269] Dazu BRODKA 2013b.

[270] BRODKA 2013b, vgl. auch CAMERON 1996, 116.

illustriert, die trotz abgeschnittener Zunge sprechen konnten, solange sie ein reines Leben führten (Bell. 3.8.4-5). Erwähnenswert sind auch der Traum des heiligen Bischofs Cyprian von Karthago (Bell. 3,21,17-25) oder die Episode von einem geborstenen Mauerstück in Rom, das der Apostel Petrus vor dem Zugriff der Feinde schützte (Bell. 5,23,5). Man kann auch klare theologische Konzepte finden: Jesus ist der Sohn Gottes (Bell. 2,12,22), er ist sündlos, Gott ist der Herr der Geschichte, er ist allmächtig und gut (Bell. 2,4,10; 5,3,8; Aed. 1,1,21).

„Die Bauten" wurden aus christlicher Sicht geschrieben, was oben schon hinreichend belegt wurde. Das Gleiche gilt für die *Anekdota*. Obwohl Prokop an einigen Stellen verschiedene Aspekte der Religionspolitik Justinians kritisiert, distanziert er sich oft von Häretikern und Andersgläubigen, indem er die einzelnen Personen als Zauberer, Heiden oder Manichäer verunglimpft (vgl. z.B. An. 22,25). Das Bild von Justinian als Dämonenfürst ist ebenfalls in der christlichen Weltanschauung verankert, wobei Prokop den Kaiser eindeutig aus apokalyptischer Sicht schmäht, weil Justinian hier die Merkmale des Antichristen aufweist.[271]

Prokops Werke enthalten aber auch Aussagen, aus denen man einen grundsätzlichen Skeptizismus oder gar Heidentum abzuleiten versucht. Dazu gehören zum Beispiel die berühmte Kritik an den Versuchen, die Natur Gottes zu erforschen und von dieser allgemeinverbindliche Lehrsätze ableiten zu wollen (Bell. 5,3,6-8), die Erzählung von der Öffnung des Janustempels in Rom während der Belagerung der Stadt durch die Goten (5,25,18-25) und die Kritik an Justinians bigotter Frömmigkeit (Bell. 7,32,9; 7,35,11; An. 13,4-7; 13,28-33). Schließlich ist es bemerkenswert, dass Prokop wiederholt auf das Motiv der *Tyche* zurückgreift, die in hellenistischer Zeit und in den ersten nachchristlichen Jahrhunderten als Gottheit (als *Fortuna* in der lateinischsprachigen Welt, als *Tyche* im griechischsprachigen Raum) sehr beliebt war. Er achtet auch darauf, sich an klassischen Vorbildern orientierend, spezifisch christliche Begriffe zu vermeiden, und wenn er christliche Institutionen oder Ämter erwähnt, tut er dies meistens in klassizistischer Umschreibung. All das reicht aber nicht aus, um Prokop als einen Heiden, Kryptoheiden oder Agnostiker zu klassifizieren.[272] Seine Art der Umschreibung ist lediglich eine literarische Konvention, die nichts über die Gesinnung des Autors verrät. Mit seinen bisweilen kritischen Aussagen und seiner befremdend distanzierten Ausdrucksweise steht

---

[271] Vgl. dazu RUBIN 1951, RUBIN 1960, 203f., RUBIN 1961, BRODKA 2004, 35-38.
[272] CAMERON 1966, CAMERON 1996, 113-133.

Prokop unter den Christen seiner Zeit nicht allein.[273] Selbst der Rückgriff auf die Tyche darf nicht überbewertet werden. Zahlreiche christliche Autoren (z.B. Gregor von Nazianz, Georgios Pisides, Prokop von Gaza u.a.) nehmen wiederholt Bezug auf die Tyche, sie kommt insbesondere in der Historiografie und Rhetorik vor, bisweilen erscheint sie auch in der Epistolografie und in der Dichtung. Die Tyche des christlichen Kaisers ist immer noch, wie bei den heidnischen Kaisern, eine Eidesformel, wie die ägyptischen Papyri dies hinreichend bezeugen. Es gab auch eine völlig entpaganisierte Tyche der christlichen Heiligen[274] oder sogar die Tyche der Christen, die von den Einwohnern Konstantinopels während der Bittprozession angerufen wurde (*Chron. Pasch.* 629, 10-70).[275]

Prokop war also ein typischer Christ des 6. Jahrhunderts, auch wenn die moderne Forschung diese Meinung immer wieder anzweifelt und bestreitet.[276] Zutreffend fasst die gesamte Diskussion T. Stickler zusammen, indem er feststellt, die Besonderheiten, die Prokop aufweise, seien zum einen der klassischen Tradition geschuldet, in der er verankert sei, zum anderen gingen sie nicht darüber hinaus, was im 6. Jahrhundert nach Christus literarisch geäußert werden konnte und auch geäußert worden sei.[277]

6.2. Die treibenden Kräfte der Geschichte

6.2.1. Gott

Als typischer Christ des 6. Jahrhunderts akzeptiert Prokop ohne Zögern die Wunder als immanenten Bestandteil der irdischen Angelegenheiten.[278] Sowohl in den „Kriegen“ als auch in den „Bauten“ finden sich die Berichte über die wundersamen Eingriffe Gottes, die, obwohl sie kein für die traditionelle Geschichtsschreibung übliches Element waren, integraler Bestandteil der christlichen Weltanschauung in der Spätantike waren.[279] Die besten Beispiele dafür sind die bereits erwähnten wundersamen Rettungen von Apameia und Edessa vor den Persern durch Gott (Bell. 2,11,11-30).

---

[273] WHITBY 2007, 76ff., STICKLER 2022.

[274] Z.B. Tyche des Elia: IGLS 2425 Waddington, Th. Sim. 5,14,11.

[275] Zur christlichen Rezeption der Tyche BRODKA (im Druck).

[276] Es geht vor allem um KALDELLIS 2004, der Prokop als einen Heiden betrachten will.

[277] STICKLER 2022, 229.

[278] Vgl dazu MEIER 2003, 387ff., LEPPIN 2011, 314ff.

[279] Vgl. dazu BRODKA 2004, 21-39.

Symptomatisch für Prokops Denken ist vor allem sein Kommentar zum Fall von Antiochia im Jahr 540.[280] Obwohl er zeigt, dass der Kaiser keine wirksamen Maßnahmen ergriff, um die Katastrophe zu verhindern, wird die Verantwortung für den Fall von Antiochia letztlich nicht den Menschen, sondern Gott zugeschrieben:

> „Schwindel aber erfasst mich, wenn ich solch schreckliches Unglück schildere und dem Gedächtnis der Nachwelt überliefere und nicht verstehen kann, wie es denn Gottes Wille sein soll, die Macht eines Mannes und einer Stadt erst zu erheben, um sie dann in tiefem Sturze zu vernichten, alles, ohne dass uns ein Grund ersichtlich wird. Man darf nämlich nicht sagen, dass sämtliche Taten Gottes sich erklären lassen; sah er doch damals ruhig zu, wie auch Antiocheia von einem ganz verruchten Menschen dem Erdboden gleichgemacht wurde, eine Stadt, deren Schönheit und allgemeine Pracht nicht einmal in diesem Augenblick verloren gehen konnten" (Bell. 2,10,4-5, Übersetzung Veh).

Obwohl Prokop die Mechanismen von Gottes Entscheidungen nicht erklären kann, gibt er offen zu, dass Gott über der Geschichte steht, sie nach seinem Willen lenkt und ihre Ziele festlegt. Gottes Entscheidungen sind nicht zufällig oder chaotisch: Gott handelt immer nach einem bestimmten Prinzip: Sein Handeln ist immer vernünftig, gerechtfertigt und zielgerichtet. Die Geschichte ist also rational, weil sie von der göttlichen Vorsehung gelenkt wird, auch wenn der Mensch nicht in der Lage ist, die Ursachen oder das Wesen der Ereignisse zu begreifen. Wichtig ist in diesem Zusammenhang die pragmatische Anerkennung eines Sachverhalts, der von den Protagonisten des Geschehens oft nicht erkannt wird: dass Glaube, Frömmigkeit oder Gerechtigkeit keineswegs immer den Erfolg menschlichen Handelns oder göttlichen Beistand garantieren.

Nach Prokops Ansicht ist Gott ein unparteiischer Richter, der keinem Volk *a prori* Gnade erweist. Die Römer waren also kein auserwähltes Volk, auf dessen Seite Gott grundsätzlich stand. Natürlich kann, wie zahlreiche Beispiele zeigen, menschliches Verhalten sowohl positive als auch negative Reaktionen der göttlichen Vorsehung hervorrufen. Gott kann den Gerechten und Frommen beistehen oder die Bösen bestrafen, aber es gibt hier keine Regel – er muss dies nicht tun. Die Protagonisten, z.B. Belisar oder Totila, fällten in dieser Hinsicht etwas explizitere Urteile und erwarteten, dass Gott diejenigen unterstützte, die sich von der Gerechtigkeit leiten

---

[280] Vgl. BRODKA 2004, 25-26. Vgl auch CAMERON 1996, 145.

ließen (vgl. insbesondere Bell. 7,21,9-10; 3,16,2-8; 3,19,5-6). Besonders die römischen Misserfolge in Italien in den 540er-Jahren gaben Anlass zu derartigen Überlegungen: Der Historiker legt dieses Deutungsmuster dem Gotenkönig Totila in den Mund, der die Misserfolge der kaiserlichen Armee in Italien als eine gerechte göttliche Strafe erklärte (Bell. 7,9,16-17; 7,21,6-8).[281] Weil die Motive Gottes für den Menschen jedoch unbegreiflich sind, ist das Prinzip von Schuld und Strafe nicht allgemeingültig und bietet keine Möglichkeit, sich auf das Kommende vorzubereiten. Daher lässt Prokop einen Artasires, der sich auf ein Attentat auf den Tyrannen Gontharis vorbereitete, die bedeutsamen und aufschlussreichen Worte sagen (Bell. 4,28,12, Übersetzung Veh): „über das Weitere kann ich mich jedoch nicht äußern, ob Gott in seinem Zorn gegen den Tyrannen mich bei diesem riskanten Unterfangen unterstützen wird, oder ob er sich mir zur Strafe für einige meiner Sünden widersetzen und mir im Weg stehen wird." Bei der Festlegung der Ziele der Geschichte kann also Gott die Menschen bereits im Diesseits für ihre Sünden bestrafen, aber er wählt den Zeitpunkt und den Ort. Es bleibt jedoch offen, wessen Sünde zu einem bestimmten Zeitpunkt bestraft wird, da alle Menschen Sünder sind.[282]

Die dominierende Rolle in der menschlichen Geschichte spielt Gott, der ihre Ziele bestimmt. Gottes Entscheidungen sind jedoch im Allgemeinen nicht begreifbar. Der Historiker betont nachdrücklich, dass man immer damit rechnen muss, dass unerwartete, „zufällige" Umstände auftreten können. Von Zufall kann man aber nur aus der Perspektive des betroffenen Menschen sprechen, der in seiner Wahrnehmung auf das irdische „Hier und Jetzt" beschränkt ist. In diesem Punkt stimmt Prokop mit den Ansichten der christlichen Theologen überein, die die Existenz des Zufalls ablehnen und das Zufällige als einen Aspekt der göttlichen Handlungen und Entscheidungen betrachten, die den Menschen wegen seiner perspektivischen Begrenztheit überraschen. Laut Clemens von Alexandria, Origenes, Gregor von Nyssa oder Basilius von Caesarea erstreckt sich die Weltverwaltung Gottes auf alle einzelnen Ereignisse, auch auf die kleinsten und zufälligsten Ereignisse, sodass der Zufall Teil der göttlichen *oikonomia* ist. Das Wissen, dass alles seinen logischen Platz in Gottes Plänen hat, mindert, wie Prokop zeigt, keineswegs die menschliche Überraschung und Verwirrung in den Situationen, die vom Menschen nicht in moralischen, logischen oder rationalen Kategorien erklärt werden können.

---

[281] Eine solche Wahrnehmung der Realität war im 6. Jahrhundert weit verbreitet, worauf MEIER 2003 und LEPPIN 2011 mit großem Nachdruck aufmerksam machen.

[282] BRODKA 2004, 30-31, EVANS 1972, 124-125, EVANS 1971, 96.

6.2.2. Tyche

Prokop ist dem traditionellen Modell der Geschichtsschreibung sehr verpflichtet, weshalb er die klassische Methode der Deutung historischer Ereignisse, die der Tyche (bzw. Fortuna) eine wichtige Rolle bei der Gestaltung des Geschehens zuschrieb, nicht ganz aufgibt. Aus diesem Grund nutzt er das gesamte Bedeutungsspektrum der antiken Vorstellungen von Tyche. In seinen Werken finden sich viele Aussagen, in denen die kapriziöse Tyche, die entweder als Schicksal oder als Zufall verstanden wird, unabhängig von anderen Geschichtsmächten, völlig ungebunden funktioniert. Sie erscheint dann als eine Kraft, die die menschlichen Schicksale allein bestimmt, die Menschen je nach ihren Launen erhebt oder stürzt, ohne sich um den wirklichen Wert und die Verdienste eines bestimmten Individuums zu kümmern. Sie kann launisch, wankelmütig, neidisch und unberechenbar sein (z.B. Bell. 4:2,16; 6:29,8; 6:8,1; 8:32,29-30). Sie kann Glück oder Unglück bedeuten. Sie erscheint als eine Kraft, die die Welt beherrscht, entweder in einem teleologischen Sinne als eine Macht, die den Zweck der Geschehnisse determiniert und auch diese dahin führt, oder als ein Zufall (z.B. Bell. 3,21,7; 3,25,13), während die Menschen ihr gegenüber hilflos sind (Bell. 4,7,8).

Dieses traditionelle Modell stand jedoch im Widerspruch zur christlichen Weltanschauung, in der die Ereignisse durch die göttliche Vorsehung gelenkt werden. Die Christen lehnten die Verehrung der Göttin Tyche ausdrücklich ab und bestanden oft darauf, dass die Tyche nur ein leeres Wort sei (Clem. Strom. 5, Euseb. PE 13,13,53; Theod., Graec.aff.cur. 6,16). Aus den Schriften der Kirchenväter kann man in der Polemik mit den griechischen Philosophen eine deutlich erkennbare Leugnung der Tyche im Sinne von Zufall ablesen. Die Christen akzeptierten die Idee der Zufälligkeit der Welt nicht, weil sie dem Glauben an die göttliche Vorsehung zuwiderlief. Dennoch finden sich in den Schriften vieler christlicher Autoren, die sich an den klassischen Vorbildern orientieren, zahlreiche Rückverweise auf Tyche. Sogar bei dem Theologen Gregor von Nazianz kommt Tyche in seinen Gedichten vor, wo sie als Quelle der äußeren Güter angesprochen wird (z.B. Greg.Naz. Carm. moral. I 2,10). Auch unter den christlichen Kaisern blieb Tyche ein wichtiges Element der kaiserlichen Ideologie und Ikonografie. Die Eide wurden immer noch auf die göttliche und himmlische Tyche eines nun christlichen Kaisers geschworen (z.B. P.Oxy. LX 4086.5, P. Oslo III 113.7). In den *Novellen* Justinians heißt es, die Tyche des Kaisers, der Gott auch die Gesetze unterordne, sei nicht dem menschlichen Recht unterworfen. Gott habe sie selbst den Menschen als beseeltes

Gesetz herab gesandt (Nov. Iust. 105, 2, 4). Bei dieser Tyche geht es um die außerordentliche Würde oder Majestät des Herrschers, seine von Gott gegebene Sonderstellung über allem Menschlichen und über jeder Bindung an menschliche Gesetze, weil der Kaiser das göttliche Gesetz verkörpert. Die „Tyche der Christen" wurde von den Bewohnern Konstantinopels sogar während einer Bittprozession ausgerufen: „Die Tyche der Christen siegt. Gekreuzigter, errettete uns und die Stadt. Augustus Justinian, dein sei der Sieg" (*Chronicon Paschale* 629, 10-70). In der Spätantike ist trotz der Tatsache, dass der Kult der Göttin Tyche noch für das 6. Jahrhundert bezeugt ist, eine eindeutige christliche Rezeption dieses Konzepts festzustellen – für viele Christen war Tyche gar keine echte Göttin, sondern lediglich eine „entpaganisierte" allegorische Gestalt, eine Versinnbildlichung bestimmter Ideen, Konzepte oder Vorstellungen bzw. ein bequemer Begriff, mit dem man die Wechselhaftigkeit menschlicher Geschicke thematisierte. [283]

Wenn Prokop den Begriff der Tyche in seinen Werken wiederholt verwendet, ist das also nichts Außergewöhnliches; er verfährt auf dieselbe Weise wie viele frühere und spätere christliche Autoren. Auffällig ist jedoch, dass sich der Historiker darum bemüht, das traditionelle heidnische Konzept mit dem christlichen Modell in Einklang zu bringen, das alles, was geschieht, vom Willen Gottes abhängig macht und Tyche stellenweise als einen Aspekt des göttlichen Handelns betrachtet (vgl. insbesondere Bell. 3,18,2).[284] Prokop behandelt Tyche jedoch im Wesentlichen nur als literarisches Mittel, um die Wandelbarkeit, Unberechenbarkeit und Zufälligkeit von Ereignissen im traditionellen Sinne zu veranschaulichen. Er entpaganisiert Tyche, indem er sowohl in den *Bella* als auch in den *Anekdota* eine prägnante Definition formuliert, die die klassische Vorstellung von Tyche mit seiner christlichen Gesinnung in Eintracht bringt:

> „Menschendinge werden ja nicht nach den Plänen der Menschen, sondern dem Willen Gottes entschieden. *Tyche* heißen es in der Regel die Sterblichen, wenn es ihnen unklar bleibt, warum die Dinge einen solchen Verlauf nehmen, wie man ihn eben sieht. Denn das, was man nicht zu begreifen vermag, nennt man gewöhnlich Tyche" (An. 4,44-45; Bell. 8, 12, 34-35, Übersetzung Veh).

---

[283] Zum Verhältnis der Christen zu Tyche BRODKA (im Druck).

[284] Dazu BRODKA 2004, 40-57. Vgl. auch MURRAY 2018. Gegen KALDELLIS 2004, 165ff., der keine Möglichkeit sieht, das christliche Konzept der göttlichen Vorsehung mit heidnischen Vorstellungen zu verbinden.

Dies führt zu der Schlussfolgerung, dass die Tyche im Grunde nur ein Erkenntnisdefizit darstellt, weil sie als ein Begriff konzipiert wird, der sich auf das unbegreifliche Handeln Gottes in der Geschichte bezieht und auf unerwartete göttliche Eingriffe in das Geschehen angewandt wird. Was dem Menschen aus seiner begrenzten Perspektive irrational erscheint, hat seinen festen Platz in Gottes Plänen und entspricht seinem Willen.[285] So hat das Zufällige, Unerwartete und Unvorhersehbare nur eine relative Dimension, weil es nur die subjektive Reaktion des betroffenen Menschen auf die Realität ist, die er nicht begreifen kann.[286]

6.3. Macht und Verantwortung

6.3.1. Die Rolle des Einzelnen

Zwar erklärt Prokop in einigen wenigen spektakulären Fällen den historischen Prozess mittels metaphysischer Deutungsmuster, im Allgemeinen aber behandelt er ihn als eine Verkettung der in den innerweltlichen Kategorien zu erklärenden Ereignisse, in denen politisch-militärische Entscheidungen von menschlichen Individuen aufgrund verschiedenster (z.B. politischer, militärischer, moralischer) Prämissen getroffen werden, wobei das Grundprinzip die Willensfreiheit der menschlichen Akteure ist. Auch wenn Gott in manchen Situationen direkt in das Geschehen eingreift, wie bei der „wundersamen" Rettung von Edessa oder Apameia, und manchmal die Protagonisten daran hindert, angemessene Maßnahmen zu ergreifen, wie den Vandalenkönig Gelimer während der Schlacht von Ad Decimum, sind die Menschen in ihrer Wahl und ihren Entscheidungen im Wesentlichen frei. Weil sie also freiwillig die Handlungen vornehmen und Beschlüsse fassen, die den Ablauf der Ereignisse in Gang setzen, tragen sie auch die volle Verantwortung für deren Folgen. Die Verantwortung für das Heil und Unheil der Völkerschaften macht Prokop in erster Linie an den Plänen und Taten der Herrschenden fest. Die potenzielle geschichtswirksame Bedeutung ist nämlich in erster Linie nach den zur Verfügung stehenden militärischen und finanziellen Ressourcen zu berechnen. Dementsprechend waren der römische Kaiser Justinian und der Perserkönig Chosroes die bedeutendsten Persönlichkeiten des von Prokop dargestellten Zeitraums. Prokop erkennt die große Rolle der Initiative der Herrschenden, die aufgrund ihrer Macht die weitreichenden politischen Ziele bestimmen und

---

[285] Brodka 2004, 40-57.
[286] Brodka 2004, 227.

verwirklichen können. Ihr Wille und ihre Macht entscheiden über das Schicksal ganzer Gemeinschaften, über Krieg und Frieden, über Ordnung und Unordnung in weiten Teilen der zivilisierten Welt. Große und mächtige Individuen sind jedoch nicht in der Lage, historische Prozesse völlig willkürlich zu gestalten. Die Grenzen ihres Wirkens werden in erster Linie von Gott gesetzt, der den Rahmen bestimmt, innerhalb dessen sich das freie menschliche Handeln entwickeln kann. Allerdings ist Handlungs- und Entscheidungsfreiheit nicht gleichbedeutend mit der Fähigkeit, historische Prozesse langfristig zu kontrollieren.[287]

Natürlich können nicht nur die Herrscher geschichtswirksam sein. Oft spielen auch kleinere Gestalten, wie z.B. talentierte Generale wie Belisar oder Narses, eine wichtige Rolle bei der Gestaltung der Geschicke einer Gemeinschaft. Obwohl es in der Regel nicht an ihnen liegt, historische Prozesse in Gang zu setzen oder zu stoppen, haben sie einen großen Einfluss darauf, inwieweit die ursprünglichen Pläne der Machthaber umgesetzt werden, und beeinflussen damit maßgeblich die Richtung, in die sich die Ereignisse entwickeln können. Solche herausragenden Persönlichkeiten verstehen eine gegebene historische Situation besser als die anderen, sehen mögliche Entwicklungsrichtungen voraus, dringen tiefer in den Sinn des Geschehens ein, sie sind sich dessen bewusst, welche Konsequenzen bestimmte Entscheidungen, Handlungen, Unterlassungen usw. nach sich ziehen können.[288]

6.3.2. Die Protagonisten der Geschichte: Justinian

Alle Werke Prokops befassen sich indirekt oder direkt mit der Figur des Kaisers Justinian.[289] Wie bereits mehrfach betont wurde, ist der prokopische Justinian eine Gestalt mit vielen Gesichtern. In den *Anekdota* erscheint er als blutiger Tyrann, dessen Machtfülle zu Mord, Terror, Chaos und Entvölkerung der Erde führte. Es besteht sogar die Möglichkeit, dass er ein Fürst der Dämonen sei, denn alles, was er tue, werde auf die Zerstörung der Menschheit ausgerichtet. Der Panegyrikus *De aedificiis* vertritt einen völlig anderen Standpunkt – hier behauptet Prokop, Justinian habe den Staat gerettet und erneuert und ihn größer und prächtiger gemacht. Er habe immer und überall für die Sicherheit und das Wohlergehen der Einwohner gesorgt und sich in all seinen Handlungen durch Weisheit, Edelmut und Groß-

---

[287] Brodka 2004, 115-134.
[288] Brodka 2004, 132-134.
[289] Brodka 2004, 26-134, Roberto 2022, 355-359.

zügigkeit ausgezeichnet (aed. 1,1,6-16). In den *Bella* wird Justinian vor allem als Initiator einer bestimmten Politik dargestellt. Infolge seiner Entscheidungen kam es zu den Kriegen gegen die Vandalen und Ostgoten, doch wie sich zeigt, fehlte dem Kaiser die nötige Konsequenz, um diese Konflikte effizient und mit vertretbarem Aufwand zu beenden. Auch wenn Prokop die außenpolitischen Methoden Justinians zuweilen scharf kritisiert, stellt er deren Ziele nicht infrage: Die Kriege im Westen sollten den Staat größer und berühmter machen. Ein solches Bestreben ist das Kennzeichen eines guten Herrschers, sagt der Historiker und verteidigt offen die Grundlagen der imperialen Politik gegen die Kritiker (Bell. 2,2,14). Er macht jedoch keinen Hehl daraus, dass der Kaiser strategische Fehler machte und die Verantwortung für die sich hinziehenden Kämpfe in Afrika und Italien trug. In diesem Punkt ist der Ton der Aussagen in den *Bella* und in den *Anekdota* sehr einheitlich: Prokop prangert konsequent die kaiserliche Personal- und Finanzpolitik an: Justinian habe nach dem Sieg über die Vandalen seine Herrschaft in Afrika nicht gefestigt, sondern Belisar sofort entlassen.[290] Das Chaos und der Ruin Afrikas werden dem Kaiser angelastet, weil er dem unfähigen und unvernünftigen Sergius die Verwaltung des Landes anvertraut hatte. (Bell. 4,22,2; An.5,28-33). Später machte er den gleichen Fehler in Italien. Darüber hinaus hatte seine Finanzpolitik katastrophale Folgen in Afrika und Italien. Außerdem begrenzte der Kaiser das Ausmaß seines finanziellen und militärischen Engagements in Italien aus Geiz und Knausrigkeit, und statt sich den wichtigsten Dingen zu widmen, gab er sich Meditationen über Gott und sein Wesen hin. Der Krieg mit den Goten zog sich in die Länge, weil Justinian ihn nachlässig führte, das Heer nicht ausreichend finanzierte und ihm sowohl ein einheitliches Kommando als auch fähige Befehlshaber gefehlt hätten (Bell. 7,1,23-24; 8,26,5-10; An 18,9-13; 29-30). Aus dieser Sicht ist Justinian schuld daran, dass die Feinde von der Unterfinanzierung der römischen Armee, der Zersplitterung der römischen Kräfte und dem geteilten Kommando profitieren konnten. Die Wende kam erst, nachdem der Kaiser seine Personalpolitik geändert und auf die richtigen Männer zurückgegriffen hatte – zunächst auf Germanus und nach dessen Tod auf Narses. Es waren Narses' Autorität, Vernunft und konsequentes Durchsetzungsvermögen, die den Kaiser dazu veranlassten, ausreichend große Ressourcen bereitzustellen, die es ihm schließlich ermöglichten, einen endgültigen Sieg über die Goten in Italien zu erringen (Bell. 8,26,7-13). Schließlich kritisiert der Historiker den Kaiser für sein ungeschicktes Vorgehen im Osten, das Chosroes den Vorwand zum Frie-

[290] Zu den Methoden, wie Prokop den Kaiser kritisiert, vgl. SIGNES 2003b.

densbruch lieferte, obwohl er andererseits darauf hinweist, dass der Perserkönig den Krieg initiierte, um seine Ambitionen zu befriedigen und das Engagement des Römisches Reiches im Westen auszunutzen (vgl. z.B. Bell. 2,2,6; 2,3,36-48). Generell lässt sich jedoch feststellen, dass Prokop die Ziele der römischen imperialen Politik nicht infrage stellt, was sich insbesondere in seinem auktorialen Kommentar zur Rede der Gesandten von Witiges zeigt, die Chosroes zum Friedensbruch mit Rom überreden wollten (Bell.2,2,12-15). Auch in diplomatischen Verhandlungen, in denen die Gegner Roms viele kritische Bemerkungen über die römische Politik machten, blieben ihre Vorwürfe nicht unbeantwortet – die Politik des Kaisers wurde dann von den Römern selbst verteidigt, z.B. von Belisar oder Petros Patrikios. Abgesehen von *De aedificiis* versucht Prokop hingegen nicht, Justinians Reformbestrebungen zu verteidigen – die innenpolitischen Reformen werden sowohl in den *Bella* (in den Reden der handelnden Personen), als auch in den *Anekdota* kritisiert. Da die innenpolitischen Reformen im Gegensatz zur Außenpolitik nirgends verteidigt werden, kann man davon ausgehen, dass der Historiker sie tatsächlich als unnötige Störung der bestehenden Ordnung ansah.

Unter Berücksichtigung der Gattungsunterschiede zwischen den einzelnen Werken kann daher davon ausgegangen werden, dass das Bild Justinians in den Werken des Prokop in mancher Hinsicht einheitlich ist: Der Historiker erkennt die enorme Rolle des Kaisers bei der Gestaltung des Weltgeschehens, sieht ihn als Auslöser großer Veränderungen und weist ihm persönliche Verantwortung sowohl für gute als auch für schlechte Entwicklungen zu. Doch während er sie im Panegyrikus lobend und in der Invektive tadelnd darstellt, bewertet er in den *Bella* seine Tätigkeit sehr nuanciert.

6.3.3. Die Protagonisten der Geschichte: Belisar

Im Fokus der Werke Prokops steht zweifelsohne der Feldherr Belisar, dessen direkter Mitarbeiter der künftige Historiker viele Jahre lang war.[291] Es wäre jedoch falsch, das Oeuvre des Prokop durch das Prisma seines Verhältnisses zu Belisar zu beurteilen, wie es in der älteren Forschung üblich ist. Im Wesentlichen wird Belisar in den *Bella* als ein hervorragender General mit immenser Autorität vorgestellt, der die Kriegshandlungen an den verschiedenen Fronten effektiv leitete. Prokop legt seine Erfolge dar, minimiert und rechtfertigt seine Misserfolge, schweigt über einige ungünstige

[291] Vgl. BRODKA 2004, 115-119.

oder unbequeme Fakten und bewertet seine politischen Gegner negativ. Bei der Darstellung der Spannungen oder sogar Konflikte zwischen den Befehlshabern verfährt Prokop parteilich, indem er die einzelnen Situationen für oder im Interesse Belisars deutet oder dessen Person und Aktivitäten privilegiert und die Leistungen anderer stellenweise minimiert oder nicht berücksichtigt. Zu Beginn von Buch VII der *Bella* (Bell. 7,1,1-24) fasst der Geschichtsschreiber die Leistungen Belisars in den Kriegen gegen die Vandalen und Ostgoten zusammen und gibt eine kurze Charakteristik seiner Person. Diese ganze Passage ist in einem lobenden Ton gehalten, die Figur des Feldherrn wird stets in einem positiven Licht dargestellt. Hier gibt es keinen Platz für die Fehler, die er gemacht hat, und es werden auch nicht seine Schwächen erwähnt. Es handelt sich um eine Art Panegyrikus, dessen Funktion an den Nachruf auf Perikles in Thukydides' *Peloponnesischem Krieg* erinnert. Dieses Lob für Belisar ist eine Zusammenfassung seiner militärischen Leistungen zwischen 532 und 540, also der besten Zeit seiner Karriere.

Aus dieser Perspektive wird Belisar zum Symbol einer Epoche großer Siege, die in rein persönlichen Kategorien erklärt wird. Das ganze Verdienst der Rückeroberung Nordafrikas und Italiens wird ausschließlich Belisar zugeschrieben, der auch für eine korrekte und wirksame Politik in den besetzten Gebieten sorgen sollte:

> „Gleichwohl sprach jedermann von Belisar, nachdem er zwei Siege errungen hatte, wie sie noch keinem Menschen zuvor beschieden waren: Zwei Könige hatte er als Kriegsgefangene nach Byzanz gebracht, Nachkommen Geiserichs und Theoderichs, der berühmtesten Germanenfürsten, und Schätze wider Erwarten den Römern als Beute gewonnen, den von den Feinden angesammelten Reichtum dem Staat wiedergegeben und in kurzer Zeit dem Reiche etwa die Hälfte seines Umfangs an Land und Meer zurückerobert“ (Bell. 7,1,4, Übersetzung Veh).

Seine Tugenden, die zur Garantie für seine Sieghaftigkeit wurden, treten in den Vordergrund:

> „Zu allem anderen hinzu besaß er ungewöhnliche Klugheit und wusste in schwierigen Lagen gar leicht die beste Entscheidung zu treffen. In den Gefahren des Krieges vereinigte er Tapferkeit und Draufgängertum mit Vorsicht und Überlegung und war bei allen seinen Unternehmungen gegen die Feinde je nach Lage kühn oder bedächtig. Außerdem ließ er sich in Gefahren nicht entmutigen oder von Panik ergreifen. (...)

> Solange Belisar das Heer in Libyen und Italien führte, errang er Sieg auf Sieg und machte Erwerbung auf Erwerbung. Nach seiner Rückberufung nach Byzanz traten die Vorzüge seiner Persönlichkeit mehr denn je deutlich zutage" (Bell. 7,1,14-16).

Auch seine Autorität wird hervorgehoben, die die Soldaten dazu veranlasste, diszipliniert zu sein und seinem Willen ohne Murren zu gehorchen (Bell. 7,1,19).[292] Sobald Belisar Afrika und später auch Italien verließ, änderte sich die Situation in diesen Ländern sofort zum Schlechten. So wie bei Thukydides der Tod des Perikles einen Handlungsspielraum für wesentlich mindere Figuren eröffnet, so ist bei Prokop der Abgang Belisars aus Italien ein Wendepunkt – an seine Stelle traten mittelmäßige, selbstsüchtige Feldherren, die durch ihre Gier und Ungeschicklichkeit alle bisherigen Erfolge zunichte machten (Bell. 7,1,23-24). Interessanterweise büßt Belisar im späteren Verlauf der *Bella* und in den *Anekdota* seine guten Qualitäten ein und hat nur noch wenig mit der Figur gemein, die zu Beginn von Buch VII gepriesen wurde: Er war weder ein erfolgreicher Feldherr noch ein moralisches Vorbild. Während seines zweiten Kommandos in Italien gelang es ihm nicht, Totila erfolgreich zu bekämpfen, er kümmerte sich nicht um das Wohlergehen der römischen Bevölkerung in Italien und wurde genauso gierig wie andere Befehlshaber. Seine Wirkungslosigkeit und Erfolgslosigkeit werden von dem Historiker offen kritisiert. In An. 1-4 grenzt sich Prokop, wie schon oben gesagt, völlig von Belisar ab, indem Letzterer als Feigling, Narr und Pantoffelheld verspottet wird, was jedoch mit dem bereits erwähnten Zweck dieser Schrift in Verbindung gebracht werden muss.

Bei näherer Betrachtung stellt das negative Bild, das in den *Anekdota* von Belisar gezeichnet wird, seine großen militärischen Siege in den 530er-Jahren nicht infrage. Man kann sogar feststellen, dass Prokop in seiner Bewertung der politischen und militärischen Aktionen Belisars in beiden Werken im Großen und Ganzen konsequent ist und eine einheitliche Linie verfolgt. Selbst in der Schmähschrift schmälert Prokop nicht das Ausmaß

[292] Dies ist eigentlich eine Übertreibung, denn es gibt mehrere Beispiele in den *Bella* für gegenteilige Situationen, in denen die Entscheidungen und die Strategie Belisars von anderen Befehlshabern infrage gestellt wurden. Vgl. z.B. die Niederlage von Callinicum: Obwohl Belisar nicht kämpfen wollte, beugte er sich jedoch dem Druck seiner Soldaten (Bell. 1,18,16-25); oder den Ungehorsam des Johannes, des Neffen Vitalians, der gegen den Befehl Ariminum einnahm und die feindlichen Besatzungen in Auximum und Urbinum in seinem Rücken zurückließ (vgl. Bell. 6,7,33-34; 6,11,21-22).

der Erfolge in Afrika und Italien, er ändert nur die Erklärung: Jetzt siegte Belisar nicht dank seiner Tugenden, sondern trotz seiner Laster. Was sich also geändert hat, ist nicht die Darstellung objektiver Tatsachen, sondern lediglich die Bewertung des Charakters: Während die *Bella* seinen Mut, seine Vernunft und seine Mäßigung hervorheben, vermitteln die *Anekdota* natürlich ein völlig anderes Bild: ein Feigling, ein Narr und ein Egoist (vgl. An. 4, 43). Es fällt aber auf, dass sogar die *Anekdota* einige der wichtigen Urteile aus den *Bella* bestätigen. In den *Bella* argumentiert Prokop, dass Belisars Verhalten politische und militärische Stabilität im wiedergewonnenen Afrika und Italien gewährleistet habe und dass nur sein Abgang dieses Gleichgewicht gestört habe. In den *Anekdota* wird diese Meinung unterstützt, wenn Prokop Justinian angreift und ihn beschuldigt, dass er Belisar unter falscher Anklage entlassen habe, anstatt sich um die Entwicklung der zurückgewonnenen Gebiete zu kümmern (An.18,9).

In beiden Werken bewertet er auch die Leistung Belisars in den 540er-Jahren in ähnlicher Weise. Natürlich formulieren die *Anekdota* eine viel weiter reichende Kritik. Vor allem aber, sowohl in den *Bella* als auch in den *Anekdota*, vertritt Prokop die Ansicht, dass Belisars zweites Kommando in Italien in den Jahren 544-548 ein völliger Misserfolg war. Was die Bewertung der Aktionen im Osten in den Jahren 541/542 betrifft, so sind, wie bereits oben erwähnt, wieder einige Unterschiede in der Darstellung seiner Beweggründe festzustellen.[293] In den *Bella* rechtfertigt Prokop die einzelnen Maßnahmen Belisars und hebt womöglich die Bedeutung einiger Erfolge hervor.[294] In den *Anekdota* wird Belisar als ein General dargestellt, der auf Dauer die in ihn gesetzten Erwartungen nicht erfüllte und im Laufe der Zeit genauso wurde wie diejenigen, die Rom ins Unglück stürzten: Er wurde gierig, feige und war von persönlichen Interessen getrieben.

Es ist nicht notwendig, eine Entwicklung im politischen und historischen Denken Prokops zu konstatieren – als er mit seiner schriftstellerischen Arbeit begann, wusste er sehr genau, worüber er zu schreiben gedachte, und er schrieb nicht aus der Perspektive der siegreichen, glorreichen 530er-.Jahre. Der Hauptteil von *Bella* I-VII wurde zwischen 545 und 551 verfasst und damit zu einer Zeit, als die Kriegssituation an

[293] Vgl. Kapitel 5.3.1.1.

[294] In den *Bella* (Bell. 2, 21) rechtfertigt Prokop die Untätigkeit Belisars mit der geringen Stärke seiner Streitkräfte. Der Rückzug des Chosroes wird hingegen als sein großer Triumph gewertet. In An 3,30-31 wird Belisar der Feigheit bezichtigt, aber auch hier wird die Tatsache gewürdigt, dass die Perser ihre weitere Offensive aufgaben (An 3,31).

allen beschriebenen Fronten äußerst ungünstig war: Der Staat wurde von einer großen Pest heimgesucht, die Perser hatten Antiochia zerstört und griffen den Osten fast ungestraft an, Afrika wurde durch einen asymmetrischen Krieg zerstört, Italien war größtenteils in den Händen der Ostgoten Totilas. Der endgültige Sieg über die Goten löste bei Prokop keine Euphorie aus (vgl. Bell. 8,34,1-8), zumal Italien wenige Monate später erneut zum Schauplatz blutiger Kämpfe wurde, diesmal mit den Franken. Es ist daher nicht verwunderlich, dass der Ton in den *Anekdota*, selbst wenn man davon ausginge, dass sie um 553/554 geschrieben wurden, demjenigen in den *Bella* VII ähnelt. Die Unterschiede im Umgang mit Belisar und in der Bewertung seines Handelns sind durchaus verständlich. Wenn Prokop über seine Siege berichtet, tut er dies mit Begeisterung, denn er war Augenzeuge dieser Siege. Prokop lobt und idealisiert ihn, weil er es war, der das Kommando ausübte und das Lob verdiente. In gewissem Maße ist gerade Belisar das „Gesicht der Eroberungen", und deswegen ist der große, ideale Belisar weitgehend eine attraktive literarische Schöpfung – seine heroische Gestalt verleiht dem Zeitalter der Eroberungen einen echten Glanz. Daher verschweigt Prokop in den ersten sieben Büchern der *Bella* einige für ihn ungünstige Fakten, entschuldigt Misserfolge, ergreift in zweideutigen oder konfliktreichen Situationen Partei für ihn – große Siege und bedeutende Ereignisse brauchen große Helden.[295] Wahrscheinlich überschätzt Prokop auch das Ausmaß mancher Errungenschaften. Der Sieg bei Dara war wohl nicht so ein großer Triumph, wie er ihn gerne sehen würde, denn schon im folgenden Jahr konnten die Perser die Römer wieder angreifen und schlagen. Solange Belisar siegreich und erfolgreich war, berichtet Prokop anerkennend über seine Taten. Es ist jedoch offensichtlich, dass der Historiker auch in diesem Fall nicht blindlings von seinen Entscheidungen fasziniert ist und zum Beispiel im Fall der Streitigkeiten mit Narses in Italien die Möglichkeit zulässt, dass die Strategie des Letzteren besser gewesen wäre. Er zeigt auch unverhüllt, dass Belisar, getrieben von rein persönlichen Motiven, die Möglichkeit eines dauerhaften Kompromisses zur Beendigung des Gotenkrieges vereitelte (Bell. 6,29,4-6). Kurz darauf täuschte er die Goten, indem er scheinbar ein Angebot annahm, die Herrschaft über den Westen als Kaiser der Italiker und Goten zu übernehmen (Bell. 6,29,27-28; 6,30,25-28). Nach seiner Rückkehr in den Osten in den Jahren 541/542 konnte er zwar einige Erfolge, aber keine spektakulären Siege verbuchen. Es ist also nicht verwunderlich, dass Belisars Taten in dieser Zeit, ins-

[295] Der Historiker Agathias von Myrina, der Nachfolger Prokops, tut dasselbe und stilisiert Narses, den Bezwinger der Franken, zum Hauptheldend seines Werkes.

besondere die Misserfolge in Italien 544-548, kritisch behandelt werden, denn es gab nichts (oder höchstens wenig), wofür man ihn loben konnte. Belisar enttäuschte einfach und konnte die in ihn gesetzten Hoffnungen nicht erfüllen. Prokop ging davon aus, dass Belisar als der siegreiche mit den örtlichen Verhältnissen vertraute General sowohl in Afrika 534 als auch in Italien 540 für einen reibungslosen Machtwechsel sorgen konnte und ein Garant für Stabilität und Frieden war.[296] Diese Chance wurde jedoch vertan, und wie seine Werke lehren: Wenn eine Gelegenheit einmal verpasst wurde, kommt sie nie wieder zurück. Die politische und militärische Situation in Italien (und Afrika) änderte sich daraufhin radikal, und Belisar, der 544 als Notlösung nach Italien geschickt wurde, war ohne angemessene administrativ-militärische Befugnisse und ausreichende finanzielle und militärische Ressourcen nicht mehr in der Lage, die neuen Herausforderungen zu bewältigen, und war schlichtweg überfordert. Von nun an berichtet Prokop objektiv über die Versäumnisse seines ehemaligen Chefs. Als Prokop den ersten Teil der *Bella* (die Bücher I-VII) veröffentlichte und die *Anekdota* schrieb, war er nicht mehr Belisars Rechtsberater, sondern eine von diesem unabhängig gewordene Persönlichkeit, die ihren eigenen Weg ging, und der Feldherr mag, wenn Börm recht hat, sogar vorübergehend Ballast auf diesem Weg gewesen sein. Wenn Prokop Belisar unterschiedlich bewertet, so ist das kein Hinweis auf eine Evolution seiner Ansichten, sondern Ausdruck seiner Überzeugung davon, dass die Karriere Belisars zu verschiedenen Zeiten ihren Glanz und ihre Schatten hatte und dass sie nach 540 einen Abwärtstrend eingeschlagen hatte.

Belisars Gestalt bleibt am Ende schillernd. Facetten seines Bildes spiegeln die Erscheinung eines klugen, begabten und wirksamen Generals, andere zeigen seine Gier nach Ruhm, Schwächen im Familienbereich und das Fehlen einer vernünftigen Strategie in den Jahren 544-548. Zuletzt dominieren die düsteren Töne der Enttäuschung, dass dieser hochbegabte Feldherr und Staatsmann an vielen der großen politischen und militärischen Herausforderungen dieser Zeit scheiterte. Doch verdeckt das alles nicht die Tatsache, dass Belisar zum Inbegriff einer glorreichen Epoche wurde.

---

[296] Zum Problem der Aufrechterhaltung der römischen Ordnung in Italien vgl. auch PAZDERNIK 2018, 148.

7. Außenpolitik und *restauratio imperii*

In der Forschung gibt es keine völlige Einigkeit darüber, ob die Politik der *restauratio imperii*, d.h. der Wiederherstellung des Römischen Reiches in seinen früheren Grenzen, tatsächlich das Ziel Justinians war und ob er dieses Ziel von Anfang seiner Herrschaft an bewusst anstrebte. In den letzten Jahren zeichnet sich ein Konsens ab, der davon ausgeht, dass die Restauration eher das Ergebnis kontingenter Ereignisse war und erst im Nachhinein in der offiziellen Propaganda als Teil einer absichtlichen imperialen Politik dargestellt wurde.[297] Es ist hier nicht der Platz, auf diesen Forschungsstreit im Detail einzugehen, aber es ist erwähnenswert, dass die imperiale Ideologie in Justinians Gesetzgebung schon vor 533, also noch vor der Unterwerfung des Vandalenreiches, auftauchte. Jüngst hat F. Koehn überzeugend dargelegt, dass der Zweck von Justinians Militärreformen darin bestand, einen Pool einsatzbereiter Einheiten zu schaffen, die für die Offensivpolitik eingesetzt werden konnten, ohne die defensiven Kapazitäten des Reiches zu verringern.[298] Er weist auch zu Recht darauf hin, dass Justinian zu Beginn seiner Regierung die offensiven Maßnahmen in Tzanika ergriff, die in der Eroberung dieses Landes ihren Abschluss fanden – eine Tatsache, von der der Kaiser wiederholt mit Stolz sprach. Mit anderen Worten: Justinian gab, wie viele andere Kaiser zuvor, den universellen Anspruch nicht auf – der römische Kaiser war von Natur aus dazu berufen, die Welt zu beherrschen, und diese kaiserliche Ideologie wurde, wenn möglich, in die Praxis umgesetzt. Die Ideologie der *restauratio imperii* muss demnach als Aspekt der generellen Herrschaftstradition betrachtet werden, wonach das Römische Reich eine Universalherrschaft war.[299] Folglich konnte die Wiederherstellung des alten Imperiums letztlich nur eine Etappe in der Verwirklichung des römischen Weltherrschaftsanspruchs darstellen. Die militärischen Reformen in den ersten Jahren der Herrschaft Justinians hatten ihm die Umsetzung seiner weitreichenden außenpolitischen Pläne ermöglicht – seine Erfolge bestärkten ihn darin, diesen Weg weiter zu verfolgen.[300] So kündigte der Kaiser im Jahr 537 an, dass Gott ihn auch in

---

[297] Vgl. dazu z.B. Cameron 2000, 73-74, Meier 2003, 165-180, Leppin 2011, 150. Eine alternative Sichtweise auf dieses Problems, die nicht so sehr das Restaurationsprogramm als solches bzw. dessen Entwicklung im Einzelnen hinterfragt, sondern die Einbindung der Eroberungspolitik in die traditionelle römische Vorstellung einer Universalherrschaft, wird von Koehn 2010 vorgeschlagen.
[298] Koehn 2018, 146-156.
[299] Dazu Koehn 2010.
[300] Koehn 2018, 155. Vgl. auch Brodka 1999.

Zukunft noch etwas gewinnen lassen werde (vgl. Nov. 60,1,1). Es ist daher anzunehmen, dass Justinian von Beginn seiner Herrschaft an, wie zahlreiche Kaiser vor ihm, davon ausging, dass der römische Kaiser dazu berufen war, die Welt zu beherrschen. Anders als viele seiner Vorgänger beschränkte er sich jedoch nicht auf die Theorie, sondern war bereit, diese Ansprüche in die Praxis umzusetzen – die Eroberung von Tzanika war eine Manifestation dieser universellen Aspekte der Kaisermacht. Sein Herrschaftsverständnis setzte voraus, dass seine Macht gottgewollt war und dass er ein Instrument in den Händen Gottes war, der mit seiner Hilfe eine bestimmte Ordnung in der Welt herstellte. Justinian profitierte natürlich von der innenpolitischen Situation in Afrika und Italien, die ihm einen Vorwand zum Eingreifen lieferte, aber er war zu diesem Eingreifen bereit. Er schuf die Instrumente, um seine universellen Bestrebungen verwirklichen zu können, und sobald sich die Gelegenheit ergab, machte er von ihnen Gebrauch. Er hatte einen Sieg errungen und stellt ihn so dar, wie man es erwarten kann, als ein Geschenk Gottes, das seine Vorgänger nicht verdient hatten (vgl. Cod 1,27,4). In der Novelle 30 (vom März 536) drückt er hingegen die Hoffnung aus, dass das Römische Reich nach der Unterwerfung des Vandalenreichs mit Gottes Hilfe bald die Herrschaft über das Übrige, was die alten Römer verloren hätten, zurückgewinnen werde (Nov. 30, 11, 2).

In den „Kriegen“ stellt Prokop alle wesentlichen Elemente der Ideologie Justinians dar. So wird auf die Befreiung Nordafrikas von den tyrannischen Vandalen bzw. der Katholiken von den Häretikern verwiesen. Es ist ebenfalls die Rede davon, dass Italien wieder seinem rechtmäßigen Besitzer zurückgegeben werden soll. Die einleitenden Teile der Bücher III und V, die den Hintergrund für die Kriege mit den Vandalen in Afrika und mit den Goten in Italien bilden, thematisieren den Prozess des Untergangs des Weströmischen Reiches und den Aufstieg neuer barbarischer Königreiche. Auf diese Weise wird deutlich kommuniziert, dass die Barbaren gewaltsam einzelne Gebiete des Weströmischen Reiches eroberten, wobei sie die Schwäche der damaligen Westkaiser und die internen Konflikte ausnutzten (vgl. insbesondere Bell. 3,2,39-40; 3,4,1). Es fällt darüber hinaus auf, dass mehrfach hervorgehoben wird, dass es die Pflicht eines guten Kaisers ist, verlorene Gebiete zurückzuerobern (vgl. Bell. 3,4,11; 3,7,4-6). Im Allgemeinen geht Prokop davon aus, dass die Verwirklichung einer expansiven Politik ein Merkmal eines guten Herrschers ist: Ein guter Kaiser sei darauf bedacht, sein Reich zu erweitern und ihm viel größeren Glanz zu verleihen (Bell. 2,2,14). Der Imperialismus ist das Wesensmerkmal des Römischen Reiches, was der Historiker durch die Worte des Petros Patrikios während des Gesprächs zwischen Petros und dem König Theodahad mit brutaler Offenheit zum Ausdruck bringt (Bell. 5,6,9). In dem Panegyrikus *De aedificiis* sind die Eroberung und Rückeroberung ein offensichtlicher Grund für ein Lob: Justinian habe den Staat vergrößert und ihn noch glänzender gemacht, denn er habe die Barbaren vertrieben, die ihn lange geplagt hätten. (Aed. 1,6). Noch stärker klingt die Verherrlichung der militärischen Siege in den *Bella* in der enthusiastischen Bewertung der Leistungen Belisars nach:

> „Gleichwohl sprach jedermann von Belisar, nachdem er zwei Siege errungen hatte, wie sie keinem Menschen zuvor beschieden waren: Zwei Könige hatte er als Kriegsgefangene nach Byzanz gebracht, Nachkommen Geiserichs und Theoderichs, der berühmtesten Germanenfürsten, und Schätze wider Erwarten den Römern als Beute gewonnen, den von den Feinden angesammelten Reichtum dem Staat wiedergegeben und in kurzer Zeit dem Reich etwa die Hälfte seines Umfangs an Land und Meer zurückerobert" (Bell. 7,1,4-5, Übersetzung Veh).

Eine solche Lobpreisung der Eroberungspolitik ist natürlich nicht verwunderlich, denn die römische Geschichtsschreibung hat die Idee der Weltherrschaft von Anfang an gefördert, und die imperiale Ideologie ist eines der charakteristischen Wesensmerkmale der römischen Weltanschauung. So ist die Sieghaftigkeit des Herrschers ein grundlegendes Element des Herrscherlobs in der griechisch-römischen Welt und einer der wesentlichsten Aspekte des Selbstverständnisses der römischen Kaiser. Es ist jedoch zu bedenken, dass Prokop wie viele andere Autoren den römischen Imperialismus zwar vorbehaltlos akzeptiert, den Krieg aber nicht als Selbstzweck betrachtet, sondern nur als politisches Instrument und als Mittel zur Durchsetzung der römischen und kaiserlichen universalen Ansprüche. Das wiederum bedeutet, dass der Krieg eine Quelle des Ruhmes sein und konkrete materielle, psychologische, politische usw. Vorteile bringen soll, und nicht eine Ursache der Destabilisierung der Welt. Dies unterstreicht Johannes der Kappadoker explizit, wenn er den Kaiser vor einem Angriff auf die Vandalen warnt: Der militärische Erfolg rechtfertigt alle Kriegsanstrengungen, die menschlichen Opfer und die entstandenen Kosten: „Denn der Sieg, wenn er am Ende eintritt, verdeckt alles Elend des Krieges" (Bell. 3,10,12, Übersetzung Veh).

Indem Prokop die Kriege Justinians zum Thema seines Werkes macht, ist er ihnen gegenüber nicht negativ eingestellt. Er akzeptiert den römischen Imperialismus und unterstützt die Idee der Wiederherstellung des Reiches innerhalb seiner früheren Grenzen. Allein die Tatsache, dass er die

Kriege Justinians zum Gegenstand seines Werkes machte, spricht dafür, dass er die Unterwerfung der Goten und Vandalen billigte.[301] Auch wenn die Idee, eine Geschichte der Kriege zu schreiben, in den glorreichen 530er-Jahren entstand, wurde der größte Teil der *Bella* in den schwierigen 540er-Jahren erstellt, als die militärische Lage an den verschiedenen Fronten sehr schlecht aussah und sich der Historiker dessen vollkommen bewusst war, dass noch kein Konflikt mit einem endgültigen Sieg beendet worden war.

Obwohl Prokop nicht viel über die Motive sagt, von denen sich Justinian leiten ließ, als er beschloss, die Vandalen anzugreifen, und zeigt, dass die Intervention in Afrika durch die Entwicklungen im Vandalenreich ausgelöst wurde – als Vorwand, den Krieg zu beginnen, diente die Entthronung Hilderichs durch Gelimer (Bell. 3,9,10ff.) – lässt aber seine Darstellung der Geschichte der früheren römisch-vandalischen Konflikte wenig Zweifel daran, dass die Rückgewinnung Afrikas stets ein wichtiger Aspekt der Politik sowohl der östlichen als auch der westlichen Kaiser war. Justinians Außenpolitik wird somit von Prokop kontextualisiert: Sie wird als Teil einer längerfristigen Entwicklung gesehen und durch Einbindung in einen politisch-historischen Zusammenhang interpretiert. Die Berichte über den Ostkaiser Marcian und den Westkaiser Majorian zeigen unverhohlen, dass die Rückgewinnung Afrikas die Aufgabe eines guten Kaisers war (Bell. 3,4,11; 3,7,4-5). Die ausführliche Darstellung der Niederlage von Basiliskos' Expedition im Jahr 468 veranschaulicht hingegen das Ausmaß der Schwierigkeiten, die bei einem Angriff auf die Vandalen zu bewältigen waren, erklärt die Befürchtungen der Zeitgenossen Prokops und veranschaulicht natürlich auch die Größe des Erfolgs Belisars beim Sieg in Afrika. In seinem Bericht über die Herrschaft der Vandalen in Nordafrika hebt Prokop auch das Leid der römischen Bevölkerung hervor: Viele Römer wurden getötet, versklavt oder ihres Besitzes beraubt, und die Katholiken wurden von den arianischen Eroberern grausam verfolgt (Bell. 3,5,11-17). So können die ersten Kapitel des Berichtes über den Krieg gegen die Vandalen als Rechtfertigung für die Intervention in Nordafrika gedeutet werden. Das Projekt einer militärischen Operation in Afrika wurde jedoch von den kaiserlichen Beratern mit großem Widerwillen aufgenommen. Ihr Widerstand erfolgte nicht aus moralischen oder politischen, sondern aus psychologischen Gründen: In Konstantinopel erinnerte man sich noch gut an die Niederlage von Basiliskos' Armada bei Karthago im Jahr 468 und befürchtete eine Wiederholung dieser Situation. Ein Sieg über die

---

[301] KOEHN 2018, 161.

Vandalen schien fast unmöglich zu sein. Im Gegensatz zu dem hochgelobten Westkaiser Majorian (vgl. Bell. 3,7,4-5) waren die Ratgeber Justinians nicht bereit, sich großen Herausforderungen zu stellen (Bell. 3,10,1-9). Die pragmatische Argumentation, mit der Johannes der Kappadoker Justinian davon überzeugen wollte, Afrika nicht anzugreifen, ist in dieser Hinsicht sehr aufschlussreich: Er sprach nicht von der Gerechtigkeit, er missbilligte nicht die kaiserliche Außenpolitik, sondern warnte nur davor, dass die Erfolgsaussichten gering wären und dass es außerdem, selbst wenn die Vandalen besiegt würden, nicht möglich sein würde, die Früchte des Sieges zu ernten, wenn Sizilien und Italien unter fremder Herrschaft ständen (Bell. 3,10,7-17).[302] Diese Argumente hielten Justinian eine gewisse Zeit lang zurück, aber schließlich setzte sich die Meinung durch, dass ein Sieg möglich war. Ein Bischof aus dem Orient erklärte dem Kaiser, dass der Krieg gegen die Vandalen von Gott gewollt sei: Gott habe ihm im Traum den Auftrag gegeben, den Kaiser für sein Zögern zurechtzuweisen; da er die Christen vom Joch der Tyrannen befreien wolle, werde Gott selbst ihm helfen und ihn zum Herrn über Afrika machen. (Bell. 3,10, 18-21). Und Prokop zeigt eindeutig, dass der Kaiser recht hatte: Er vertraute Gott, wich nicht vor der Gefahr zurück und hatte damit Erfolg.[303]

Die politischen Ziele der Intervention in Afrika stellt Prokop jedoch im Wesentlichen erst durch Belisar dar, den er zum Träger der Ideologie der Reconquista stilisiert. In seinen Reden wird erklärt, dass das Ziel der Operation die Befreiung Afrikas von der Herrschaft der Barbaren war.[304] Belisar war es, der die Ideale der Reconquista, d.h. die „Befreiung" in die Tat umsetzte. Er betonte wiederholt, dass die kaiserliche Armee nach Afrika gekommen sei, um die Römer in Afrika zu befreien (z.B. Bell. 3,16,9; 3,20,19-21). Er propagierte die Idee, dass der Krieg gegen die Vandalen gerecht sei, weil er nur deshalb geführt würde, da die Römer ihr Eigentum zurückgewinnen wollten (Bell. 3,19,5). Aus diesem Grund stehe Gott den Römern bei (Bell. 3,19,6). Prokops Bericht über den Vandalenkrieg stimmt somit weitgehend mit den offiziellen Aussagen Justinians überein.

---

[302] Die Rede des Johannes des Kappadokers thematisiert auch viele andere Probleme wie z.B. die Normativität des Friedens und der Ruhe (vgl. dazu PAZDERNIK 2020 und 2022, 257-259 mit einer alternativen Deutung).

[303] Prokop selbst sah während des Krieges verschiedene Zeugnisse von Gottes Wohlwollen für die Römer (vgl. Bell. 3,12, 33-35; 3,18,2-3; 3,19,25).

[304] Vgl. BRODKA, 1999, 253-254., PAZDERNIK, 1997, 161ff., PAZDERNIK 2000, 153ff.

Das Thema der Befreiung der Katholiken vom Joch der Häretiker, das in den offiziellen Verlautbarungen Justinians auftaucht, wird von dem Historiker ebenfalls aufgegriffen, wenn auch nicht mehr in den Reden Belisars. In diesem Fall geht es um die Geschichte des heiligen Cyprian und seiner Kirche, die von den Arianern übernommen wurde. Cyprian erschien vielen Leuten im Traum und kündigte an, dass er selbst die Arianer bestrafen würde. Prokop bestätigt, dass der Heilige tatsächlich alles tat, was er versprochen hatte (Bell. 3,21,17-25): er Heilige bestrafte mithilfe von Belisars Truppen die arianischen Vandalen, die Arianer flohen und die Rechtgläubigen durften endlich in Sicherheit Gott verehren.

Wie schon im Krieg mit den Vandalen zeigt Prokop auch im nächsten Konflikt, dem Krieg mit den Goten, dass Justinian die innere Situation im Ostgotenreich als Vorwand für seinen Angriff nutzte: Die Ermordung der Königin Amalasuintha durch den König Theodahad veranlasste den Kaiser, sich mit militärischen Mitteln einzumischen. Aber wie Prokops Bericht deutlich macht, war Justinian nicht nur von den momentanen Umständen motiviert: Prokop teilt mit, dass Justinian zuvor auf eine friedliche Übernahme Italiens gehofft hatte – dies wurde ihm von der Königin Amalasuintha heimlich in Aussicht gestellt (Bell.5,3,28). Auch Theodahad, bevor er zur Königswürde erhoben wurde, dachte daran, dem Kaiser Tuszien zu unterstellen (Bell.5,3,4). Bevor es zu den dramatischen Veränderungen am gotischen Hof kam und Amalasuintha entfernt wurde, verfolgte Justinian aufmerksam den Verlauf der Ereignisse in Italien und führte Verhandlungen mit den verschiedenen Parteien, in der Hoffnung, die Macht über das Land mit friedlichen Mitteln wiederzuerlangen. Eine der ernsthaft in Erwägung gezogenen Optionen war offensichtlich die tatsächliche Übernahme der Kontrolle über ganz Italien oder einen Teil davon, es handelte sich also nicht um ein abstraktes Projekt. Als Amalasuintha getötet wurde, gab Justinian, dessen Hoffnungen auf eine friedliche Einigung sich nicht erfüllt hatten, seine langfristigen Ambitionen nicht auf und griff nach der militärischen Option. Das Problem der Legitimität der kaiserlichen Ansprüche auf Italien wird mehrmals in den *Bella* diskutiert. Der offizielle Standpunkt Justinians wird in seinem Brief an die Frankenfürsten wiedergegeben (Bell. 5,5,8-10): Die Ostgoten hätten Italien, das dem Kaiser gehöre, gewaltsam erobert und hätten dieses Land nicht mehr zurückgegeben. Außerdem hätten sie dem Kaiser ein nicht hinnehmbares Unrecht angetan. Daher werde er gezwungen sein, in den Krieg zu ziehen. Auch die religiösen Komponenten des kaiserlichen Selbstverständnisses geraten stark in den Blick: Justinian forderte die Franken zur Zusammenarbeit auf und berief sich dabei auf den gemeinsamen orthodoxen Glauben der Franken und Römer, der

der arianischen Lehre entgegenstand (Bell. 5,5,9). Die ideologischen Aspekte traten ebenfalls bei den Verhandlungen zwischen Petros Patrikios und Theodahad, die stattfanden, bevor der Konflikt vollständig eskaliert war, stark in den Vordergrund. Petros Patrikios ließ wenig Spielraum für Kompromisse und wies nachdrücklich darauf hin, dass Justinians Streben nach der Verwirklichung des Universalanspruchs, einschließlich der Wiedererlangung der Macht über Italien, dem Selbstverständnis eines römischen Kaisers immanent war (Bell. 5,6,10). Aus den Argumenten Belisars während der Friedensverhandlungen mit den gotischen Gesandten ging wiederum brutal hervor, dass die Legitimität des kaiserlichen Anspruchs auf Italien nicht durch die hohe Qualität der gotischen Herrschaft gemindert wurde (Bell. 6,6,15-26).[305] Ähnlich wie im Fall des Vandalenkrieges wurden auch im Gotenkrieg die Ziele des Kaisers von Belisar angegeben, der verkündete, dass seine Truppen die Befreiung Italiens anstrebten (Bell. 5,8,13). Damit wurde die politische Botschaft verbreitet, dass die Freiheit nur unter der Herrschaft des Kaisers möglich war (Bell. 5,8,14-18; 6,20,17).[306]

Prokop bezweifelt nicht, dass die kaiserlichen Ansprüche auf Afrika und Italien voll gerechtfertigt waren. Seine auktorialen Aussagen stimmen im semantischen Bereich mit der Argumentation Belisars völlig überein: So spricht er nicht über eine bloße Eroberung neuer Länder, sondern über die Rückeroberung Italiens oder Nordafrikas – in diesem Kontext verwendet er mehrmals das Verb „wiedergewinnen, zurückgewinnen", um die Erfolge des kaiserlichen Heeres zu deuten.[307] Um die epochale Bedeutung der Ereignisse zu unterstreichen, gibt er das genaue Datum der Wiedergewinnung Roms an: „So wurde Rom nach sechzig Jahren durch die Römer zurückgewonnen, am 9. Tage des letzten, von den Römern Dezember genannten Monats, im elften Jahr der Regierung des Kaisers Justinian" (Bell. 5,14,14, Übersetzung Veh).

Obwohl Prokop die Ziele der Außenpolitik anerkennt, kritisiert er die Art und Weise, wie sie betrieben wurden.[308] Er steht den Konflikten, die sich in die Länge zogen, zu einem Dauerzustand wurden und die beste-

---

[305] Dazu Brodka 2004, 90-91.

[306] Pazdernik 1997, 280ff. Pazdernik 2000, 180f.

[307] Z.B. Bell. 4,5,1;4,5,3; 4,5,5; 4,20,32; 4,27,13; 5,5,19; 6,7,36; 6,19,8; 6,19,22; 6,29,14; 6,29,22.

[308] Gegen Cesa 1981. Laut Pazdernik 2022, 274 sei Prokops Darstellung der Kriege zwar von Nostalgie für die ehemalige Größe Roms geprägt, insgesamt aber sehe er die Hoffnung auf die Wiederherstellung des alten Römischen Reiches trotz größter Anstrengung und Kosten als unerfüllbar an.

hende Ordnung zerstörten, negativ gegenüber: Ein endloser Krieg degeneriere die Menschen, vernichte die Zivilisation (Bell. 2,10,11-12) und die beiden Kriegsparteien (Bell. 6,6,10). Die Kritik an der imperialen Politik Justinians wird sowohl in den *Bella* als auch in den *Anekdota* geübt. In den Reden der gotischen und armenischen Gesandten, die sie vor dem Ausbruch des Perserkrieges hielten, wird Justinian als Zerstörer der bisherigen internationalen Ordnung dargestellt, und für seine imperialen Ambitionen verurteilt (Bell. 2,2,4-11; 2,3,32-53) – man darf jedoch nicht übersehen, dass es sich in diesem Fall um einen Blick auf die römische Politik aus der Perspektive der Feinde Roms handelt, wie der Historiker selbst deutlich macht (Bell. 2,2,12-15). Natürlich ist eine solche vielschichtige Betrachtung der Ereignisse und damit eine differenzierte Interpretation des Geschehens eine Methode, die die antiken Historiker seit Thukydides mit großem Erfolg verwendeten. Prokop, der sich hier in erster Linie an Thukydides orientiert, sorgt für eine objektive Darstellung der Standpunkte aller Kriegsparteien, daher kommen alle zu Wort, um ihre eigene Einschätzung der Situation und mögliche Szenarien der Entwicklungen zu präsentieren. Das ist es, was das Publikum von den historischen Werken erwartete. Daher gibt es eine ganze Galerie äußerst positiver Porträts barbarischer Herrscher (z.B. Theoderich, Totila oder Amalasuintha), die moralisch oft höher stehen als die Römer selbst. Der Historiker verschweigt also nicht die brutale Realität des römischen Imperialismus und kann dessen Auswirkungen aus der Perspektive von Opfern und Gegnern darstellen. Besonders die Reden der Gegner Roms in den „Kriegen" zeigen, wie grausam, habgierig und treulos das Verhalten der Römer war oder sein konnte.[309] Für die meisten Gegner galt die römische Herrschaft als gleichbedeutend mit der Sklaverei oder dem Tod. Der Historiker macht sich daher keine Illusionen darüber, dass der Imperialismus in der Praxis eine Quelle der Destabilisierung der politischen Ordnung im Westen und unvorstellbaren Leidens war. Weit davon entfernt, naiv zu sein, ist er sich dessen bewusst, dass in der Politik das Recht des Stärkeren gilt,[310] weil die Macht, und nicht die Gerechtigkeit, die Möglichkeit bietet, die eigenen, unterschiedlich definierten Interessen zu verwirklichen (vgl. insbesondere Bell. 8, 16, 23-31).[311]

---

309 Rance 2022, 108.

310 Dies beobachtet er nicht nur am Beispiel des Römischen Reiches, sondern auch bei den Franken und den Persern.

311 Brodka 2004, 102-107.

Sowohl in den *Bella* als auch in den *Anekdota* schildert Prokop in den düstersten Farben die Folgen der Eroberungspolitik: zahlreiche Opfer, sowohl auf Seiten der Römer als auch der Barbaren, die Verheerung ganzer Länder und die Verarmung zahlreicher Menschen (An. 18). Andererseits macht Prokop zwar die Mordlust Justinians zum Gegenstand der *Anekdota*, aber selbst in dieser Schrift verurteilt er weder die außenpolitischen Ziele noch stellt er die Legitimität eines Angriffs auf Afrika oder Italien infrage. Er kritisiert hingegen die Fehler des Kaisers, die dazu führten, dass die Kriege nicht siegreich endeten und die militärischen Erfolge verschenkt wurden (An. 18,5,1-8; 18,8-9; 18,13-14). In den *Anekdota* wirft er dem Kaiser vor, er habe die Welt verwüstet und entvölkert, und erklärt, wie Justinian dies machte. Nach dem Sieg über die Vandalen habe der Kaiser seine Herrschaft in Afrika nicht befestigt, sondern er habe Belisar sofort abberufen; dieselben Fehler seien in Italien begangen worden. Belisar war es, der nach den Siegen für eine ordnungsgemäße Machtübergabe sorgte. Die Bedeutung, die Prokop in seinen auktorialen Kommentaren der Leistung Belisars zuschreibt (vgl. insbesondere Bell. 3,20,18-20), weist auf den Wert hin, den er der Aufrechterhaltung der zivilen Ordnung und Ruhe als Grundlage für die legitime Übertragung der politischen Macht in den rückeroberten Gebieten beimisst.[312] Mit Belisars Entlassung veränderte sich die Situation überall zum Schlechteren. Nach Ansicht des Historikers liegt die Ursache der Probleme daher in erster Linie in der schlechten Personalpolitik des Kaisers in den zurückeroberten Gebieten:

> „Die übrigen Befehlshaber, die einander mehr gleichgeordnet waren und nur an ihren eigenen Vorteil dachten, begannen hingegen bald damit, die Römer auszuplündern und die Untertanen der Willkür der Soldaten preiszugeben. Sie dachten weder mehr an ihre Pflicht noch hielten sie ihre Leute zum Gehorsam gegen die Befehle an. So kam es zu vielen Übergriffen, und es dauerte nicht lange, da trat in der Lage der Römer eine gründliche Verschlechterung ein“ (Bell. 7,21,12-14, Übersetzung Veh).[313]

Darüber hinaus habe die harte Steuerpolitik zum Verfall der rückeroberten Provinzen beigetragen (An. 18,9-21, Bell.7,1,29-34). Prokop greift konsequent die zögerliche Art an, die Kriege zu führen: Er kritisiert sowohl in den *Anekdota* als auch in den *Bella* VII-VIII die knausrige Kriegsführung

---

[312] Pazdernik 2022, 266.
[313] Brodka 2004, 130-131.

durch Justinian, und folglich macht er die Unterfinanzierung der Kriegsführung neben der Personalpolitik zur Hauptursache für die schlechten Auswirkungen der Eroberungspolitik.[314] In den Werken Prokops werden, wie F. Koehn dies zu Recht bemerkt hat, nirgends Argumente vorgebracht, die die kaiserliche aggressive Außenpolitik vollständig diskreditierten, und es wird auch nicht behauptet, dass der Kaiser das ganze zusammengeraffte Geld für seine vielen Kriege verschleudert habe. Ganz im Gegenteil – sowohl in den *Anekdota* als auch in den *Bella* stößt die Unterfinanzierung der Kriege auf harte Kritik.[315] Der Kaiser habe es versäumt, das Heer durch Sparsamkeit ausreichend zu finanzieren, und sich den theologischen Fragen hingegeben, anstatt sich den dringlichsten Staatsangelegenheiten zu widmen. Der Gotenkrieg habe sich in die Länge gezogen, weil Justinian die notwendigen Mittel für den Krieg nicht in dem erforderlichen Umfang bereitgestellt habe (Bell. 8, 26, 5-10; An. 18,9-13; 18,29-30). Erst Narses war es im Jahr 551/552, der den Kaiser zu einer Änderung seines Verhaltens bewegte und dafür sorgte, dass schließlich finanzielle und militärische Mittel für den Krieg mobilisiert wurden, die „des Römischen Reiches würdig" waren. (Bell. 8,26,9). Erst zu diesem Zeitpunkt hat der Kaiser das finanzielle und militärische Potenzial des Römischen Reiches voll genutzt. Die Botschaft aller Werke ist klar: Justinian sollte die Kriege mit größerem finanziellen Engagement führen.

Es lässt sich also eindeutig feststellen, dass Prokop als Römer, der der Idee der Größe Roms verpflichtet ist, die Ziele der imperialen Politik Justinians billigt – damit stimmt er mit der offiziellen Auslegung der Kriege überein und akzeptiert, dass die Unterwerfung der Vandalen und Ostgoten bedeutete, dass Afrika und Italien wieder ihrem rechtmäßigen Besitzer zurückgegeben wurden. Seine Kritik bezieht sich nicht auf die Kriege und deren Ursachen an sich, sondern auf die knausrige Kriegsführung durch Justinian und die verheerenden Folgen der lang andauernden Kriegshandlungen.

---

[314] Vgl. dazu Koehn 2018, 198-201.
[315] Koehn 2018, 160-166.

8. Stil und Sprache

Prokop schreibt in einem sachlichen und flüssigen Stil und achtet darauf, die Erzählung klar, plastisch und anschaulich zu gestalten.[316] Wo immer möglich, strebt er danach, dramatische Effekte zu erzielen. Zu diesem Zweck wählt er das verfügbare Material aus und strukturiert es entsprechend, lässt den Stoff, den er für weniger wichtig hält, aus oder kürzt ihn, wobei er die Fragen in den Mittelpunkt stellt, die für das Verständnis der jeweiligen Ereignisse wichtig sind, wie ich bereits bei der Analyse der Schlachtschilderungen erwähnt habe. Durch die entsprechende Auswahl und Anordnung des Stoffes stellt er klare Verbindungslinien und Kausalzusammenhänge her und ist imstande, die Ereignisse zu einer Klimax zusammenzufügen, wodurch eine bestimmte Richtung des Geschehensverlaufs impliziert wird.

Er ist ein intelligenter Erzähler, der bestimmte Ereignisse vor einen breiten historischen Hintergrund stellt und oft Anekdoten oder Exkurse in den Erzählfluss einbindet. Diese Merkmale sind am deutlichsten in den *Bella* und in den *Anekdota* zu erkennen, in geringerem Maße auch in *De aedificiis*, obwohl in letzterem umfangreiche, mit Nebenhandlungen angereicherte Erzählpassagen zu finden sind. Bei der Auswahl der darzustellenden Themen orientiert sich Prokop in erster Linie an Thukydides, so berichtet er nicht nur über Kriege und Schlachten, sondern beispielsweise auch über die Pest (Bell. 2,22-23), wobei er sich offensichtlich auf die berühmte Beschreibung der Pest in Athen während des Peloponnesischen Krieges bezieht.

Die Reden (in den *Bella*) werden hingegen in einem sehr gehobenen Stil verfasst, oft dominieren dort lange, ausgefeilte Sätze, die Satzstellung ist sehr ungewöhnlich und künstlich, darüber hinaus treten kühne Metaphern, Elipsen, Periphrasen und seltene Ausdrücke auf. Die gleiche Tendenz ist an einigen Stellen in den *Anekdota* und in den deskriptiven Abschnitten von *De aedificiis* zu beobachten. Die wichtigen Dialogszenen (das Gespräch des Petros Patrikios mit dem Gotenkönig Theodahad, das Gespräch Belisars mit den gotischen Gesandten) werden durch emotionale kurze Sätze beherrscht (Bell. 5,5,6-13; 6,6,1-35). In all seinen Schriften versucht Prokop, den klassischen attischen Dialekt zu verwenden, aber sowohl im Wortschatz als auch in der Syntax lassen sich einige Abweichungen von den klassischen Vorbildern feststellen, wenn er bestimmte Ele-

[316] RUBIN 1954, 38-50.

mente aufnimmt, die bereits in hellenistischer Zeit in der Historiografie auftauchten.[317] Darüber hinaus erscheinen auch zahlreiche Ionismen.

In seinem Stil und seiner Sprache orientiert sich Prokop vor allem an Thukydides und Herodot. In den *Anekdota* bezieht er sich jedoch gerne auf den Wortschatz des Aristophanes, was mit dem spöttischen und beleidigenden Charakter des Werkes zusammenhängt. In allen Werken gibt es eine klare Tendenz zur Archaisierung von Eigennamen, die für die Ethnien und die geografischen Bezeichnungen gilt. So tauchen z.B. solche Begriffe wie „Massageten" oder „Meder" auf, aber daneben wendet er auf dieselben Ethnien austauschbar die zeitgenössischen Namen wie „Hunnen" und „Perser" an. Konstantinopel wird konsequent als „Byzanz" bezeichnet. In den *Bella* erwähnt Prokop bisweilen die christlichen Institutionen und Ämter, aber meistens in klassizistischer Umschreibung: Er vermeidet ausdrücklich solche Begriffe wie „Bischof" oder „Kirche" und verwendet stattdessen für den Bischof die Bezeichnung „Oberpriester" oder „Priester" einer Stadt (ἀρχιερεύς oder ἱερεύς) und für die Kirche den „Tempel" (νεώς). Der Bischof von Rom Silverius oder sein Nachfolger Vigilius werden also jeweils als *archiereus* (Bell. 5,11,26, 5,25,13; 7,16,1), aber eben nicht als *episkopos* (ἐπίσκοπος) bezeichnet, dasselbe gilt für den Patriarchen von Konstantinopel Euphemios (Bell. 3,12,2: *archiereus)* und viele andere Bischöfe (z.B. Bell. 2,11,16). Auf die Petersbasilika in Rom wird die Bezeichnung „Tempel des Apostel Petrus" angewandt (z.B. Bell. 5,22,21: ἐς τὸν Πέτρου τοῦ ἀποστόλου νεὼν; 7,36,17; 7,20,19; 7,20,22), und die stadtrömischen Kirchen werden hingegen sehr allgemein als die „Heiligtümer" (ἱερὰ) bezeichnet (Bell. 7,20,17: ἐς τὰ ἱερὰ). Während Prokop in den *Anekdota* oder *De aedificiis* den Begriff *monasterion* für ein Kloster verwendet, spricht er in den *Bella* von den Mönchen in einer sehr komplizierten Weise, indem er sie „die ehrbarsten unter den Christen, die man Mönche zu nennen pflegt" nennt (Bell. 1,7,22). In ähnlicher Weise spricht er über die christliche Feier des Weihnachtsfestes: „als die Christen das sogenannte Passahfest feierten" (Bell. 4,14,7). Diese stilistische Praxis, Begriffe oder Konzepte zu vermeiden, die den klassischen Autoren nicht geläufig waren, oder sie zu erklären, wenn sie einmal verwendet werden, ist also Ausdruck des Strebens nach der rhetorischen „Klarheit", [318] die in diesem Fall sehr künstlich ist, da alle Adressaten sehr wohl wussten, auf wen oder was sie sich bezogen. Diese Manier gilt natürlich nicht für den Panegyrikus *De aedificiis* oder die

---

[317] Dahn 1865, 85-104, Rubin 1954, 37-42, Cameron 1996, 35, 38-39, 43-45, 142-143, 148, 150, 229-233, Greatrex 2022b, 8-9.

[318] Vgl. Luc. Hist.conscr. 43-44.

Invektive die *Anekdota*, wo es nicht nötig ist, christliche Begriffe zu vermeiden oder auf die Umschreibungen zurückzugreifen, obwohl auch in diesen beiden Schriften der aus den *Bella* bekannte Manierismus ebenfalls an einigen Stellen zu erkennen ist (vgl. z.B. An. 26,29). In *De aedificiis* verwendet Prokop für die Kirche vier Begriffe: neben der christlichen *ekklesia* erscheinen auch die klassischen *hieron*, *temenos* oder *neos*. Obwohl er sich den literarischen Gepflogenheiten der Historiografie über weite Strecken anpasst, gibt es selbst in den *Bella* stellenweise eine ganz unverschleierte Bezeichnung christlicher Institutionen, was sich in der Verwendung von solchen Begriffen ausdrückt wie „Bischof" (z.B. Bell. 7,15,13), „Diakon" (7,16,5), oder „Apostel Christi" (z.B. 5,19,4).

Fachbegriffe aus dem architektonischen Bereich tauchen in den *Bella* relativ selten auf, in *De aedificiis* erscheinen sie hingegen nicht in dem Maße, wie man es von einem Werk über die Architektur erwarten würde.[319] In dem Panegyrikus führt der Mangel an Fachterminologie manchmal zu gewissen Unklarheiten.[320] Durch die künstliche Archaisierung der Sprache und den absichtlichen Verzicht auf neuere Begriffe erschwert Prokop seine Aufgabe, da er ohne moderne architektonische Terminologie einige der Beschreibungen verkompliziert. Beispielsweise vermeidet er den Begriff *konche* für die Bezeichnung der Bekrönung der Apsis und verwendet stattdessen bei der Schilderung der Hagia Sophia die Umschreibungen „der oberste Teil des Werkes läuft in eine Viertelkugel aus" oder „ein weiteres halbmondförmiges Gebilde" (Aed.1,1,33).[321]

Er geht sparsam mit der militärischen Terminologie um und verwendet am liebsten diejenigen Ausdrücke, die bereits eine lange Tradition in der Historiografie haben. In den *Bella* bedient er sich allgemeinverständlicher oder in der Literatur gut etablierter Worte für die Beschreibung spezifischer Formationen, Schlachtordnungen oder taktischer Manöver, ohne auf die hermetischen Fachbegriffe der Militärsprache zurückzugreifen.[322] Beachtenswert ist insbesondere der Terminus *phalanx*, der bei Prokop keinen spezifischen, sondern nur einen allgemeinen Sinn hat, weil er sich in der Regel nur auf eine Schlachtreihe bezieht. Ziemlich gut müssen hingegen seine Rezipienten mit der halbmondförmigen Schlachtordnung vertraut sein, die auch andere spätantike Historiker erwähnen (z.B. Dexippos, Agathias), da

---

[319] Vgl. TURQUOIS 2015, vgl. auch WHATELY 2021, 16.
[320] WHITBY 2022, 145.
[321] GROTOWSKI 2006, 56.
[322] RANCE 2005, 462ff., WHATELY 2016, 94. Zum Begriff *katalogos* vgl. WHATELY 2021, 58-94.

er die Termini, die er darauf anwendet, mit keinen zusätzlichen Erklärungen versieht. Die Beschreibungen der Festungsanlagen sind jedoch reich an Terminologie – Prokop verwendet die Namen der einzelnen Teile der Festungsanlagen sehr gekonnt und versteht ihre Funktionen sehr gut. In diesem Zusammenhang tauchen manchmal sogar nachklassische Begriffe auf, wie z.B. *kleisura*.[323] Gelegentlich tauchen lateinische Wörter und Begriffe auf, die aber nach dem Prinzip der „Klarheit" immer erklärt werden.

Ungeachtet der Tatsache, dass Prokop sich bemüht, im attischen Dialekt zu schreiben, sind späte Einflüsse offensichtlich, insbesondere in Bezug auf Semantik und Syntax, und an diesem Punkt lassen sich eine Reihe von Abweichungen von der klassischen Sprache ausmachen. Sein Satzbau tendiert eher zur hellenistischen Praxis der Anhäufung von Partizipien, statt ausgefeilte Nebensätze zu verwenden. Der Historiker benutzt sehr gerne alle Arten von Partizipialkonstruktionen, manchmal eine ganze Kette von Genitivus-Absolutus-Konstruktionen, die mehrere Nebensätze ersetzen. Prokop gebraucht den Artikel oft nicht korrekt, es besteht eine gewisse Freiheit bei der Verwendung von Personal- und Demonstrativpronomina sowie einiger Präpositionen; in Finalsätzen wird die Konjunktion ὅπως anstelle von ἵνα benutzt. Regelmäßig und häufiger, als es die Regeln des klassischen Stils vermuten lassen, erscheint der Dual. Bei dem Gebrauch der Modi folgt Prokop nicht den klassischen Regeln. Besonders in der Verwendung von Optativ und Konjunktiv zeigt sich ein hohes Maß an Willkür.

Was den Wortschatz anbelangt, ist festzustellen, dass ungebräuchliche Wörter, die bei anderen Autoren nicht vorkommen, relativ selten sind (abgesehen natürlich von den Reden). Wenn diese vorkommen, handelt es sich im Allgemeinen um zusammengesetzte Wörter, die durch die Hinzufügung eines Präfixes gebildet werden. Es gibt auch häufig periphrastische Formen, insbesondere für die Verben „sterben" und „töten".[324] Diese Tendenz ist auch bei sehr gebräuchlichen Verben wie *einai* („sein") oder *gignesthai* („werden, sein") zu beobachten. Z.B. statt einfach zu sagen τόδε ἐγένετο, verwendet er die Periphrase τόδε γενέσθαι ξυνηέχθη.[325] Er greift auch gerne auf die herodoteischen Formeln χρῆν bzw. ἔδει mit folgendem Infinitiv zurück, um anzuzeigen, dass „etwas jemandem vom Schicksal bestimmt ist", oder einfach, dass etwas passierte oder nicht passierte (z.B. Bell. 2,10,3; 2,13,22; 5,9,30; 6,8,7).

---

323 GROTOWSKI 2006, 57.

324 Die Zusammenstellung des Wortschatzes in allen Schriften des Prokop bietet COULIE, KINDT 2000.

325 Mehrere Beispiele bei TEUFFEL 1871, 204-205.

Auffällig ist, dass in den *Anekdota* immer wieder dieselben Begriffe verwendet werden, um ähnliche Verbrechen oder deren Motive zu beschreiben. Charakteristisch ist die Substantivierung von Adjektiven; menschliche Gruppen werden gerne mit Partizipien beschrieben.

Als guter und erfahrener Rhetor versucht Prokop, den klassischen Gesetzen des Wohllauts zu folgen. Die Perioden sind in der Regel wohlausgewogen, innerhalb der Kola gibt es oft annährend eine ähnliche Anzahl von Worten. Zahlreiche Passagen in allen seinen Werken weisen interne Regelmäßigkeiten in den Strukturen einzelner Glieder oder Sinngruppen auf.[326]

[326] Beispiele bei RUBIN 1954, 39-41.

9. Nachwirkung

Von den Werken Prokops fanden nur „Die Kriege“ in Byzanz großen Anklang. Prokop diente sowohl als Informationsquelle als auch als rhetorisches Stilmuster. Sein Werk wurde zum Ausgangspunkt für spätere Historiker, die die Zeitgeschichte darstellten.[327] Die Darstellung der Ereignisse in Prokops „Kriegen“ endet mit dem Jahr 552. Dem schließt sich das Geschichtswerk des Agathias von Myrina (ca. 532-579/582) an. Er verfasste eine Fortsetzung Prokops, indem er die Ereignisse dort weiterführte, wo letzterer aufgehört hat (vgl. Agath. Praef. 22-32). Agathias lobt seinen Vorgänger für Genauigkeit, Gelehrsamkeit und Klarheit sowie Geschichtskenntnisse (Agath. Praef. 22, 2,9,11; 4,15,1; 4,25,4;), aber an einigen Stellen versucht er, dessen Darstellung zu überprüfen (Agath.4,30,5). Auch der unmittelbare Nachfolger des Agathias, Menander Protektor, der in der zweiten Hälfte des 6. Jahrhunderts tätig war, lobt die literarischen Qualitäten Prokops und sagt, dass er sich mit Prokop in Sachen Stil nicht messen könne (Men. Prot. Fr. 14,2). „Die Kriege“ Prokops kannte auch Theophylaktos Simokattes, der vermutlich letzte Profanhistoriker der griechisch-römischen Antike, der wohl in den 630er-Jahren ein Geschichtswerk verfasste, das die Jahre 582-602 umfasst (vgl. Th. Sim. 2,3,13). Bereits im 6. Jahrhundert wurde Prokop zu einer wichtigen Informationsquelle für die Regierungszeit Justinians, und die Historiker nutzten „Die Kriege“ ausgiebig als ihre Vorlage, indem sie ganze Abschnitte zusammenfassten, modifizierten oder wortwörtlich übernahmen. Über weite Strecken verwendet der Kirchenhistoriker Euagrios (536-593/4) „Die Kriege“ Prokops als seine Vorlage für die Darstellung der kriegerischen Auseinandersetzungen im 6. Jahrhundert. Er lobt Stil, Genauigkeit und Gelehrsamkeit Prokops (Evagr. HE 4,12), wobei er davon ausgeht, dass die Figur Belisars und seine Taten im Fokus des Werkes stehen. In seiner Kirchengeschichte fasst Euagrios alle Bücher der *Bella* zusammen, wobei er nur selten das von Prokop stammende Material ändert: Meistens gibt Euagrios den Prokop-Text zuverlässig und ohne größere Entstellungen wieder. Nur gelegentlich bietet er eine Neuinterpretation seiner Vorlage oder fügt neue Fakten hinzu. Es wird manchmal spekuliert, dass Euagrios auch auf die *Anekdota* hätte zurückgreifen können. Es geht dabei um die Kapitel HE 4,30 über Justinians Geldgier und Unersättlichkeit und HE 4,32 über die Bevorzugung der Blauen und Hinrichtung eines Kallinikos, die in gewisser Weise an die

[327] Zur Benutzung Prokops durch die byzantinischen Historiker Rubin 1954, 312-315, Jankowiak 2022.

Anekdota erinnern (vgl. An. 8; 19; 7, 43-50; 17, 2-4).[328] Nichts oder nur wenig spricht für eine solche Meinung – abgesehen von den sehr allgemeinen inhaltlichen Ähnlichkeiten und den kritischen Grundtönen dieser Ausführungen zu Justinian, gibt es keine inhaltlichen Parallelen zwischen den *Anekdota* und der *Kirchengeschichte*.[329] In der zweiten Hälfte des 7. Jahrhunderts wird Prokop in der Chronik des Johannes von Nikiu erwähnt. „Die Kriege" Prokops werden auch von dem Chronisten Theophanes (ca. 760-817) ausgiebig genutzt, obwohl er sie nicht vollständig kennt, sondern nur auf die Bücher I-IV zurückgreift, indem er den Krieg gegen die Vandalen ausführlich zusammenfasst. Im 9. Jahrhundert wurden alle acht Bücher der „Kriege" von Photios gelesen und in seinem um 855 entstandenen Werk *Myriobiblon* oder *Bibliothek* erwähnt, der jedoch in dem entsprechenden Kapitel, d.h. in Biblioth. 63, nur die Bücher I-II zusammenfasst. In einem anderen Zusammenhang spricht Photios in höchsten Tönen von Prokop und erklärt, er habe durch seine historischen Werke ewigen Ruhm erlangt (Biblioth. 160). Im 10. Jahrhundert befand sich ein Exemplar der „Kriege" in der kaiserlichen Bibliothek in Konstantinopel, daher konnte Prokop in den sogenannten Konstantinischen Exzerpten berücksichtigt werden: Es geht um die von Kaiser Konstantin VII. Porphyrogennetos in Auftrag gegebene Enzyklopädie der Geschichte und Staatswissenschaften, in der Auszüge aus den griechischen Historikern in 53 Abteilungen unter ebenso vielen thematischen Gesichtspunkten angefertigt wurden. Die Exzerpte aus Prokop sind in den Sammlungen *Excerpta de legationibus* und *Excerpta de sententiis* erhalten geblieben. Im 10. Jahrhundert stützt sich auch das Suda-Lexikon an vielen Stellen auf Prokop. Es ist anzumerken, dass das Suda-Lexikon die erste sichere Erwähnung der *Anekdota* enthält. Es bietet auch einen höchst informativen Artikel über Prokop, der sowohl wertvolle, sonst unbekannte biografische Daten als auch literarische Informationen umfasst (Suda π 2479), wobei der Verfasser des Lexikons nicht nur die *Bella* („Er schrieb eine römische Geschichte, d.h. die Kriege des Patriziers Belisar"), sondern auch die *Anekdota* kennt, indem er andeutet, dass Prokop auch ein weiteres Buch, die sogenannten *Anekdota*, d.h. ein unveröffentlichtes Werk,

---

[328] JEEP 1884, 161, TRICCA 1915; RUBIN 1957, 587-594, JANKOWIAK 2022, 240.

[329] Die Vorwürfe der Habgier und der Unterstützung der Blauen durch Justinian sind bei Euagrios recht vage (Evagr. HE 4.30; 4.32). Im Gegensatz dazu muss die Hinrichtung des Kallinikos ein großer Skandal gewesen sein, und die Tatsache war wahrscheinlich weithin bekannt. Der Tod des Kallinikos verdeutlicht bei Prokop die Grausamkeit der Theodora, während er bei Euagrios in direktem Zusammenhang mit der Bevorzugung der Blauen durch den Kaiser steht. Keine Details weisen auf Euagrios' Abhängigkeit in dieser Hinsicht von Prokop hin.

über die gleichen Ereignisse geschrieben habe, und gibt an, dass beide Werke zusammen neun Bücher bilden. Möglicherweise wurden die *Anekdota* in einigen Handschriften als das 9. Buch der *Bella* betitelt. Der Autor des Suda-Lexikons verwendet die *Anekdota* in seinen Einträgen 79-mal.[330] Prokop wird auch von späteren Autoren genannt, u.a. von Johannes Zonaras (11 Jh.), Georgios Kedrenos (11/12 Jh.), Michael Glykas (12. Jh.), Johannes Kinnamos (12 Jh.). Nikephoros Kallistos Xanthopoulos (1256-1335), der um 1317 eine *Kirchengeschichte* verfasste, schätzt die Werke Prokops sehr hoch und fasst sie ausführlich zusammen (manchmal stützt er sich jedoch nicht direkt auf Prokop, sondern auf eine Mittelquelle – entweder Euagrios oder Theophanes). Interessanterweise unterteilt er das gesamte Oeuvre Prokops in vier Teile: den „Perserkrieg“ (zu dem er, wie aus der Zusammenfassung hervorgeht, auch den „Vandalenkrieg“ zählt), den „Gotenkrieg“ sowie die „Bauten“ und die „Geheimgeschichte“, die er als *Palinodia* bezeichnet, d.h. Widerruf und Leugnung der Lobrede auf Justinian (Xanth. HE 17, 10).

Für die Byzantiner war Prokop auch ein stilistisches Vorbild, und in dieser Hinsicht wurde er z.B. oft mit Thukydides in Verbindung gebracht. Dass Prokop schon früh zum Stilvorbild wurde, bezeugen die Thukydidesscholien, wo der Scholiast sich am prokopischen Belisar orientiert, den er zum Maßstab für Wertungen macht.[331] Bis zu einem gewissen Grad versucht Agathias von Myrina, Prokop nachzuahmen. Sein poetischer Stil ist jedoch weit von Prokops Einfachheit und Klarheit entfernt. Deutliche Anklänge an Prokop erscheinen noch in den Geschichtswerken der Anna Komnene (1069-1118) oder des Niketas Choniates (1155-1215). Zahlreiche erhaltene Prokop-Handschriften belegen, dass Prokop als rhetorisches Vorbild fungierte. Die ältesten erhaltenen Exemplare stammen aus dem 13. und 14. Jahrhundert und wurden in Konstantinopel, Thessalonike oder auf dem Berg Athos erstellt. Einige von ihnen enthalten Randbemerkungen, die die Reden, Briefe oder Charakterisierungen von Personen, insbesondere diejenigen von Belisar im Text der „Kriege“ markieren. Diese Notizen erleichterten es potenziellen Lesern, eine interessante Passage zu finden, und ermöglichten es, Auszüge aus Prokop zusammenzustellen. Es gibt auch Sammlungen, in denen die Exzerpte aus Prokop neben den Auszügen aus den sogenannten klassischen Autoren erscheinen.

---

[330] Croke 2022, 35.
[331] Rubin 1957, 593.

In Westeuropa wurde Prokop erst im 15. Jahrhundert wiederentdeckt, zunächst in Italien.[332] Prokop wurde vor allem für eine wertvolle Informationsquelle gehalten, während seine stilistischen Qualitäten für die nichtgriechischsprachige Welt kaum erkennbar blieben. Prokop erlaubte es vor allem, die damals vergessene Geschichte Italiens des 6. Jahrhunderts kennenzulernen, deshalb befasste man sich zuerst nur mit dem Gotenkrieg, d.h. mit den Büchern V-VIII der „Kriege".[333] Um 1424 erhielt der italienische Humanist Leonardo Bruni in Florenz Zugang zu einem Manuskript mit dem Text der *Bella* (Bücher V-VIII). Auf dieser Grundlage veröffentlichte er im Jahr 1441 in lateinischer Sprache das Werk *De bello Italico*, eine Geschichte des Krieges Justinians gegen die Goten, die teilweise eine Paraphrase und teilweise eine Übersetzung der Bücher V-VIII der prokopischen „Kriege" ist. Interessanterweise nennt Bruni seine Vorlage nirgends beim Namen, was zu Vorwürfen geführt hat, er habe seine Quelle absichtlich verschwiegen. Das Werk erlangte schnell eine große Popularität in Italien sowohl in seiner lateinischen Originalfassung als auch in einer italienischen Übersetzung (1456, gedruckt in Florenz 1526). Bruni lobt die Zuverlässigkeit Prokops, weil dieser der Augenzeuge der Ereignisse war, kritisiert aber seinen Stil. Kurz darauf verfasste ein anderer Humanist, Flavio Biondo (1392-1463), in Rom ein weiteres Werk, das zum Teil die Geschichte Italiens im 6. Jahrhundert behandelt: *Decades* (geschrieben 1439-1443, veröffentlicht 1483). Biondo, der des Griechischen nicht mächtig war, benutzte nicht den Originaltext Prokops, deswegen musste eine lateinische Übersetzung für ihn angefertigt werden. Im Gegensatz zu Bruni behandelte Biondo den Bericht Prokops manchmal kritisch und verwendete auch lateinische Quellen für seine Darstellung der Ereignisse. Die Bemühungen Brunis in Florenz und Biondos in Rom sorgten dafür, dass Prokop um die Mitte des 15. Jahrhunderts im Bewusstsein der Humanisten auftauchte, aber nur wenige konnten Griechisch lesen, weshalb eine lateinische Übersetzung notwendig war. Im Jahr 1506 erschien in Rom eine Übersetzung von Christopher Persona, die den Gotenkrieg (die Bücher V-VIII der *Bella*) umfasste, und im Jahr 1509 übersetzte Raphael Maffei den Perserkrieg und den Vandalenkrieg (die Bücher I-IV der *Bella*). Im 15. und 16. Jahrhundert weckten in Italien nach wie vor besonders jene Kriegsbücher Interesse, die über die Ereignisse in Italien berichten, d.h. die Bücher V-VIII, weil sie den Italienern ihre wenig bekannte Vergangenheit an der

---

[332] Grundlegend zu Prokops Rezeption in Westeuropa CROKE 2019. Vgl auch CROKE 2022.

[333] CROKE 2019, 12-13.

Wende von der Antike zum Mittelalter erzählten, weshalb sich die Übersetzung von Persona großer Beliebtheit erfreute. Maffeis Übersetzung der Perser- und Vandalenkriege wurde hingegen kaum genutzt. „Die Bauten", die Italien nicht behandeln, wurden nicht veröffentlicht, und „Die Geheimgeschichte" galt als verloren, obwohl ihre Existenz aufgrund des Eintrags im Suda-Lexikon bekannt war.

So wie Prokop in Italien Interesse als Quelle für die Kenntnis der antiken Geschichte Italiens weckte, so betrachteten die deutschen Humanisten im 16. Jahrhundert die prokopischen „Kriege" als eine wertvolle Informationsquelle über die frühe Geschichte der germanischen Völker, d.h. der Goten und der Vandalen. Johannes Cuspinian (1473-1529) hatte während seines Aufenthalts in Buda im Jahr 1513 die Gelegenheit, den griechischen Text der „Kriege" zu lesen, den er mit der lateinischen Übersetzung verglich, was ihn zu dem Schluss führte, dass in der lateinischen Fassung viel vom Original weggelassen wurde. Cuspinian griff auf Prokop mehrmals in seinen posthum erschienenen historischen Hauptwerken zur Geschichte des Römischen Reiches, *Caesares* (1540) und *Consules* (1553) zurück. Da Cuspinian nur für kurze Zeit Zugang zum griechischen Original hatte, stützte er sich hauptsächlich auf die lateinischen Übersetzungen von Maffei und Persona.[334] Sein Freund Conrad Peutinger (1465-1547) trug in Augsburg eine große Sammlung wertvoller Handschriften zusammen, die die deutsche Geschichte behandelten, darunter die prokopischen „Kriege". Im Jahr 1531 verfasste Beatus Rhenanus (1485-1547) das monumentale Werk *Res Germanicae*. Auf Initiative von Johann Herwagen (1497-1558) sollte auch eine Quellensammlung zur Ergänzung der *Res Germanicae* des Beatus erstellt werden. So veröffentlichte Beatus 1531 in Basel eine lateinische Version der „Kriege" als *Procopii Caesariensis de Rebus Gothorum, Persarum ac Vandalorum libri VII*. Wie er selbst in seinem Widmungsbrief an Amerbach erklärt, verdiene Prokop Aufmerksamkeit, weil er die Geschichte der Goten und Vandalen darstelle und damit den Stolz und Ruhm der germanischen Völker (mit denen sich Beatus und seine deutschen Freunde identifizierten) bezeuge und fördere: Die deutschen Humanisten behandelten Prokop daher als Quelle für ihre eigene Frühgeschichte. Dieser Band enthielt auch den griechischen Text (die Kurzfassung) der „Bauten" und war damit die erste gedruckte Ausgabe von Prokops Werk in griechischer Sprache.[335] Bald danach erschienen die ersten lateinischen

---

[334] CROKE 2019, 35.

[335] Vielleicht basiert der Text auf einem Manuskript aus der Sammlung Peutingers (CROKE 2019, 40).

Übersetzungen der „Bauten“ in Paris und München (1537, 1538) und im Jahr 1547 die erste italienische Übersetzung. Im Grunde genommen wurde Prokop immer noch in der Übersetzung gelesen.

In der zweiten Hälfte des 16. Jahrhunderts wurde Prokop auch zum Gegenstand des Interesses bedeutender Gelehrter aus anderen europäischen Zentren, wie Paris und Leiden, aber auch Genf und Augsburg. Einer der ersten, der Prokop als Historiker bewertete, war Jean Bodin (1530-1596), der Prokop in seiner Abhandlung über die Geschichtsschreibung *Methodus ad facilem historiarum cognitionem* („Die Methode zum leichten Begreifen der Geschichte“) kritisch beurteilt (Paris 1566), wobei er, wie es scheint, nur „Die Kriege“ in der lateinischen Übersetzung kannte. Bodin hält Prokop für einen wertvollen und im Allgemeinen zuverlässigen Historiker, weil er über Ereignisse schrieb, die er aus eigener Anschauung kannte, kritisiert aber sein übertriebenes Lob für Belisar und seine Schilderungen der Prodigien. Gelehrte wie Scaliger (1540-1609), Casaubon (1559-1614), Vulcanius (1538-1614), De Thou (1553-1617) und andere interessierten sich sehr für Prokop, benutzten ihn als eine Grundlage für ihre Studien, kopierten die Handschriften und diskutierten über die Edition des griechischen Textes der *Bella*. Gegen Ende des 16. Jahrhunderts kann man auch eine gewisse Kenntnis der *Anekdota* feststellen (z.B. Gilles, Panciroli, Pithou).[336]

Die Erstausgaben des griechischen Textes erschienen schließlich im 17. Jahrhundert: David Höschel (1556-1617) veröffentlichte 1607 in Augsburg die erste Edition der „Kriege“ zusammen mit einer längeren Fassung der „Bauten“. Höschels Ausgabe entspricht offensichtlich nicht den modernen Kriterien der Textkritik: Er stützte sich nur auf die ihm zur Verfügung stehenden Manuskripte, aber nicht auf die besten.[337] Schon bald darauf veröffentlichte der päpstliche Bibliothekar Nicolo Alemanni (Nicolaus Alemannus) (1583-1626) die *Anekdota* in Lyon (1623). Neben dem Text gab es dort eine lateinische Übersetzung sowie einen historischen Kommentar (der an einigen Stellen immer noch wertvoll ist) und ausführliche Anmerkungen zu Justinian und Prokop selbst. Bemerkenswert ist auch, dass Alemannus das Werk, das zuvor als *Anekdota* bekannt war, als *Historia Arcana* („Geheimgeschichte“) betitelte und damit einen geheimen, skandalösen und

---

[336] Croke 2019, 66-67.
[337] Croke 2019, 73.

phantasievollen Inhalt andeutete.[338] Alemannus' textkritische und historische Kommentare wurden von den späteren Herausgebern wie Dindorf und Haury teilweise übernommen. Die Veröffentlichung der *Anekdota* veränderte das Bild von Justinian und Prokop erheblich und löste eine lebhafte wissenschaftliche und politische Debatte aus. Für die nächsten Jahrzehnte waren die *Anekdota* das am intensivsten studierte und kommentierte Werk Prokops. Es wurden Fragen über die tatsächliche Beziehung des Historikers zu Kaiser Justinian, seine Konfession und seine religiösen Ansichten aufgeworfen und darüber, in welchen seiner Werke der „echte" Prokop erscheint. Auch die Autorschaft der *Anekdota* wurde zunehmend infrage gestellt. Schließlich kam es zu einer intensiven Debatte über die Bewertung Justinians, der zuvor als nahezu idealer Herrscher erschienen war. In der zweiten Hälfte des 17. und zu Beginn des 18. Jahrhunderts entwickelte sich sogar in England und Frankreich unter dem Einfluss der *Anekdota* die literarische Gattung der „geheimen Geschichten" (*secret histories*). Die Autoren, die sich von Prokop inspirieren ließen, wollten über die Geheimnisse der Fürsten schreiben und die bösen Taten ihrer Diener aufdecken. In den ersten Jahrzehnten des 18. Jahrhunderts verlor dieses Genre an Popularität.[339]

Prokop wurde weiterhin politisch genutzt – Hugo Grotius (1583-1645) orientierte sich während seiner Arbeit über die alte Geschichte Schwedens u.a. an Prokop. Er fertigte neue Übersetzungen des Vandalen- und Gotenkrieges an, die er um Auszüge aus den *Anekdota* ergänzte: Er wollte die Größe der gotischen Ethnie, der Vorfahren der Schweden, zeigen und auf diese Weise, wie er dies in einem Brief an den Kanzler Axel Oxenstierna sagt, durch die Darstellung der uralten Ursprünge der Schweden zur Förderung des schwedischen Ruhmes beitragen. Es ist erwähnenswert, dass er im Laufe seiner Arbeit eine Reihe von Änderungen in Höschels Ausgabe vornahm, die jedoch nur von Dindorf (1833) berücksichtigt wurden.

Die erste Gesamtausgabe der Werke Prokops wurde im Jahr 1662/3 von Claudius Maltretus in Paris veröffentlicht. Kritische Beurteilungen Prokops als Schriftsteller und Historiker finden sich in Studien über griechische Geschichtsschreibung, griechische oder christliche Literatur, z.B. bei Vossius (1624, 1651), Martin Hanke (1677), Martin Cave (1688) und Fabricius (1721). Es gab auch Übersetzungen der *Bella* und der *Anekdota*

---

[338] Alemanni hat in seiner Ausgabe die drastischsten Passagen aus den pornografischen Abschnitten ausgelassen, die dennoch in den kommenden Jahrzehnten unter den Gelehrten kursierten.

[339] CROKE 2022, 37-39.

ins Englische und Französische. Die Tatsache, dass eine griechische Ausgabe aller Werke Prokops im 17. Jahrhundert zur Verfügung stand, trotz der Lücken in den einzelnen Texten, und dass Übersetzungen der meisten Werke in die wichtigsten Sprachen zugänglich waren, ermöglichte es, die Aufmerksamkeit auf Prokop als Schriftsteller und als Informationsquelle insbesondere für das 6. Jahrhundert zu richten. Die Werke Prokops wurden von Ludewig in seiner Biografie des Kaisers Justinian (1731), von Tillemont in seiner Geschichte der Kaiser (1738) und von Lebeau in seiner Geschichte des spätantiken Römischen Reiches (1757) umfassend genutzt. Auf eine kritische Weise griff Edward Gibbon in seinem monumentalen Werk *The History of the Decline and Fall of the Roman Empire* auf Prokop zurück, das ab 1776 sukzessive veröffentlicht wurde. Gibbon war mit dem Text und der Textüberlieferung der prokopischen Werke gut vertraut und war sich der Ungenauigkeiten und Mängel der verschiedenen Übersetzungen und Ausgaben bewusst.[340] Es muss aber daran erinnert werden, dass Gibbon in seinem Bericht über Justinian den *Anekdota* den Vorrang gab und ihre Glaubwürdigkeit über die der anderen Überlieferungen stellte.[341]

Im Jahr 1753 erschien die erste deutsche Übersetzung Prokops – es geht dabei um die *Anekdota* von Johann Paul Reinhardt, die interessanterweise auch die in Allemanus' Ausgabe ausgelassenen pornografischen Abschnitte berücksichtigt. Erst im 19. Jahrhundert erschienen die deutschen Übersetzungen der *Bella*. Im Jahr 1827 veröffentlichte Peter Kanngiesser eine Übersetzung des „Perserkriegs", im Jahr 1828 des „Vandalenkriegs" und im Jahr 1831 des „Gotenkriegs", wobei er sich auf die Ausgaben von Höschel und Maltretus berief.[342] Zur gleichen Zeit (1827) wurde die erste vollständige Ausgabe der *Anekdota* von Johann Orelli in Zürich veröffentlicht.

Im 19. Jahrhundert war Deutschland zum Zentrum der Altertumswissenschaften geworden, die sich an den Universitäten von Halle, Göttingen oder Leipzig dynamisch entwickelten. Barthold Niebuhr (1776-1831) unternahm das beeindruckende Unterfangen, eine moderne Ausgabe der byzantinischen Historiker (*Corpus Scriptorum Historiae Byzantinae*) zu erstellen, zu denen Prokop natürlich auch gehörte. In dieser Reihe erschien in den Jahren 1833-38 eine neue Gesamtausgabe des Prokop von W. Dindorf, die zweifellos einen Fortschritt gegenüber der Maltretus-Ausgabe

---

[340] Croke 2019, 119-120.

[341] Croke 2022, 40.

[342] Die deutsche Übersetzung von *De aedificiis* erschien erst 1977 und wurde von O. Veh erstellt.

darstellte, aber schon zum Zeitpunkt ihres Erscheinens nicht alle Erwartungen erfüllte – insbesondere die komplizierte Tradition der Überlieferung der „Bauten“ war problematisch. Eine moderne Prokop-Ausgabe, die die gesamte damals bekannte handschriftliche Tradition berücksichtigt, wurde daher erst zu Beginn des 20. Jahrhunderts von J. Haury (1862-1942) geschaffen (Leipzig 1905-1913) – in der Nachkriegszeit wurde sie von G. Wirth leicht korrigiert und ergänzt (Leipzig 1963-1964), und diese Ausgabe ist immer noch maßgeblich. Auf der Grundlage der Haury-Ausgabe wurden die wichtigsten modernen Übersetzungen angefertigt, darunter englische und deutsche.

Einer der ersten und wohl wichtigsten Beiträge, die nach Dindorfs Ausgabe erschienen, war Wilhelm Teuffels Artikel in der *Zeitschrift für Geschichtswissenchaft* im Jahr 1847, dessen sehr abgekürzte Fassung in der Realenzyklopädie im Jahr 1852 veröffentlicht wurde. Es handelte sich um eine Pionierarbeit, die sich im Wesentlichen nicht auf die einschlägige Literatur stützte, die eigentlich noch nicht existierte, sondern auf eine eigenständige Analyse der Texte Prokops. Hier behandelte Teuffel so wichtige Themen wie Quellen, Religion und literarische Ziele.[343] Mit Teuffel beginnt die moderne Beschäftigung mit Prokop. Kurz darauf publizierte Felix Dahn seine Monografie über Prokop (1865), in der er die einzelnen Werke, die Methoden, die Weltanschauung des Historikers, die Quellen, die Einstellung zu Justinian usw. umfassend behandelte. Viele Jahre lang war dies die umfassendste Studie über Prokops literarische Tätigkeit. Dahn ging auch auf die Frage nach der Autorschaft der *Anekdota* ein und sprach sich eindeutig für ihre Echtheit aus und klärte damit diese Frage endgültig. Weitere gewichtige Argumente für die Echtheit der *Anekdota* lieferte Anfang des 20. Jahrhunderts K. Kumaniecki aufgrund seiner detaillierten Analyse des Stils Prokops.[344] Die letzten Jahrzehnte des 19. und der Beginn des 20. Jahrhunderts brachten weitere wertvolle Arbeiten zu spezifischen Problemen (z.B. Braun 1885, Haury 1896).

Im 20. Jahrhundert erschienen Übersetzungen aller Werke Prokops in die wichtigsten Sprachen, die bereits auf der Edition des griechischen Textes von Haury basierten. Zwischen 1914 und 1940 wurde die englische Übersetzung von H.W. Dewing in sieben Bänden als Teil der Reihe *The Loeb Classical*

---

343 Teufell verfasste auch den Artikel *Justinianus* in RE, in dem er sich ausgiebig auf Prokop stützte.

344 KUMANIECKI K., Zu Procops Anecdota. Das rhythmische Klauselgesetz in den Anecdota und die Echtheitsfrage, BZ 27, 1927, 19-21 (= idem, Scripta Minora, Vratislaviae-Varsoviae-Cracoviae 1967, 460-462).

Library veröffentlicht – eine Übersetzung, die mehrmals nachgedruckt wurde.[345] Die deutsche Übersetzung aller Werke wurde in den Jahren 1961-1977 von Otto Veh angefertigt (Prokop, Werke, griechisch-deutsch, Bd. I-V). Die Übersetzung von O. Veh wurde ebenfalls neu aufgelegt, wobei die *Anekdota* im Jahr 2005 in leicht veränderter Form erschienen. Die alte Übersetzung von Veh wurde durch neue Erläuterungen, eine Einführung und Literaturhinweise von Mischa Meier und Hartmut Leppin ergänzt.

Das 20. Jahrhundert brachte viele wertvolle Studien sowohl über Prokops Gesamtwerk als auch über die einzelnen Aspekte seiner literarischen Tätigkeit. Hier sei insbesondere auf B. Rubins Beitrag in *Paulys Realencyklopädie der classischen Altertumswissenschaft* von 1957 (RE XXIII, 1, Sp. 273-590) hinzuweisen, der zuvor auch separat erschienen war (1954). Neben der Erörterung spezifischer Fragen enthält er einen philologischen und historischen Kommentar zu allen Werken Prokops. Rubins Arbeit ist in einigen Punkten immer noch wertvoll, aber der Kommentar selbst ist heute weitgehend veraltet, ebenso wie die Betrachtung Prokops unter dem Blickwinkel seiner Beziehung zu Belisar. Einen echten Meilenstein erreichte die Prokop-Forschung im Jahr 1985 mit dem Buch von Averil Cameron, *Procopius and the Sixth Century* (erste Auflage 1985, zweite 1996).[346] Cameron hat einen innovativen Blick auf die Frage der Einheit und Homogenität in den Werken Prokops gewagt. Alle drei Werke seien durch die zentrale Rolle Justinians verbunden, sodass er in den *Anekdota* als Dämon und in *De aedificiis* als Retter dargestellt werden könne. In einer Zeit, in der die Schriftsteller nicht völlig frei gewesen seien, ihre Ansichten öffentlich zu äußern, habe Prokop die gesamte Bandbreite der literarischen Gattungen benötigt, um ein vollständiges Bild seiner Epoche und des Herrschers zu vermitteln.[347] Cameron hat u.a. die strittige Frage der Religionszugehörigkeit Prokops weitgehend geklärt (1966, 1985) und zahlreiche Argumente für sein Christentum geliefert. Obwohl A. Kaldellis zu Beginn des 21. Jahrhunderts (2004) Camerons These vehement angriff und behauptete, Prokop sei ein Neuplatoniker und Kryptoheide gewesen, wird aber seine These von meisten Forschern abgelehnt.[348]

[345] Eine leicht überarbeitete englische Übersetzung der „Kriege" (Dewing, Kaldellis) wurde 2014 veröffentlicht, während A. Kaldellis eine völlig neue englische *Anekdota*-Übersetzung im Jahr 2010 verfasste.

[346] Vgl. die Rezension von E. Demougeot, A. Cameron: *Procopius and the sixth century*, Gnomon 58 (1986) 603-608.

[347] Zum Problem der Einheit und Harmonie in den Werken Prokops vgl. nun Croke 2022.

[348] Vgl. insbesondere Whitby 2007, Meier 2005, Leppin 2006.

Die wahre Explosion der Prokop-Forschung kam im 21. Jahrhundert mit einer Reihe neuer Monografien (KALDELLIS 2004, BRODKA 2004, BÖRM 2007, STEWART 2020, WHATELY 2016, 2021) und Sammelbänden (GREATREX, JANNIARD 2018, LILLINGTON-MARTIN, TURQUOIS 2018). Diese enorme wissenschaftliche Beschäftigung erreichte ihren Höhepunkt in der jüngsten Zeit mit *A Companion to Procopius of Caesarea*, herausgegeben von M. MEIER und F. MONTINARO 2022. Allerdings gibt es bis heute keinen modernen Kommentar zum Gesamtwerk Prokops. Nur im Fall der „Bauten" steht ein Kommentar von D. ROQUES (Roques 2011) zur Verfügung. Der Kommentar zum *Perserkrieg* (d.h. zu den *Bella* I-II) von G. GREATREX ist schon fast fertig und wird in Kürze erscheinen.

Die Hauptprotagonisten der prokopischen Werke Belisar, Justinian, Theodora, Antonina oder auch Totila und Narses verwandelten sich relativ schnell in Figuren, die aus der Geschichte herauswuchsen, und auf diese Weise lieferte Prokop zunächst mit seinen „Kriegen" und dann auch mit der „Geheimgeschichte" einen bunten Stoff, der sowohl in der Literatur als auch in der Kunst verwendet wurde und immer noch verwendet wird. Eine der frühesten literarischen Bearbeitungen des Prokop-Stoffes bildet das italienische Epos in 27 Büchern von Gian Giorgio Trissino *Italia liberata dai Goti* (Italien von den Goten befreit) (1547-1548), das der Verfasser als ein nationales heroisches Epos konzipiert hatte. Das Werk geht weitgehend auf Prokops *Bella* zurück und besingt die Befreiung Italiens von den Goten durch den Kaiser Justinian und seine Feldherren. Zum Hauptthelden wird Belisar gemacht, wobei Prokop selbst als einer der Protagonisten stellenweise erscheint. Dieses Werk war jedoch aufgrund seiner geringen literarischen Qualität nicht sehr erfolgreich. In der Folgezeit wurde die Figur Belisars in der westlichen Kultur recht populär, allerdings weniger dank Prokop als vielmehr dank der sogenannten Belisarsage, die sich im mittelalterlichen Byzanz herausbildete. Diese Geschichte erschien zuerst im 10. Jahrhundert in den *Patria Konstantinupoleos* (2,17) und in den *Chiliades* des Johannes Tzetzes (3,25). Später fand diese Tradition ihre schriftliche volkstümliche Fassung im sogenannten Belisar-Lied, das in verschiedenen Versionen erhalten ist. Nach seinen Siegen über die Perser, Vandalen und Goten soll Belisar in Ungnade gefallen und auf Befehl des Kaisers geblendet worden sein, sodass er am Ende seines Lebens als Blinder auf dem Markt von Konstantinopel saß, dem die Vorübergehenden aus Mitleid Münzen in einen Topf warfen. Das Belisar-Lied erschien in Italien in einer gedruckten Form schon in der ersten Hälfte des 16. Jahrhunderts. Bald setzte die Diskussion ein, ob die Blendungslegende glaubwürdig sei, und Prokops Schweigen zu diesem Thema wurde als gültiges Gegenargument behandelt. Zum Beispiel wird sie von Alemannus in seinem Kommentar zu den *Anekdota* diskutiert, aber er lehnt sie ab, weil er glaubt, dass die Legende die Person Belisars mit Johannes dem Kappadoker verwechselt. An der Wende vom 16. zum 17. Jahrhundert taucht die Blendung Belisars durch Justinian in der Geschichtsschreibung jedoch als historische Tatsache auf: Der katholische Kirchenhistoriker Caesar Baronius greift in seinem Geschichtswerk *Annales ecclesiastici a Christo nato ad annum 1198* sowohl auf die Werke Prokops als auch auf die Belisarsage zurück und deutet Belisars Blendung als göttliche Strafe für die Behandlung des Papstes Silverius durch Belisar. Baronius wurde somit zum Vermittler des legendären Belisar-Stoffes an die schöne Literatur und trug zur Verbreitung der Legende in der Kultur des Abendlandes bei.

Einige Jahre später, im Jahr 1607 wurde das Drama „Belisarius“ des Jesuiten Jakob Bidermann aufgeführt.[349] In kurzem Abstand folgten weitere Bearbeitungen des Themas in verschiedenen Ländern Europas (z.B. Italien, Spanien, Frankreich). Die Verbreitung der Legende in der Literatur führte Belisar bis hinein in die Malerei, in der Belisar enorme Popularität im 17. und 18. Jahrhundert genoss.[350] Große Bekanntheit gewann der französische Roman *Bélisaire* von Jean-François Marmontel (1767). Im Fokus des Buches steht die Größe Belisars: Obwohl der Feldherr vom Kaiser geblendet wurde, hegte er keine Rachegelüste gegen Justinian oder Theodora. Es gibt hier viele völlig erfundene Episoden, die weder auf Prokop noch auf die Belisarsage zurückgehen und lediglich Belisars Seelengröße thematisieren sollen. Marmontel instrumentalisierte allerdings die Person Belisars, um durch dessen Vermittlung seine Meinungen über die zeitgenössischen Probleme wie z.B. die Rechte und Pflichte der Herrschenden, die Gerechtigkeit, die religiöse Toleranz u.a auszudrücken.[351] Der Roman von Marmontel weckte großes Interesse des europäischen Publikums. Er erschien in allen Hauptsprachen Europas in mehreren Editionen, es gab sogar französische und lateinische Ausgaben für den Schulgebrauch, und folglich wurde Belisar zum Vorbild eines idealen Staatsmannes.

Prokop leistete zweifellos auch einen bedeutenden Beitrag zur modernen Wahrnehmung der Figur der Kaiserin Theodora, deren Werdegang von der Prostituierten zur Kaiserin nach wie vor Interesse und Faszination weckt. Bereits 1685 wurde in Venedig eine Oper mit dem Titel „Teodora Augusta“ (von Domenico Gabrieli) aufgeführt, doch am erfolgreichsten

---

[349] Die Druckausgabe des Stücks erschien erst 1666.

[350] Dazu WASCHENFELDER 2003.

[351] WASCHENFELDER 2003, 253-254.

war vielleicht das Drama von Victor Sardou *Théodora* (1884), das von Xavier Leroux in eine Oper umgewandelt wurde (Théodora, 1907).[352] Da Theodora die Protagonistin zahlreicher Werke ist, sollen hier nur zwei neuere Romane erwähnt werden, die von der Kritik gut aufgenommen wurden. Es geht um die Bücher von Stella Duffy: *Theodora. Actress, Empress, Whore* (2010) und *The Purple Shroud: A Novel of Empress Theodora* (2012).

Schließlich sind noch zwei populäre Werke zu erwähnen, die zwar auf Prokop beruhen, aber zahlreiche Abweichungen und Änderungen aufweisen. Der bereits erwähnte Historiker der Spätantike und Experte für die Werke Prokops, Felix Dahn, ist Autor des historischen Romans *Ein Kampf um Rom* (1876). Das Buch befasst sich mit dem Kampf der Ostgoten in Italien gegen die Byzantiner. Das Ganze beginnt in den letzten Tagen der Herrschaft Theoderichs und endet mit dem Untergang der Ostgoten im Jahr 552, als sie von Narses besiegt wurden. Zwar stützt sich Dahn stark auf Prokop, der übrigens als eine der Romanfiguren auftaucht, aber mit zahlreichen Abweichungen, die weit über das prokopische Material hinausgehen: Eine der Hauptfiguren ist der römische Senator Cethegus, am Ende rettet die Flotte des „Nordvolkes" die überlebenden Goten und bringt sie in ihre Heimat Thule. Der Roman wurde im Jahr 1968 von Artur Brauner unter der Regie von Robert Siodmak verfilmt. Große Verbreitung fand ein 1938 erschienener historischer Roman des britischen Schriftstellers Robert Graves *Count Belisarius*. Der Roman wurde in viele Sprachen übersetzt (auf Deutsch als *Belisar der ruhmreiche Feldherr von Byzanz*, 1962). Bei der Darstellung der erfolgreichen Karriere Belisars orientiert sich Graves weitgehend an Prokops *Bella* und *Anekdota*, aber auch an der Belisarsage. Die Geschichte wird von einem Eunuchen Eugenius, dem Sklaven Antoninas, erzählt. Belisar zeichnet sich durch Ehre und Loyalität gegenüber dem Kaiser aus, trotzdem wird er am Ende zu einer höchst tragischen Figur.

---

[352] Sardou wurde stark von der französischen Übersetzung der *Anekdota* beeinflusst: Fr. A. Isambert, *Anekdota, ou Histoire secrète de Justinien, traduite de Procope* (Paris 1856), vgl. dazu Boeck 2015. Das Stück, das im Dezember 1884 in Paris aufgeführt wurde, hatte 257 aufeinanderfolgende Aufführungen.

Literaturverzeichnis

Abkürzungen

AnTard – Antiquité Tardive
A & R – Atene e Roma
BF – Byzantinische Forschungen
BMGS – Byzantine and Modern Greek Studies
Byz – Byzantion
ByzSlav – Byzantinoslavica
BZ – Byzantinische Zeitschrift
CQ – Classical Quarterly
DOP – Dumbarton Oaks Papers
GRBS – Greek, Roman and Byzantine Studies
HZ – Historische Zeitschrift
ILGS Waddington – W.H, Waddington, Recueil des inscriptions grecques el latines de la Syrie, Paris
JHS – Journal of Hellenic Studies
JÖB – Jahrbuch der Österreichischen Byzantinistik
MH – Museum Helveticum
RAC – Reallexikon für Antike und Christentum
ReO – Roma e l'Oriente
RFIC – Rivista di Filologia e di Istruzione Classica
RhM – Rheinisches Museum für Philologie
SBN – Studi Byzantini e Neoellenici
TAPhA – Transactions and Proceedings of the American Philological Association
ZDMG – Zeitschrift der Deutschen Morgenländischen Gesellschaft
ZPE – Zeitschrift für Papyrologie und Epigraphik

Textausgaben

Procopii Caesarensis opera omnia, ed. J. HAURY, add. et corr. G. WIRTH, Vol. I-IV. Teubner, Leipzig 1962-1964 (Nachdruck mit Ergänzungen und Korrekturen von G. Wirth; 1. Auflage: Teubner, Leipzig 1905-1913).

Übersetzungen (in Auswahl)

Deutsch

Prokop. Werke. Griechisch-deutsch, übersetzt und herausgegeben von OTTO VEH. Bücherei Tusculum, Bd. I-V, München 1961-1977 (I: *Anekdota*; II: *Gotenkriege*; III: *Perserkriege*; IV: *Vandalenkriege*; V: *Bauten*) (griechischer Text mit deutscher Übersetzung)

Prokop. Anekdota, Geheimgeschichte des Kaiserhofs von Byzanz, griechisch-deutsch, übersetzt und herausgegeben von OTTO VEH, mit Erläuterungen, einer Einführung und Literaturhinweisen von MISCHA MEIER und HARTMUT LEPPIN, Düsseldorf /Zürich 2005.

Englisch

DEWING H.B. (ed.), *Procopius: History of the Wars, Secret History, Buildings*, Vol. I-VII, London 1914-1940) [Loeb Classical Library].

KALDELLIS A. (ed.): *Prokopios, The Secret History with related texts*, Indianapolis 2010.

Prokopios. The Wars of Justinian, Translated by H. B. DEWING, Revised and Modernized, with an Introduction and Notes, by A. KALDELLIS, Indianapolis 2014.

Französisch

MARVAL P. (Hrsg.), *Procope de Césarée*, *Histoire secrète*, Les Belles Lettres, Paris 1990.

ROQUES D. (Hrsg.), *Procope de Césarée*, *La Guerre contre les Vandales*, Les Belles Lettres, Paris 1990.

ROQUES D . (Hrsg.), *Procope de Césarée. Constructions de Justinien Ier*, Alexandrie, Edizioni dell'Orso, 2011.

ROQUES D., AUBERGER J. (Hrsg.), *Procope de Césarée. Histoire des Goths*, Les Belles Lettres, Paris 2015.

Sekundärliteratur

ADSHEAD K., *Thucydides and Agathias*, in: B. CROKE, A. EMMET (ed.), *History and Historians in Late Antiquity*, Sydney 1983, 82-87.

ADSHEAD K., *The Secret History of Procopius and its Genesis*, Byzantion 63 (1993) 5-28.

ALLEN P., *Contemporary Portrayals of the Byzantine Empress Theodora (A.D. 527–548)*, in: B. GARLICK, S. DIXON, P. ALLEN (ed.), *Stereotypes of Women in Power. Historical Perspectives and Revisionist Views*, New York 1992, 93–103.

ANDRES H., *Der καιρός bei Prokop von Kaisareia*, Millennium 14 (2017), 73–102.

ANGOLD M., *Procopius' Portrait of Theodora*, in: ΦΙΛΕΛΛΗΝ. *Studies in Honour of R. Browning,* Venice1996, 21-34.

BASSO F., GREATREX G., *How to interpret Procopius' preface to the Wars*, in: C. LILLINGTON-MARTIN, E. TURQUOIS (eds), *Procopius of Caesarea: Literary and Historical Interpretations*, London-New York 2018, 59-72.

BATISTELLA F., *Zur Datierung von Prokops Geheimgeschichte*, Byz 89 (2019), 37-57.

BELKE K, *Prokops De Aedificiis, Buch V zu Kleinasien* , AntTard 8 (2000), 115-125.

BELL P., *Social Conflict in the Age of Justinian*, Oxford 2013.

BESELIEV V, *Die lateinische Herkunft der Kastellverzeichnisse bei Prokop*, in: *Hommages à M. Renard*, éd. par J. BIBAUW, t. 1, Brussels 1969, 94-98.

BLECKMANN B., *Die letzte Generation der griechischen Geschichtsschreiber. Studien zur Historiographie im ausgehenden 6. Jahrhundert*, Stuttgart 2021.

BLECKMANN B., *Historiography in Late Antiquity before Procopius*, in: M. MEIER, F. MONTINARO (eds), *A Companion to Procopius of Caesarea*, Leiden/Boston 2022, 155-177.

BOECK E., *Archaeology of Decadence: Uncovering Byzantium in Victorien Sardou's Theodora*, in: R. BETANCOURT, M. TAROUTINA (eds), *Byzantium/Modernism. The Byzantine as Method in Modernity*, Leiden 2015, 102-133.

BÖRM H., *Prokop und die Perser. Untersuchungen zu den römisch-sasanidischen Kontakten in der ausgehenden Spätantike*, Stuttgart 2007.

BÖRM H., *„Es war allerdings nicht so, dass sie es im Sinne eines Tributes erhielten, wie viele meinten...". Anlässe und Funktion der persischen Geldforderungen an die Römer*, Historia 57 (2008), 327-346.

BÖRM H., *Procopius, his Predecessors, and the Genesis of the Anecdota: Antimonarchic discourse in Late Antique Historiography*, in: H. BÖRM (ed.), *Antimonarchic Discourse in Antiquity*, Stuttgart 2015, 305-346.

BORNMANN F., *Motivi tucididei in Procopio*, A & R 19 (1974),140-147.

BRANDES W., *Anastasios ὁ δίκορος: Endzeiterwartung und Kaiserkritik in Byzanz um 500 n. Chr.*, BZ 90 (1997) 24-63.

BRAUN H., *Procopius Caesarensis quatenus imitatus sit Thucydidem*, Diss. Erlangen 1885.

BRAUN H., *Die Nachahmung Herodots durch Prokop*, Nürnberg 1894.

BRECCIA G., *L'arco e la spada. Procopio e il nuovo esercito bizantino*, Nea Rome 1 (2004), 73-99.

BRODKA D., *Tyche*, RAC (im Druck).

BRODKA D., *Die Romideologie in der römischen Literatur der Spätantike*, Frankfurt am Main 1998.

BRODKA D., *Prokopios von Kaisareia und Justinians Idee „der Reconquista"*, Eos 86, 1999, 243-255.

BRODKA D., *Die Geschichtsphilosophie in der spätantiken Historiographie. Studien zu Prokopios von Kaisareia, Agathias von Myrina und Theophylaktos Simokattes*, Frankfurt am Main 2004.

BRODKA D., *Zum Wahrheitsbegriff in den Bella des Prokopios von Kaisareia*, Klio 89 (2007), 465-476.

BRODKA D., *Prokopios und Malalas über die Schlacht bei Callinicum*, Classica Cracoviensia 14 (2011), 65-88.

BRODKA D., *Priskos von Panion und Kaiser Marcian. Eine Quellenuntersuchung zu Procop. 3,4,1-11, Evagr. HE 2,1, Theoph. AM 5943 und Nic. Kall. HE 15,1*, Millennium 9 (2012), 145-162

BRODKA D., *Die Wanderung der Hunnen, Vandalen, West- und Ostgoten. Prokopios von Kaisereia und seine Quellen*, Millennium 10 (2013), 13-38 (= BRODKA 2013a).

BRODKA D., *Prokopios von Kaisareia und die Abgarlegende*, Eos 100, 2013, 349-360 (= BRODKA 2013b).

BRODKA D., *Priskos und der Feldzug des Basiliskos gegen Geiserich (468)*, in: B. BLECKMANN, T. STICKLER (Hg.), *Griechische Profanhistoriker des 5. nachchristlichen Jahrhunderts*, [Historia-Einzelschriften 228] Stuttgart 2014, 103-120.

BRODKA D., *Prokop von Kaisareia und seine Informanten. Ein Identifikationsversuch*, Historia 65, 2016, 108-124.

BRODKA D., *Narses – Politik, Krieg und Historiographie*, Berlin 2018 (= BRODKA 2018a).

BRODKA D., *Die Zwangsläufigkeiten des Krieges – Prokop von Kaisareia und der weströmische Senat*, in: G. GREATREX S., JANNIARD (eds), *Le monde de Procope. The World of Procopius*, Paris 2018, 311-326. (= BRODKA 2018b).

BRUBAKER L., *Sex, lies and textuality: The Secret History of Prokopios and the rhetoric of gender in sixth-century Byzantium*, in. L.BRUBAKER, J.M.H. SMITH (eds), *Gender in the Early Medieval World, East and West 300-900*, Cambridge 2004, 83-101.

CAMERON AV., *The „Scepticism" of Procopius*, Historia 15 (1966), 466-482 .

CAMERON AV., *Procopius and the Sixth Century*, London ²1996.

CAMERON AV., *Conclusion*, AntTard 8 (2000), 177-180.

CAROLLA, P. *Spunti tucididei nelle epistole di Procopio*, A&R 42 (1997), 157–76.

CESA M., *La politica di Giustiniano verso l'Occidente nel giudizio di Procopio*, Atheneum n.s. 59 (1981), 389-409.

CESA M., *Etnografia e geografia nella visione storica di Procopio di Cesarea*, Studi classici e orientali 32 (1982), 189–215.

COLVIN, I. *Reporting Battles and understanding Campaigns in Procopius and Agathias. Classicising Historians' Use of archived Documents as Sources*, in A. SARANTIS, N. CHRISTIE (eds), *War and Warfare in Late Antiquity*, Leiden/Boston 2013, 571–598.

COLVIN, I. *Comparing Procopius and Malalas*, in: C. LILLINGTON-MARTIN, E. TURQUOIS (eds), *Procopius of Caesarea: Literary and Historical Interpretations*, London-New York 2018, 201–214.

COULIE B., KINDT B. (eds), *Thesaurus Procopii Caesariensis. De bellis, Historia Arcana, De Aedificiis* [Corpus Christianorum, Thesaurus Patrum Graecorum] Turnhout 2000.

CRESCI L.R., *Ancora sulla ΜΙΜΗΣΙΣ in Procopio*, RFIC 114 (1986), 449-457.

CRESCI L.R., *Aspetti della μίμησις in Procopio*, *Δίπτυχα* 4 (1986–87), 232-249.

CROKE B., *Procopius' Secret History: Rethinking a Date*, GRBS 45 (2005), 405-431.

CROKE B., *Procopius, from Manuscripts to Books: 1400–1850*, in: G. GREATREX (ed.), *Work on Procopius outside the English-speaking World*, Histos Supplement 9, 2019, 1–173.

CROKE, B., *The Search for Harmony in Procopius' Literary Works*, in: M. MEIER, F. MONTINARO (eds), *A Companion to Procopius of Caesarea*, Leiden/Boston 2022, 28-58.

CROKE B., CROWE J., *Procopius and Dara*, JRS 73 (1983), 143-159.

DAHN F., *Prokopius von Cäsarea. Ein Beitrag zur Historiographie der Völkerwanderung und des sinkenden Römerthums*, Berlin 1865.

DE GROOT A.W., *Untersuchungen zum byzantinischen Prosarhytmus (Procopius von Caesarea)*, Groningen 1918.

DOWNEY G.A., *Procopius on Antioch: A Study of Method in the „De aedificiis"*, Byz 14 (1939), 361-378.

DOWNEY G.A., *The Composition of Procopius' „De aedificiis"*, TAPhA 78 (1947), 171-183.

DOWNEY G.A., *Notes on Procopius, „De aedificiis" Book I*, G.E. MYLONAS, D. RAYMOND (eds), *Studies presented to D.M. Robinson*, Saint Louis 1953,719-725.

ELSNER J., *The Rhetoric of Buildings in the De aedificiis of Procopius*, in: L. JAMES (ed.), *Art and Text in Byzantine Culture*, Cambridge 2007, 33-57.

EVANS J.A.S., *Christianity and Paganism in Procopius of Cesarea*, GRBS 12 (1971), 81-100.

EVANS J.A.S., *Procopius*, New York 1972.

EVANS J.A.S., *Procopius, De aedificiis I 2,9-10*, MH 31 (1974), 61-62.

EVANS J.A.S., *The Nika Rebellion and the Empress Theodora*, Byz 54 (1984), 380–382.

EVANS J.A.S., *The Dates of Procopius' Works: A Recapitulation of the Evidence*, GRBS 37, 1996, 301-313.

EVANS J.A.S., *The Emperor Justinian and the Byzantine Empire*, London 2005.

Gantar K., *Kaiser Iustinian „jenem Herbstern gleich": Bemerkung zu Prokops Aed. I 2,10*, MH 19 (1962), 194-196.

GIZEWSKI Ch., *Zur Normativität und Struktur der Verfassungsverhältnisse in der späteren römischen Kaiserzeit*, München 1988.

GOLTZ A., *Barbar-König-Tyrann. Das Bild Theoderichs des Großen in der Überlieferung des 5. bis 9. Jahrhunderts*, Berlin 2008.

GOLTZ A., *Gefühle an der Macht – Macht über Gefühle. Zur Darstellung der Herrscherinnen Theodora und Amalasuintha in den Werken Prokops*, Hormos 3 (2011), 236–256.

GOLTZ A., *Anspruch und Wirklichkeit – Überlegungen zu Prokops Darstellung ostgotischer Herrscher und Herrscherinnen*, in: G. GREATREX, S. JANNIARD (eds), *Le monde de Procope. The World of Procopius*, Paris 2018, 285-310.

GREATREX G., *The Dates of Procopius' Works*, BMGS 18 (1994), 101-114.

GREATREX G., *The Composition of Procopius' Persian Wars and John the Cappadocian*, Prudentia 27, 1995, 1-13.

GREATREX G., *Stephanus, the Father of Procopius of Cesarea*, Medieval Prosopography 17 (1996), 125-145.

GREATREX G., *A Nika Riot: A Reappraisal*, JHS 117 (1997), 60-86.

GREATREX G., *Rome and Persia at War, 502-532*, Leeds 1998.

GREATREX G., *Procopius the Outsider?*, in: D.C. SMYTHE (ed.), *From Strangers to Themselves: The Byzantine Outsider*, Aldershot 2000, 215-228.

GREATREX G., *Recent Works on Procopius and the Composition of Wars VIII*, BMGS 27 (2003), 45-67.

GREATREX G., *Procopius and Pseudo-Zachariah on the Siege of Amida and its Aftermath (502-506)*, in: H. BÖRM, J.WIESEHÖFER (eds), *Commutatio and Contentio*, Düsseldorf 2010, 227-251.

GREATREX G., *The Date of Procopius Buildings in the light of Recent Scholarship*, Estudios bizantinos 1 (2013), 13–29.

GREATREX G., *Perceptions of Procopius in Recent Scholarship*, Histos 8 (2014), 76–121.

GREATREX G., *L'historien Procope et la vie à Césarée au VIe siècle*, in: G. GREATREX, S. JANNIARD (eds), *Le monde de Procope. The World of Procopius*, Paris 2018, 15–38 (= GREATREX 2018a).

GREATREX G., *Procopius' attitude towards Barbarians*, in: G. GREATREX, S. JANNIARD (eds), *Le monde de Procope. The World of Procopius*, Paris 2018, 327–54 (= GREATREX 2018b).

GREATREX G., *Procopius: Life and Works*, in: M. MEIER, F. MONTINARO (eds), *A Companion to Procopius of Caesarea*, Leiden/Boston 2022, 61-69 (= GREATREX 2022a).

GREATREX G., *Procopius of Caesarea:The Persian Wars. Translation, with Introduction and Notes,* Cambridge 2022 (im Druck) (= GREATREX 2022b).

GROTOWSKI P.Ł, *Prokopiusz z Cezarei „O budowlach"*, Warszawa 2006.

HAURY J., *Procopiana*, Augsburg 1891.

HAURY J., *Zur Beurteilung des Geschichtsschreibers Procopius von Caesarea*, Progr. München 1896.

HENRY M., *Procope en Italie: les notices sur le Vésuve*, Historia 57 (2008), 317–26.

HOWARD-JOHNSTON J.D., *Procopius, Roman Defences North of the Taurus and the new Fortress Citharizon*, in: *The Eastern Frontier of the Roman Empire*, FRENCH D.H., LIGHTFOOT C.S. (eds), vol. II., Oxford 1989, 203-229.

HOWARD-JOHNSTON J.D., *The education and expertise of Procopius*, AntTard 8 (2000), 19–30.

JANISZEWSKI P., *Historiografia Późnego Antyku*, in: *Vademecum Historyka Starożytnej Grecji i Rzymu. Źródloznawstwo Czasów Późnego Antyku*, Tom III, Warszawa 1999, 7-220.

JANKOWIAK M., *Procopius of Caesarea and His Byzantine Successors*, in: M. MEIER, F. MONTINARO (eds), *A Companion to Procopius of Caesarea*, Leiden/Boston 2022, 231-251.

JEEP L., *Quellenuntersuchungen zu den griechischen Kirchenhistorikern*, Jahrbücher für classische Philologie, Suppl. 14 (1884), 53-178.

JEFFREYS E., *Malalas, Procopius and Justinian's Buildings*, AntTard 8 (2000), 73-79.

KAEGI W. E. *Procopius the Military Historian*, BF 15 (1990), 53-85.

KALDELLIS A., *Procopius of Caesarea. Tyranny, History, and Philosophy at the End of Antiquity*, Philadelphia 2004.

KALDELLIS A., *Classicism, barbarism and warfare. Prokopios and the Conservative Reaction to Later Roman Military Policy*, American Journal of Ancient History 3–4 (2004–5), 189-218.

KALDELLIS A., *Procopius of Caesarea. Tyranny, History, and Philosophy at the End of Antiquity*, Philadelphia 2004.

KALDELLIS A, *The Date and Structure of Procopius' Secret History and His Projected Work on Church History*, GRBS 49 (2009), 585-616.

KALDELLIS A. *Ethnography After Antiquity: Foreign Lands and Peoples in Byzantine Literature*, Philadelphia 2013.

KALDELLIS A., *The Classicism of Procopius*, in: M. MEIER, F. MONTINARO (eds), *A Companion to Procopius of Caesarea*, Leiden/Boston 2022, 339-354.

KALDELLIS A, *The Date and Structure of Procopius' Secret History and His Projected Work on Church History*, GRBS 49 (2009), 585-616.

KALLI M.K. *The manuscript tradition of Procopius'* Gothic Wars*: a reconstruction of family Y in the light of a hitherto unknown manuscript (Athos, Lavra H-73)*, München/ Leipzig 2004.

KARANTABIAS M.-A., *The Projection of Imperial Power in Procopius*, in: G. GREATREX, S. JANNIARD (eds), *Le monde de Procope. The World of Procopius*, Paris 2018, 55-76.

KOEHN C., *Die Vorstellung von Restauration und Expansion in der auswärtigen Politik Justinians*, in: T. BRÜGGEMANN, B. MEIßNER, C. MILETA, A. PABST, O. SCHMITT (Hrgg.), *Studia Hellenistica et Historiographica. Festschrift für Andreas Mehl*, Gutenberg 2010, 341–355.

KOEHN C. *Justinian und die Armee des frühen Byzanz*, Berlin 2018.

KOSTER S., *Die Invektive in der griechischen und römischen Literatur*, Meisenheim am Glan 1980.

KOUROUMALI M., *The Justinianic Reconquest of Italy: Imperial Campaignes and Local Responses*, in: A. SARANTIS, N. CHRISTIE (eds), *War and Warfare in Late Antiquity: Current Perspectives*, Leiden/Boston 2013, 969–999.

KRUSE M., *Archery in the Preface to Procopius' Wars. A Figured Image of Agonistic Authorship*, Studies in Late Antiquity 1 (2017), 381–406.

KUMANIECKI K., *Zu Procops Anecdota. Das rhytmische Klauselgesetz in den Anecdota und die Echtheitfrage*, BZ 27 (1927), 19-21 (= KUMANIECKI K, *Scripta Minora*, Vratislaviae-Varsoviae-Cracoviae 1967, 460-462).

LAUSBERG H., *Handbuch der literarischen Rhetorik. Eine Grundlegung der Literaturwissenschaft,* Stuttgart 1990.

LEPPIN H., *Rezension von A. Kaldellis, Procopius of Caesarea. Tyranny, History, and Philosophy at the End of Antiquity*, Philadelphia 2004, Sehepunkte 6 (2006/1), (http://www.sehepunkte.de /2006/01/5486.html).

LEPPIN H., *Justinian. Das christliche Experiment*, Stuttgart 2011.

LIEBERICH H., *Studien zu den Proömien in der griechischen und byzantinischen Geschichtsschreibung*, Bd.1-2, München 1899-1900.

LILLINGTON-MARTIN C., *Procopius, πάρεδρος/quaestor, Codex Justinianus, I.27 and Belisarius' Strategy in the Mediterranean*, in: C. LILLINGTON-MARTIN, E. TURQUOIS (eds), *Procopius of Caesarea: Literary and Historical Interpretations*, London-New York 2018, 157–85.

LILLINGTON-MARTIN C., TURQUOIS E., *Introduction*, in: C. LILLINGTON-MARTIN, E. TURQUOIS (eds), *Procopius of Caesarea: Literary and Historical Interpretations*, London-New York 2018, 1-9.

MARINCOLA J., *Authority and Tradition in Ancient Historiography*, Cambridge 1997.

MAUSE M., *Die Darstellung des Kaisers in der lateinischen Panegyrik*, Stuttgart1994.

MECELLA L., *Procopius' Sources*, in: M. MEIER, F. MONTINARO (eds), *A Companion to Procopius of Caesarea*, Leiden/Boston 2022, 178-193.

MEIER M., *Beobachtungen zu den sogenannten Pestschilderungen bei Thukydides II 47-54 und bei Prokop, Bell. Pers. II 22-23*, Tyche 14 (1999), 177–210.

MEIER M., *Das andere Zeitalter Justinians. Kontingenzerfahrung und Kontingenzbewältigung im 6. Jahrhundert n. Chr.*, Göttingen 2003.

MEIER M., *Die Inszenierung einer Katastrophe: Justinian und der Nika-Aufstand*, ZPE 142 (2003), 273–300.

MEIER M., *Zur Funktion der Theodora-Rede im Geschichtswerk Prokops (BP I 24,33–37)*, RhM 147 (2004), 88–104 (=MEIER 2004a).

MEIER, M., *Prokop, Agathias, die Pest und das 'Ende' der antiken Historiographie*, HZ 278 (2004), 281–310 (=MEIER 2004b).

MEIER M. *Rezension von A. Kaldellis, Procopius of Caesarea*, HZ 280 (2005), 721–22.

MONTINARO F., *Byzantium and the Slavs in the Reign of Justinian: Comparing the two Recensions of Procopius's Buildings*, in: V. IVANIŠEVIĆ, M. KAZANSKI (eds), *The Pontic-Danubian Realm in the Period of the Great Migration*, Paris/Belgrade 2011, 89–114.

MONTINARO F., *Power, Taste and the Outsider: Procopius and the Buildings revisited*, in: G. GREATREX, H. ELTON (eds), *Shifting genres in Late Antiquity*, Farnham/Burlington 2015, 191–206.

MURRAY J., *Procopius and Boethius. Christian Philosophy in the Persian Wars*, in: C. LILLINGTON-MARTIN, E. TURQUOIS (eds), *Procopius of Caesarea: Literary and Historical Interpretations*, London-New York 2018, 104–119.

NOBBS A., *Digressions in Procopius*, in: G. GREATREX S., JANNIARD (eds), *Le monde de Procope. The World of Procopius*, Paris 2018, 163–171.

PAZDERNIK C., *A Dangerous Liberty and a Servitude Free from Care. Political Eleutheria and Douleia in Procopius of Caesarea and Thucydides of Athens*, Diss. Princeton 1997.

PAZDERNIK C., *Procopius and Thucydides on the Labors of War: Belisarius and Brasidas in the Field*, TAPhA 130 (2000), 149–87.

PAZDERNIK C., *Belisarius' Second Occupation of Rome and Pericles' Last Speech*, in: G. GREATREX, H. ELTON (eds), *Shifting genres in Late Antiquity*, Farnham/Burlington 2015, 207–218.

PAZDERNIK C., *Reinventing Theoderic in Procopius' Gothic War*, in: C. LILLINGTON-MARTIN, E. TURQUOIS (eds), *Procopius of Caesarea: Literary and Historical Interpretations*, London-New York 2018, 137–153.

PAZDERNIK C., *Breaking silence in the historiography of Procopius of Caesarea*, BZ 113 (2020), 981–1024.

PAZDERNIK C., *War and Empire in Procopius' Wars*, in: M. MEIER, F. MONTINARO (eds), *A Companion to Procopius of Caesarea*, Leiden/Boston 2022, 255-274.

PERRIN-HENRY M., *La place des listes toponymiques dans l'organisation du livre IV des Edifices de Procope*, Geographica Byzantina (Byzantina Sorbonensia) 3 (1980), 93–106.

PFEILSCHIFTER R., *The Secret History*, in: M. MEIER, F. MONTINARO (eds), *A Companion to Procopius of Caesarea*, Leiden/Boston 2022, 121–136.

PLÖBST W, *Die Auxesis (Amplificatio). Studien zu ihrer Entwicklung und Anwendung*, München 1911.

RANCE P., *Narses and the Battle of Taginae (Busta Gallorum) 552: Procopius and Sixth-Century Warfare*, Historia 54 (2005), 424–472.

RANCE P., *Wars*, in: M. MEIER, F. MONTINARO (eds), *A Companion to Procopius of Caesarea*, Leiden/Boston 2022, 70–120.

ROBERTO U., *Procopius and his Protagonists*, in: M. MEIER, F. MONTINARO (eds), *A Companion to Procopius of Caesarea*, Leiden/Boston 2022, 355–359.

ROQUES D., *Les Constructions de Justinien* de *Procope de Césarée*, AntTard 8 (2000), 31–43.

ROSS A., *Narrator and Participant in Procopius' Wars*, in: C. LILLINGTON-MARTIN, E. TURQUOIS (eds), *Procopius of Caesarea: Literary and Historical Interpretations*, London-New York 2018, 73–89.

Rousseau P., *Procopius' Buildings and Justinian's Pride*, Byz 68 (1998), 121–30.

RUBIN B., *Der Fürst der Dämonen. Ein Beitrag zur Interpretation von Prokops Anekdota*, BZ 44 (1951), 469–481.

RUBIN B., *Zur Kaiserkritik Ostroms*, SBN 7 (1953), 453–462.

RUBIN B., *Prokopios von Kaisareia,* Stuttgart 1954 = RUBIN B., *Prokopios von Kaisareia*, in: Realencyclopädie der Classischen Altertumswissenschaft 45, Stuttgart 1957, coll. 273–599.

RUBIN B., *Das Zeitalter Justinians*, Berlin 1960.

RUBIN B., *Der Antichrist und die „Apokalypse" des Prokopios von Kaisareia*, ZDGM 110 (1961) 55-63.

SARANTIS A., *Roman or barbarian? Ethnic identities and political loyalties in the Balkans according to Procopius*, in: C. LILLINGTON-MARTIN, E. TURQUOIS (eds), *Procopius of Caesarea: Literary and Historical Interpretations*, London-New York 2018, 217–237 (=SARANTIS 2018a).

SARANTIS A., *Procopius and the Different Types of Northern Barbarian*, in: G. GREATREX, S. JANNIARD (eds), *Le monde de Procope. The World of Procopius*, Paris 2018, 355–378 (= SARANTIS 2018b).

SCHIBILLE V.N. *Hagia Sophia and the Byzantine Aesthetic Experience*, Farnham 2014.

SCHWARTZ E., *Zu Cassiodor und Prokop*, Sitzungsberichte der Bayerischen Akademie der Wissenschaften, Philosophisch-historische Abteilung, Heft 2, 1939.

SCOTT R., *Malalas, the „Secret History" and Justinian's* Propaganda, DOP 39 (1985), 99-109.

SCOTT R., *Justinian's Coinage and Easter Reforms, and the Date of the Secret History*, BMGS 11 (1987), 215-221.

SIGNES CODOÑER J., *Prokops Anecdota und Justinians Nachfolge*, JÖB 53 (2003), 47–82 (=SIGNES 2003a).

SIGNES CODOÑER J., *Kaiserkritik in Prokops Kriegsgeschichte*, in D. BRODKA, J. JANIK, S. SPRAWSKI (eds), *Freedom and its Limits in the Ancient World: Proceedings of a Colloquium held at the Jagiellonian University, Kraków, September 2003* (Electrum 9), Cracow 2003, 215–229 (=SIGNES 2003b).

STEWART M. E., *Masculinity, Identity, and Power Politics in the Age of Justinian. A Study of Procopius*, Amsterdam 2020.

STICKLER T., *Prokop und die Vergangenheit des Reiches*, in: G. GREATREX S., JANNIARD (eds), *Le monde de Procope. The World of Procopius*, Paris 2018, 141–162.

STICKLER T., *Procopius and Christian Historical Thought*, in: M. MEIER, F. MONTINARO (eds), *A Companion to Procopius of Caesarea*, Leiden/Boston 2022, 212-230.

TARAGNA A. M., *Logoi historias. Discorsi e lettere nella prima storiografia retorica bizantina,* Alessandria 2000.

TEUFFEL W., *Procopius*, Zeitschrift für Geschichtswissenchaft 8, 1847, 38-79.

TEUFFEL W., *Procopius 3 (aus Cäsarea)'*, Real-Encyclopädie der classischen Alterthumswissenschaft 6 (1852), 84-86.

TEUFFEL W., *Studien und Charakteristiken zur griechischen und römischen sowie zur deutschen Literaturgeschichte*, Leipzig 1871.

THESZ J.M., *The Pathology of the Roman Empire: Social Transformation and Moral Degeneration in Procopius' Secret History*, in: G. GREATREX S., JANNIARD (eds), *Le monde de Procope. The World of Procopius*, Paris 2018, 77-94.

THOMPSON E.A., *Procopius on Brittia and Britannia*, CQ 30 (1980), 498-507.

TINNEFELD F.H. *Kategorien der Kaiserkritik in der byzantinischen Historiographie. Von Prokop bis Niketas Choniates*, München 1971.

TRAINA G., *Faustus 'of Byzantium', Procopius, and the Armenian history (Jacoby, FGrHist 679.3–4)*, in: C. SODE, S. TÁKACS (eds), *Novum Millennium. Studies in Byzantine History and Culture dedicated to Paul Speck*, Aldershot 2001, 405–413.

TRAINA G., *The Armenian Primary History: a source of Procopius?*, in: G. GREATREX S., JANNIARD (eds), *Le monde de Procope. The World of Procopius*, Paris 2018, 173–182.

TRICCA S., *Evagrio e la sua fonte più importante Procopio*, ReO 9/1 (1915), 45-51, 102-111, , 185-201, 283-302, ReO 9/2 (1915), 51-62, 129-145.

TURQUOIS E., *Technical Writing, Genre and Aesthetic in Procopius*, in: G. GREATREX, H. ELTON (eds), *Shifting genres in Late Antiquity*, Farnham/Burlington 2015, 219–231.

VAN NUFFELEN P., *The Wor(l)ds of Procopius*, in: C. LILLINGTON-MARTIN, E. TURQUOIS (eds), *Procopius of Caesarea: Literary and Historical Interpretations*, London-New York 2018, 40–55.

VITIELLO M. *Theodahad: A Platonic King at the Collapse of Ostrogothic Italy*, Toronto 2014.

VITIELLO M. *Amalasuintha. The Transformation of Queenship in the Post-Roman World*, Philadelphia 2017.

WASCHENFELDER K., *Belisar und sein Begleiter. Die Karriere eines Blinden in der Kunst vom 17. bis zum 19. Jahrhundert*, Marburger Jahrbuch für Kunstwissenschaft 30 (2003), 245-268.

WEBB R., *Ekphrasis, amplification and persuasion in Procopius' Buildings*, AntTard 8 (2000), 67-71.

WEBB R., *Ekphrasis, Imagination, and Persuasion in Ancient Rhetorical Theory and Practice*, Farnham/Burlington 2009.

WHATELY C., *Battles and Generals: Combat, Culture, and Didacticism in Procopius' Wars*, Leiden/Boston 2016.

WHATELY C., *Thucydides, Procopius, and the Historians of the Later Roman Empire*, in: R.K. BALOT, S. FORSDYKE, E. FOSTER (eds), *The Oxford Handbook of Thucydides*, Oxford 2017, 691-708.

WHATELY C., *Procopius on the Sieg of Rome in AD 537/538*, in: J. ARMSTRONG, M. TRUNDLE (eds), *Brill's Companion to Sieges in the Ancient Mediterranean*, Leiden/Boston 2019, 265-284.

WHATELY C., *Procopius on Soldiers and Military Institutions in the Sixth Century Roman Empire*, Leiden/Boton 2021.

WHITBY MA., *Procopius' Buildings, Book I: A Panegyrical Perspective*, AntTard 8 (2000), 45–57.

WHITBY M., *Procopius' Description of Martyropolis („De aedificiis" III 2.10-14)*, ByzSlav 45 (1984), 177-184.

WHITBY M., *Justinian's Bridge over the Sangarios and the Date of Procopius',,De aedificiis"*, JHS 105 (1985), 129-148.

WHITBY M., *Procopius and the Development of Roman Defences in Upper Mesopotamia*, in: P. FREEMAN, D. KENNEDY (eds), *The Defence of the Romam and Byzantine East. Proceedings of a Colloquium held at the University of Sheffield in April 1986,* vol. II, Oxford 1986 717-735 (=WHITBY 1986a).

WHITBY M., *Procopius' Description of Dara,* in: P. FREEMAN, D. KENNEDY (eds), *The Defence of the Romam and Byzantine East. Proceedings of a Colloquium held at the University of Sheffield in April 1986,* vol. II, Oxford 1986, 737-783 (=WHITBY 1986b).

WHITBY M., *Greek Historical Writing after Procopius: Variety and Vitality*, in: L. CONRAD, A. CAMERON (eds), *The Byzantine and Early Islamic Near East* 1, Princeton 1992, 25–80.

WHITBY M., *Pride and prejudice in Procopius' Buildings: imperial images in Constantinople*, AntTard 8 (2000), 59–66.

WHITBY M., *Religious Views of Procopius and Agathias*, in: D. BRODKA, M. STACHURA (eds), *Continuity and Change. Studies in Late Antique Historiography* (Electrum 13), Kraków 2007, 73–94.

WHITBY M. *The Greatness of Procopius*, in: C. LILLINGTON-MARTIN, E. TURQUOIS (eds), *Procopius of Caesarea: Literary and Historical Interpretations*, London-New York 2018, 26–39.

WHITBY M., *Procopius' Buildings and Panegyric Effect*, in: M. MEIER, F. MONTINARO (eds), *A Companion to Procopius of Caesarea*, Leiden/Boston 2022, 137-151.

WIEMER H.-U., *Procopius and the Barbarians in the West*, in: M. MEIER, F. MONTINARO (eds), *A Companion to Procopius of Caesarea*, Leiden/Boston 2022, 275-309.

WOOD P.J., *Being Roman in Procopius' Vandal Wars*, Byz 81 (2011), 424–447.

WOOLF G., *Tales of the Barbarians: Ethnography and Empire in the Roman West*, Chichester 2011.

Register

Der Georg Olms Verlag dankt den folgenden Einrichtungen und Initiativen für ihre Unterstützung, so dass dieses Werk sowohl im Print als auch als Open-Access-Edition (Lizenz CC-BY-SA 4.0) erscheinen kann:

Universitätsbibliothek Basel
Staatsbibliothek zu Berlin
Universitätsbibliothek Bochum
Universitäts- und Landesbibliothek Bonn
Staats- und Universitätsbibliothek Bremen
Universitäts- und Landesbibliothek Darmstadt
Universitäts- und Landesbibliothek Düsseldorf
Universitätsbibliothek Duisburg-Essen
Universitätsbibliothek Erfurt
Albert-Ludwigs-Universität Freiburg / Universitätsbibliothek
Dachinitiative „Hochschule.digital Niedersachsen" des Landes Niedersachsen
Niedersächsische Staats- und Universitätsbibliothek Göttingen
FernUniversität in Hagen / Universitätsbibliothek
Staats- und Universitätsbibliothek Carl von Ossietzky Hamburg
Gottfried Wilhelm Leibniz Bibliothek - Niedersächsische Landesbibliothek
Universitäts- und Stadtbibliothek Köln
Universitätsbibliothek in Landau
Zentral- und Hochschulbibliothek Luzern
Universitätsbibliothek Mainz
Universitätsbibliothek Marburg
Universitätsbibliothek der LMU München
Universitäts- und Landesbibliothek Münster
Bibliotheks- und Informationssystem der Universität Oldenburg
Universitätsbibliothek Passau
Universität Potsdam / Universitätsbibliothek
Universitätsbibliothek Tübingen
Universitätsbibliothek Vechta
Herzog August Bibliothek Wolfenbüttel
Universitätsbibliothek Würzburg
Universitätsbibliothek Wuppertal
Zentralbibliothek Zürich